中国金融风险与稳定报告(2019)

——新变局下的金融稳定：全球价值链、杠杆与创新

主编　杨燕青

中国金融出版社

责任编辑：刘　钊
责任校对：孙　蕊
责任印制：程　颖

图书在版编目（CIP）数据

中国金融风险与稳定报告．2019：新变局下的金融稳定：全球价值链、杠杆与创新／杨燕青主编．—北京：中国金融出版社，2021.2

ISBN 978-7-5220-1084-7

Ⅰ.①中…　Ⅱ.①杨…　Ⅲ.①金融风险防范—研究报告—中国—2020　Ⅳ.①F832.1

中国版本图书馆 CIP 数据核字（2021）第 046531 号

中国金融风险与稳定报告（2019）——新变局下的金融稳定：全球价值链、杠杆与创新

ZHONGGUO JINRONG FENGXIAN YU WENDING BAOGAO（2019）：XIN BIANJU XIA DE JINRONG WENDING：QUANQIU JIAZHILIAN，GANGGAN YU CHUANGXIN

出版发行　中国金融出版社

社址　北京市丰台区益泽路 2 号

市场开发部　（010）66024766，63805472，63439533（传真）

网上书店　www.cfph.cn

（010）66024766，63372837（传真）

读者服务部　（010）66070833，62568380

邮编　100071

经销　新华书店

印刷　河北松源印刷有限公司

尺寸　210 毫米×285 毫米

印张　11.75

字数　295 千

版次　2021 年 12 月第 1 版

印次　2021 年 12 月第 1 次印刷

定价　108.00 元

ISBN 978-7-5220-1084-7

目 录

第一章　中国金融稳定概览

■ 孙　涛　陈戴希　马绍之（本文仅代表个人观点，与任何机构无关）

2018年和2019年上半年，世界经济和全球金融市场都面临诸多冲击。主要国家仍然面临债务通缩压力、中美经贸摩擦升级压力仍存、中东地区冲突风险上升、中国金融风险释放等外部市场和政策环境的重大变化都给世界经济增长和全球金融稳定带来冲击。然而，许多国家能用来应对这些冲击的“弹药”远不如2008年国际金融危机时充足，因此迫切需要新的政策思路和工具。作为近年来世界经济增长最主要的驱动力，中国经济运行和金融稳定情况必然受到世界经济增长和全球金融稳定的影响，也必然反过来影响世界经济增长和全球金融稳定。

2018年，中国经济运行总体稳定：经济保持较高增长率、人民币汇率波动较小、金融市场总体波动较小。进入2019年，经济增速略降，人民币小幅贬值，股票市场波动较大。随着中美经贸摩擦的不断升级，中国金融稳定面临着其他一些挑战，如在以债务促增长和去杠杆之间寻求平衡和应对地缘政治经济波动。全球经济和金融市场仍存在较大不确定性，中国经济正处在由高速增长向高质量增长转型与结构调整的过程中，一些“灰犀牛”性质的金融风险可能释放。中国金融稳定之所以面临上述挑战，既与中国经济金融规模增大、经济金融主体之间的关联度增加有关，也与中国面临的国际政治、经济、金融等环境的迅速变化密切相关，更与中国是否能真正继续推进市场化改革和开放以重塑信心有关。

为维护金融稳定，中国既需要从微观主体层面，有效平衡高债务带来的偿债风险和稳增长需要的加杠杆风险，管控由关联度增大带来的传染风险，还要从宏观角度，设计实施包括利率、汇率、财政政策在内的金融稳定政策组合，推进劳动生产率提高，以便从根本上提升抵抗金融风险的能力。也就是说，维护中国的金融稳定，既需要治标——防止个别风险和系统性风险，也要治本——建立以市场为基础的资源配置方式，提升劳动生产率，并从根本上消除滋生杠杆骤增和系统性风险的诱因。

在政策方向方面，从宏观经济看，中国需要在去杠杆的同时，维护一定的经济增长率，以保持足够的流量（如收入、货币流动性和就业）；从经济结构看，中国需要继续降低经济增长对投资和信贷的依赖，需要更快地实现经济转型——依靠消费拉动经济增长，真正推动国企改革，继续推动要素市场化改革；从金融看，中国需要继续降低对银行间接融资的依赖，更有效地发展直接融资和资本市场，严格管控由贸易、技术、金融、供应链调整引发的金融波动和传染风险；从财政看，需要关注地方政府融资平台违约风险及其衍生的国家或有负债风险，理顺中央和地方的关系。

2019 年维护中国金融稳定的政策组合应该是：实施中性、稳妥的货币政策，避免人民币大幅贬值从而避免进口价格上升，并从供给端促进和支持民营经济发展，打消其顾虑，促进技术水平和劳动生产率的提高，降低通货膨胀压力，并维持较低实际利率以降低偿债成本，并适当降低存款准备金率以应对可能的全球市场流动性抽紧；实施积极的财政政策，推进企业破产和债转股，并尽早认可真实不良资产，以财政注资和市场注资相结合的方式化解银行体系的存量信用风险。

为实现这些重要的政策目标，必须贯穿始终的是维护信心。只有国内外投资者和消费者对中国经济金融有信心，才不会出现大规模的存款外流、资本外流，才不会出现釜底抽薪式的经济增长骤然停滞。而维护和维持这个信心的关键仍在于改革开放，在于给予企业主体和居民稳定的预期和产权保护，创造真正的市场化的竞争环境，减少政府干预。只有这样，才能实现真正的、长治久安的金融稳定。

第一节　全球金融体系的新特点和风险点

一、近年全球金融体系的特点

近十年来，全球化、国际金融危机和技术革命正在推动全球金融体系呈现四大特点。

（一）继续扩张的全球金融体系

全球金融体系仍在继续扩张。根据金融稳定理事会（FSB）的数据，2017 年，全球主要国家 / 地区（21 个）和欧元区国家（占全球 GDP 的比重为 80% 以上）的金融资产规模达到 382.3 万亿美元，2017 年的增长率为 5.3%，高于 2012—2016 年 4.7% 的增长率（表 1–1）。从规模看，银行资产规模超过 150 万亿美元，仍是各类金融资产中规模最大的。从主要大类的增速看，增长最快的是中央银行资产，在不到 10 年内，中央银行资产规模就上升到 30.1 万亿美元，2012—2016 年平均增长率高达 6.9%，是全球金融资产规模增长率的 1.4 倍多。从中央银行看，资产负债表规模最大的是欧洲中央银行，资产负债表扩张速度最快的也是欧洲中央银行。此外，美联储缩表进展相对缓慢，资产负债表规模缩减至 3.8 万亿美元，欧洲中央银行和日本中央银行也在跟进缩表（图 1–1）。

表1–1　全球金融体系鸟瞰（包括全球主要国家/地区（21个）和欧元区全部国家）

全球金融资产		中央银行	银行	公共金融机构	保险公司	养老基金	OFIs	金融辅助机构
2017年规模（万亿美元）	382.3	30.1	150.8	17.0	32.8	33.7	116.6	1.2
占全球金融资产的比重（%）	100.0	7.9	39.4	4.5	8.6	8.8	30.5	0.3
2017年增长率（较上年同期，%）	5.3	8.8	2.8	4.9	4.8	6.8	7.6	22.6
2012—2016年增长率（复合，%）	4.7	6.9	3.0	3.7	4.5	4.6	7.0	5.1

资料来源：金融稳定理事会（FSB）。

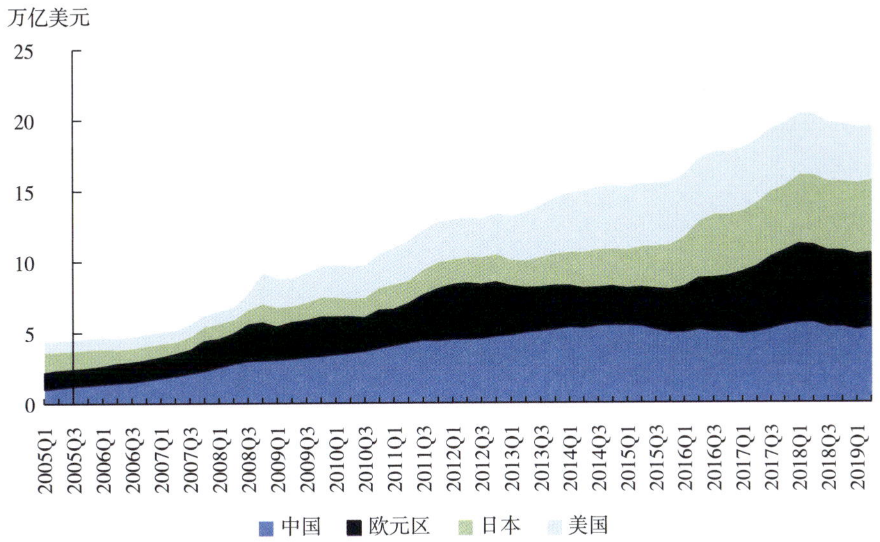

图1-1　不断扩张的中央银行资产负债表

（资料来源：Haver Analytics；国际货币基金组织）

（二）继续扩张的影子银行

根据金融稳定理事会（FSB，2018）的统计，全球主要国家 / 地区（29 个）的影子银行资产总规模达 117 万亿美元，2012—2016 年平均增长率为 7.1%（是同期银行资产规模增长率的 2 倍多），2017 年的增长率为 7.6%（高于同期的银行资产规模增长率）。从国别看，美国占比最高（27%）；中国排第三（10%），中国的影子银行规模是其他主要新兴市场国家 / 地区的 3 倍多（图 1-2）。

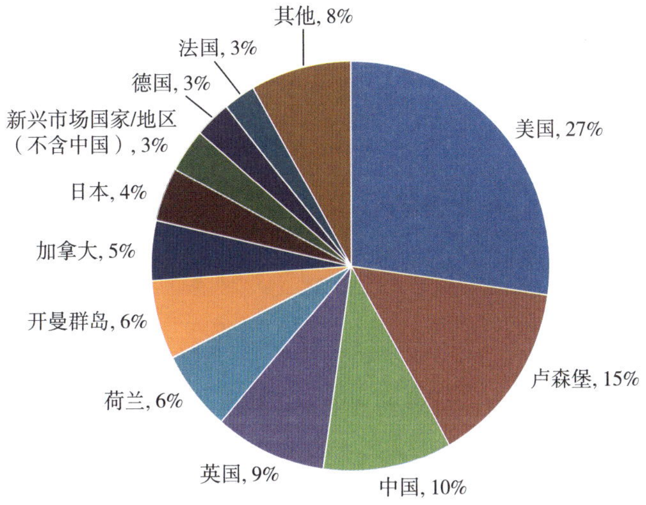

注：新兴市场国家/地区包括阿根廷、巴西、智利、印度、印度尼西亚、墨西哥、俄罗斯、沙特阿拉伯、南非和土耳其。其他包括澳大利亚、比利时、中国香港、意大利、新加坡、西班牙、瑞士、韩国和爱尔兰。

图1-2　主要国家影子银行占比（2017年底，29个国家/地区）

（资料来源：国家部门资产负债表和其他数据；金融稳定理事会（FSB）. “Global Monitoring Report on Non-Bank Financial Intermediation 2018”）

（三）非金融部门的杠杆情况

图 1-3 展示了部分国家的债务比较情况。中国的总量债务占 GDP 的比重已经达到了 254%，与英国、美国、澳大利亚等发达国家的同期水平相当，远高于巴西、印度、俄罗斯等发展中国家的同期水平。

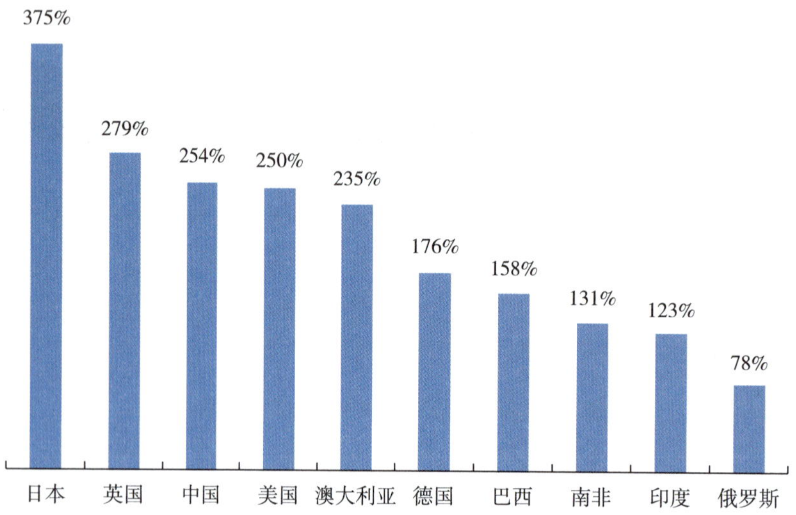

图1-3　各国总量债务占GDP的比重（2018年）

（资料来源：国际清算银行）

（四）波动的股价和房价

全球贸易失衡、量化宽松与回撤、反全球化等政策环境和外部条件的变化，给全球股市带来震动（见图 1-4），2019 年初以来波动性增大（见图 1-5）。全球主要国家房价继续上涨，2010—2018 年间，中国、美国是国际金融危机之后房价涨幅较大的国家（见图 1-6）。

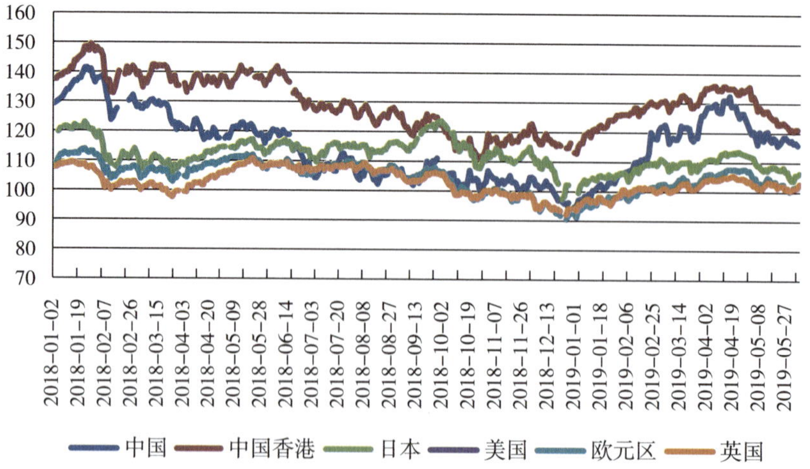

注：2017年初=100。

图1-4　全球主要股票市场价格

（资料来源：Haver Analytics）

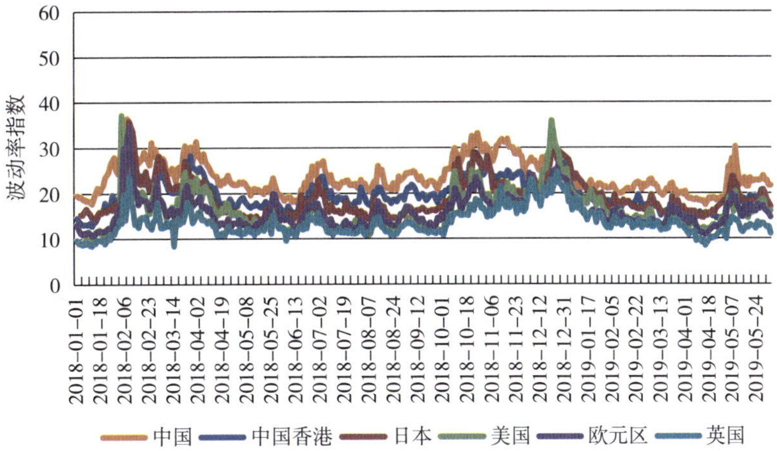

图1-5 全球主要股票市场价格波动

（资料来源：Haver Analytics）

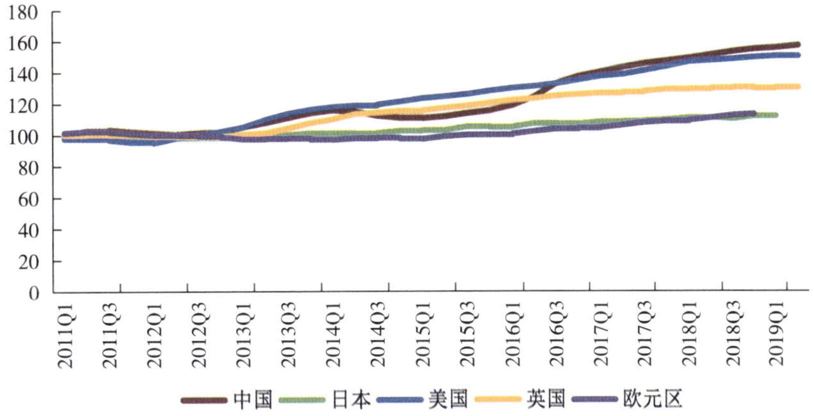

注：2011年初=100。

图1-6 全球主要市场的房价

（资料来源：Haver Analytics）

二、2018年全球金融风险点

当前，全球金融稳定仍面临以下挑战。

（一）全球债务风险

国际金融协会（Institute of International Finance，IIF）公布的《全球债务报告》（Global Debt Monitoring Report）显示，2019 年第一季度全球债务达到 246 万亿美元，相比上季度增加了 3 万亿美元。按照这一速度，全球的债务规模很快就会超过 2018 年初的历史最高值（目前离历史巅峰仅差 2 万亿美元）。这一增长速度也远超全球经济增长率，总债务占全球 GDP 的比重达 320%。

具体来看，非金融企业的企业债务规模最大，占 GDP 总值的 91%；其次是政府债务，占比为 87%；

之后是金融机构的债务和家庭债务，分别占 81% 和 60%。

分地区来看，美国债务总额升至历史新高，目前已超过 69 万亿美元，债务的增长速度已基本上和 GDP 增长速度持平。而且这一数字预计将上升，IIF 指出，随着银行贷款的增加，美国的企业会继续增加发债。另外，芬兰、加拿大和日本的债务增长速度也较快。

值得注意的是，新兴经济体的债务，无论是总额还是其占 GDP 的比重，都创下历史新高。根据 IIF 的数据，2019 年 3 月，30 个主要新兴经济体的债务总额占 GDP 的比重从上年同期的 212.4%上升至 216.4%，当前债务总额已触及 69.1 万亿美元。

这些数字的增长一方面是因为全球中央银行的货币宽松政策。美联储在短暂停顿后再次降息，促使别国中央银行降息，大大拉低了融资成本。另一方面则是政府的支出加大，当前经济增长趋缓，通胀低迷，政府纷纷为国内经济注血。

此外，新兴市场国家的债务中企业债务占 GDP 的比重达 92.6%，高于发达国家非金融企业部门的债务金额。新兴市场国家缺乏在长期经济周期中管理债务的经验，所以一旦陷入低迷状态，很多公司会资不抵债。

全球高债务意味着现在全球面临债务通缩压力。当价格或工资下降时，因为预期的利息支付是稳定的，所以通货紧缩导致需要支付较多的实际利息，进而降低总需求，加大通货紧缩压力。

（二）全球贸易增速继续下降和供应链断裂

全球贸易增速下降的风险不断上升。除了实际贸易绝对值或名义贸易绝对值这些传统指标外，用于衡量贸易的还有另外一个指标：出口额与 GDP 的比（见图 1–7）。这个指标的优势是它可以反映跨境全球供应链的情况：供应链可以推动多次出口销售。供应链规模越大，出口额占 GDP 的比重越高。得益于中国和西方国家的供应链发展，这个指标在 2000—2008 年累计上升了 6%。但是，这个指标从 2011 年开始连续下降，说明供应链已经开始收缩。2018 年开始的中美经贸摩擦会进一步导致供应链规模下降。

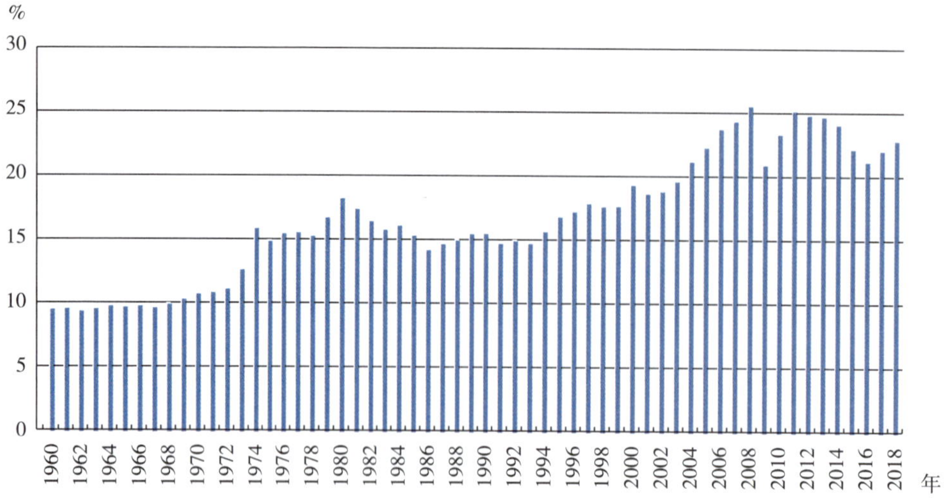

图1–7　全球出口额与GDP之比

（资料来源：Wind；世界银行；WTO）

推动全球供应链规模下降的主要因素包括：一是技术创新。自动化降低了西方国家的制造业成本，从而减少对发展中国家的外包，加剧了供应链的收缩。二是金融体系的变化也加剧了供应链的收缩。2007年以前，企业很容易借到款，并用于生产和贸易。但是低利率和低收益导致银行提供信贷的能力下降了，从而降低了对供应链的支撑。三是汇率波动进一步加剧了这个问题：全球一半以上的贸易结算都是用美元，美元升值导致发展中国家偿债能力下降。所以，2007年以前的信贷泡沫不仅导致了房价泡沫，也导致了供应链泡沫。中美经贸摩擦更会加速供应链收缩。

（三）美国收益率曲线倒挂预示着衰退风险上升

目前美国的收益率曲线已经预示着一定的衰退风险。国债收益率曲线代表不同期限的借款成本。由于贷款人通常希望早点收回贷款，所以短期利率通常低于长期利率。但是，如果短期利率高于长期利率，则收益率曲线便会出现倒挂。从原因看，一是通货膨胀率上升促使美联储提高短期利率；二是市场普遍认为长期利率走低；三是国际金融危机后，中央银行对市场的干预力度过大，并扭曲了债券市场，使得债券收益率不再是一个有用的指标；四是美国财政赤字增加，短期国债增加，推高短期利率。例如，1年期美国国债收益率从2018年1月的1.80%下降到2019年8月的1.77%，而10年期美国国债收益率从2018年1月的2.58%下降到2019年8月的1.63%。10年期国债与1年期国债的收益率出现倒挂，前者比后者低0.14个百分点，这个差别是2008年国际金融危机以来的最低点（见图1–8）。

在上述背景下，储蓄者和借款人、投资者和企业面临的投资格局正在发生巨大变化。一家丹麦的银行于2019年8月发行了世界上第一个负利率的按揭贷款，也就是说，购房人可以获得购房贷款并可以以更低的金额偿还贷款。同时，政府越来越向短期借款支付更高的利息，比其长期借款的利息还高。许多公司和政府以负利率借款，将导致那些持有债务到期的投资者承担损失。

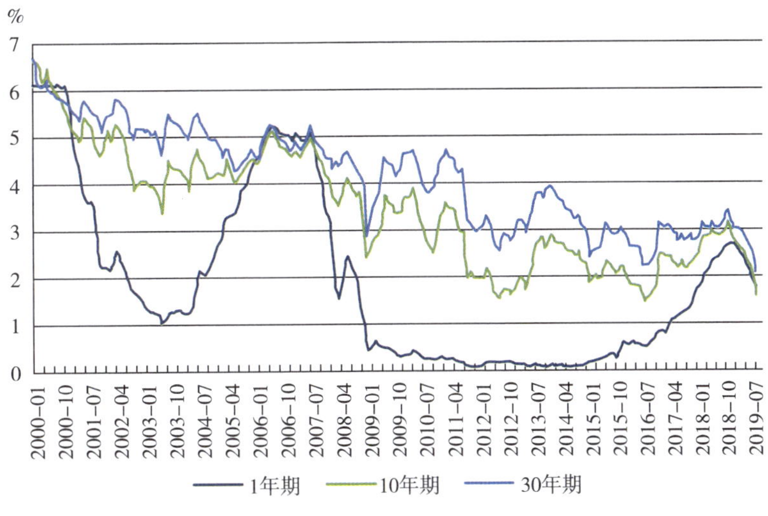

图1–8 美国短期和长期收益率倒挂往往伴随着经济衰退

（资料来源：Haver Analytics）

（四）政策困境

当前，全球决策者面临三个政策困境。

一是近年监管、技术和商业模式的变化，正在导致金融体系应对冲击的能力变化。尤其是国际金融危机以来非常规货币政策的实施，已经严重扭曲了金融体系：全球大量国债收益率为负、全球市场投资者不知所措和信心波动、2019 年 9 月中旬美国隔夜同业拆借利率骤然上升等。无论未来主要中央银行是继续推行量化宽松还是回撤量化宽松，这种既成事实的扭曲都会导致金融市场投资者甚至中央银行因没有先例而无所适从。

二是缺乏政策工具。如果下次衰退来临，已经推出极低利率的全球主要中央银行将没有政策工具来应对。尽管利率很低，但由于通货膨胀的滞后反应、周期性因素甚至是结构性因素，美欧英日的通货膨胀率都非常低。虽然低通货膨胀率给予了中央银行额外的宽松政策空间，但是过去多年的低利率政策没有成功推高通货膨胀，意味着未来的低利率也不一定能推高通货膨胀。这主要是因为，低通货膨胀率是由于结构性因素或不确定性造成的，而不是信贷不足造成的。

三是缺乏政策思想。中央银行不但未能预测金融危机，而且未能推高通货膨胀，这说明传统的宏观经济政策模型已经不能解释现实。回顾历史，20 世纪 30 年代的大危机和 70 年代的高通货膨胀在给主流经济学带来挑战的同时也催生了政策革命：前者催生了凯恩斯的政府干预主义政策，后者催生了奠定今天中央银行独立性和通货膨胀目标制度基础的货币理论。今天，我们也面临着类似的挑战。当前，应对经济困境需要货币政策和财政政策配合，需要债务货币化。这样做可能仍然无效，也可能推高通货膨胀。这意味着中央银行资产负债表仍将扩张，主要国家国债收益率将继续下降。

三、国内经济金融运行情况

2018 年，中国经济保持较高增速，金融运行总体稳定，但也面临许多挑战。

（一）2018年中国经济金融基本情况

2018 年，中国经济保持强劲增长，消费对经济增长的贡献仍然继续保持远大于投资的势头（见图 1–9），目标通货膨胀率和核心通货膨胀率都较低（见图 1–10）。

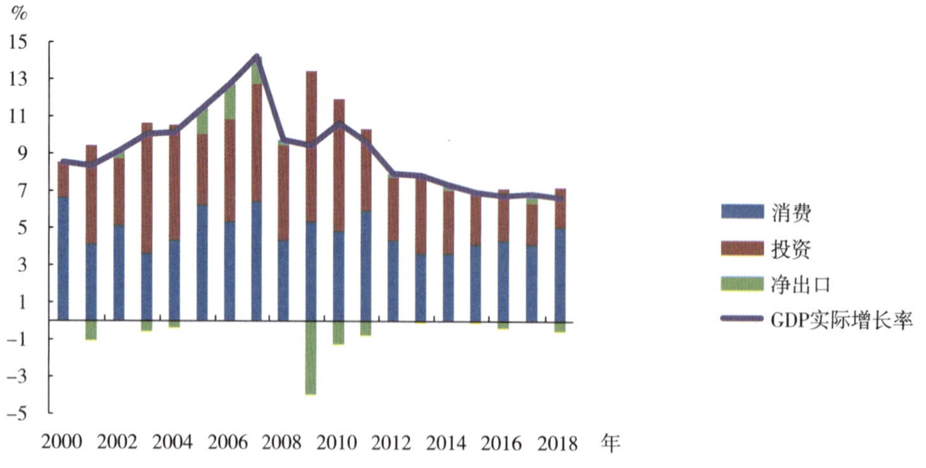

图1–9　中国经济增长构成

（资料来源：Wind）

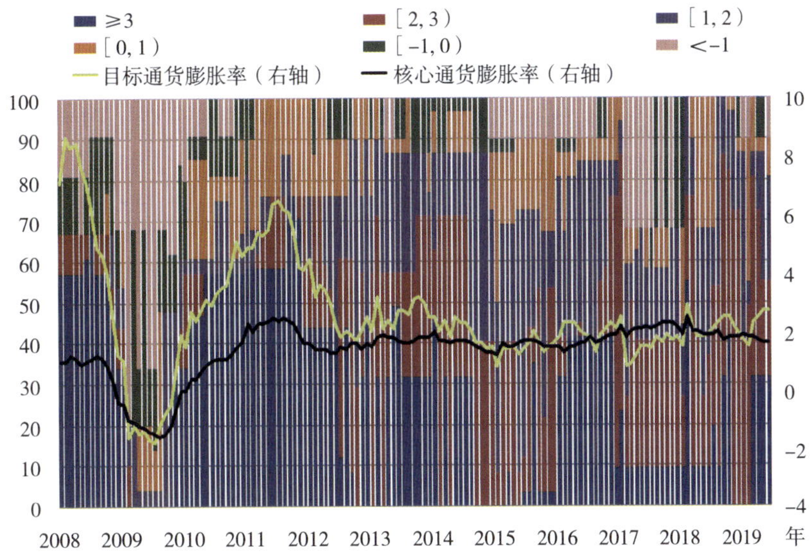

图1–10　中国通货膨胀率与构成

（资料来源：Haver Analytics；作者计算）

（二）短期偿债压力

中国的债务仍维持在较高水平。IMF 预计中国债务占 GDP 的比重在未来几年将继续上升，但增速会下降（见图 1–11）。另外，社会融资规模以人民币贷款为主，其他方式的融资规模迅速下降（见图 1–12）。

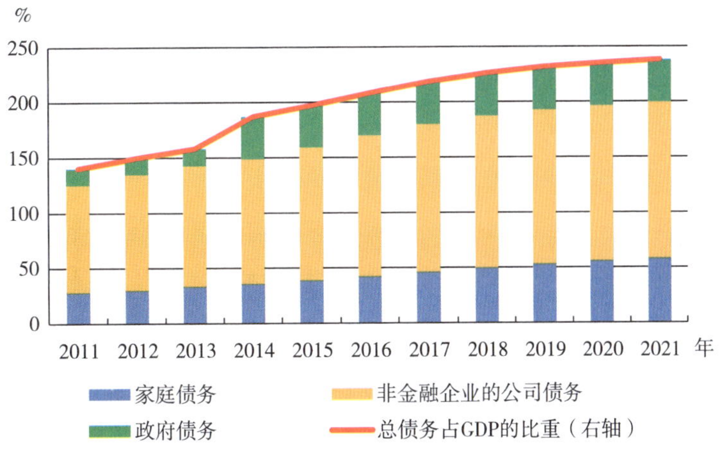

图1–11　中国债务占GDP的比重

（资料来源：https://www.imf.org/external/pubs/ft/scr/2016/cr16270.pdf）

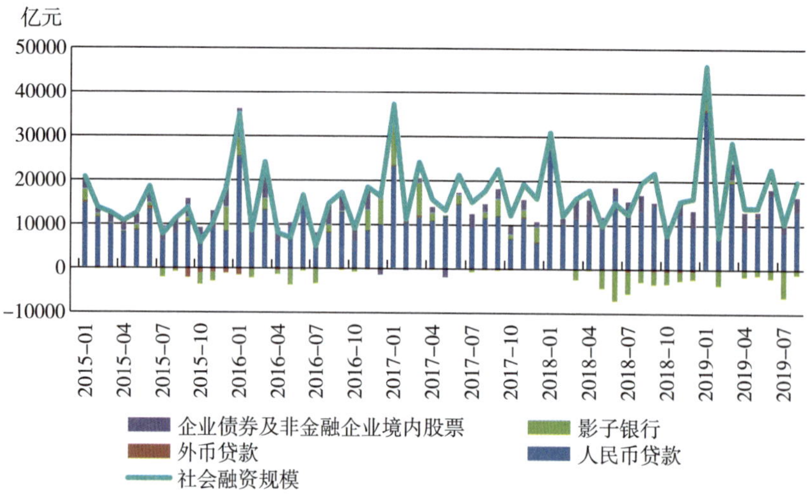

注：影子银行相关数据是中国人民银行统计数据中的委托贷款、信托贷款和未承兑银行汇票的加总。

图1-12 社会融资规模

（资料来源：Wind）

债务之所以会快速增长，是因为它一直与中国经济增长对投资的高度依赖密切相关。2008 年国际金融危机爆发后，中国的投资与 GDP 之比已经从 2000 年的 34% 攀升至 2007 年的 41%，之后则跃升至 2010 年的 48%，2018 年该比重仍然处于 45% 的高位水平。与高投资相伴的是信贷高增长，而且信贷的增长速度达到名义 GDP 增速的两倍左右。

信贷高增长往往伴随着企业资产回报率下滑、企业信誉恶化、投资效率下降以及金融体系复杂程度增加。信贷较大的规模、复杂性和速度都意味着金融稳定风险仍存，尤其是非金融企业债务和地方政府债务很高，偿债压力较大。2019 年，中国地方政府债务进入偿还高峰期，其中 3 月、4 月、6 月和 8 月的偿还额均超过 3000 亿元，总体而言，2019 年地方政府债务偿还金额显著高于之前年份（见图 1-13）。

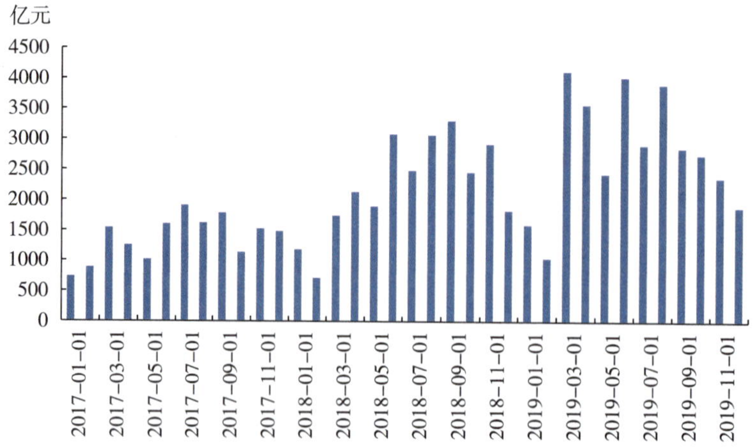

图1-13 中国城投债和地方政府债券偿还金额

（资料来源：Wind）

总之，目前的经济增长方式和高债务，使得中国经济面临以下三个风险：一是金融市场上的流动性融资紧缺，如短期同业拆借市场或理财产品的融资市场萎缩；二是美国继续推行贸易保护政策会导致中国出口大幅下降、出口行业就业下降；三是去杠杆过程中打破刚兑带来的债务连锁违约风险。当然，近来美联储加息节奏放慢，中美收益率曲线差距拉大，在一定程度上缓解了中国资金外流和人民币贬值压力，这有利于中国金融稳定（见图 1–14 和图 1–15）。

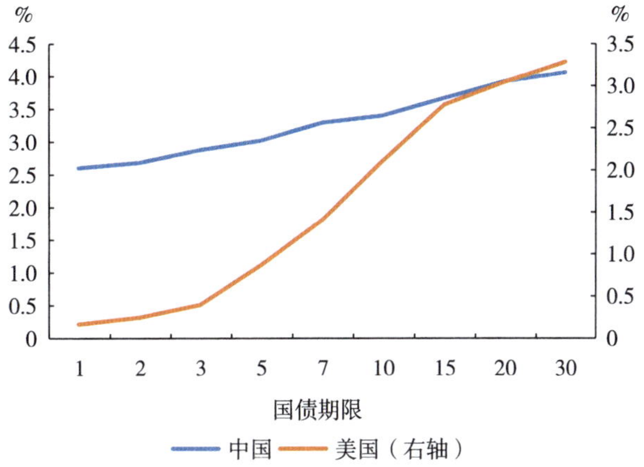

图1–14　中美收益率曲线（2012年1月）

（资料来源：Haver Analytics）

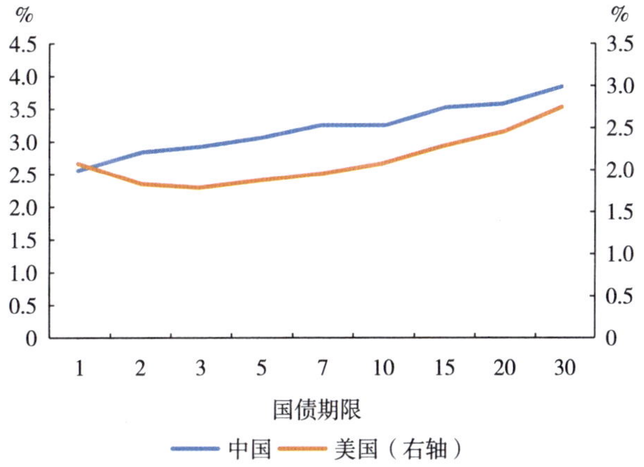

图1–15　中美收益率曲线（2019年8月）

（资料来源：Haver Analytics）

（三）中小银行金融风险开始暴露

2019 年 5 月 24 日，银保监会发布公告称，鉴于包商银行出现严重信用风险，为保护存款人和其他客户的合法权益，对包商银行实行接管。此次接管是 20 年以来监管再度出手整治问题银行。

包商银行事件反映了部分中小银行共同面临的风险。2016 年以来，中小银行的盈利能力逐步出现明显分化，资产质量压力陡增，且资本补充难度日益加大。从中小银行发展进程来看，积聚了四大风险。

（1）公司治理欠缺：大股东资金占用。部分中小银行股东持股比例较为分散，股权结构复杂，易形成关联交易，公司治理方面又存在股东资质不合规、股权管理不到位等问题。

（2）同业存单套利：追求规模弯道超车，大量资金流入实体，表外信用下沉。2015—2016 年，市场流动性充裕，中小银行通过大量发行同业存单，资产端期限错配到同业理财、委外、非标、债券等扩大资产规模，而加长的资金链要求资产端加杠杆、加久期、降信用以提高收益率，导致大量资金投入实体且进行信用下沉。

（3）信用风险：表内信用下沉伴随供给侧结构性改革。一方面，中小银行业务集中于当地中小企业，受区域经济发展情况影响明显；另一方面，中小银行的部分中小企业客户在供给侧结构性改革进程中面临淘汰、破产，积累信用风险。

（4）流动性风险：期限错配程度较高，而流动性管理水平较低，高度依赖宽松的货币环境，导致压力暴露（见图 1–16）。

包商银行事件是对市场流动性的短期负向冲击。一是 2019 年 5 月下旬 Shibor 隔夜利率出现了较大波动（见图 1–17）。二是 2019 年 5 月下旬城商行的同业存单发行失败率大幅提升，随后逐渐回落（见图 1–18）。三是 2019 年 5 月下旬城商行的净融资额大幅下挫（见图 1–19）。四是宏观流动性较为稳定，2019 年 5 月社会融资规模总体稳定，宏观金融总体上没有出现问题（见图 1–20）。

包商银行事件打破了同业刚兑预期，短期市场担忧流动性冲击，长期服务于金融供给侧结构性改革。在对包商银行的接管处理中，对于个人客户及 5000 万元以下的对公客户和同业客户本息实行全额保障，然而对于 5000 万元以上本息，预计平均保障比例在 90% 左右，打破了刚性兑付，引发市场对两大风险的担忧。一是流动性风险，刚兑预期打破后，部分资质较差的中小银行同业资金融入难度加大，一旦中小银行同业资金难以续接，银行会率先在资产端抛售流动性较高的资产，利率债等资产的抛售压力将加大。二是信用收缩风险，当流动性风险恶化时，资产抛售压力将会持续向流动性差的资产传导，银行信用创造及货币派生意愿均将受到影响，从而影响宽货币向宽信用传导的效率。然而从监管的角度来看，在当前的金融市场环境下，高度重视防止为了防控风险而触发流动性风险，因此为应对此次接管也做好了充分的准备工作，减少流动性风险因素。

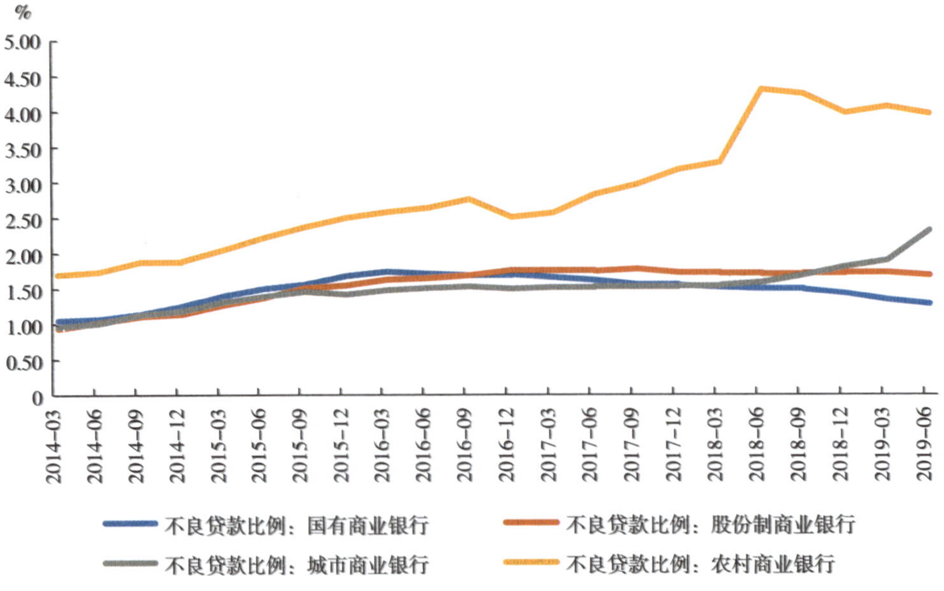

图1–16　中小银行资产质量压力暴露

（资料来源：Wind）

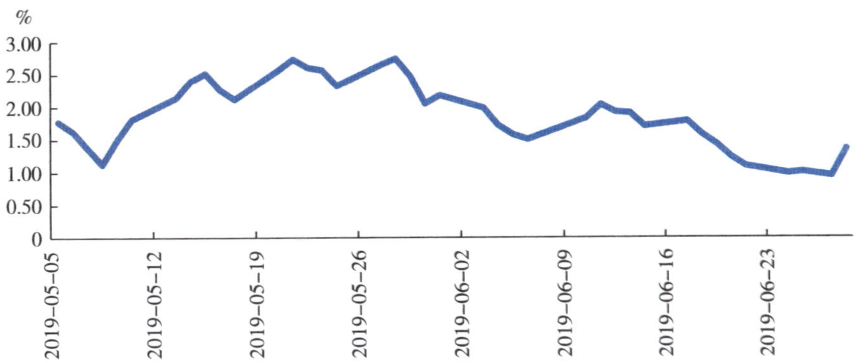

图1-17　2019年5下旬至6月Shibor隔夜贷款拆借利率上升

（资料来源：Wind）

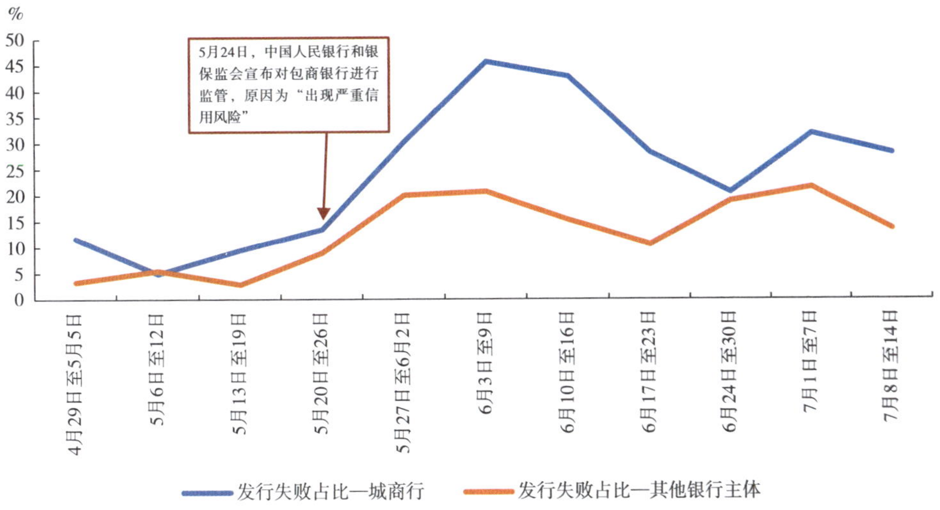

图1-18　2019年5下旬至6月城商行同业存单发行失败率陡升

（资料来源：Wind）

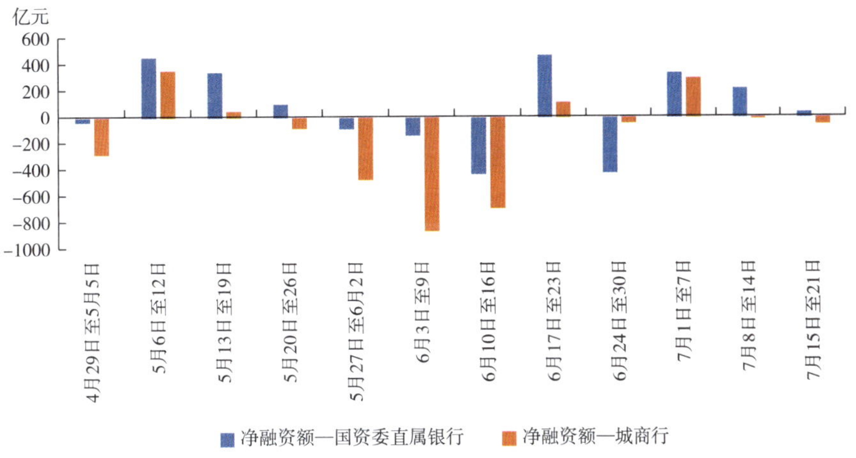

图1-19　2019年5下旬至6月城商行净融资额大幅下挫

（资料来源：Wind）

图1-20　2019年5月社会融资规模总体稳定

（资料来源：Wind）

（四）部分地区流动性风险上升

居民存款增速下降、居民贷款增速较高在银行方面的反映，就是银行存贷比迅速上升（见图 1-21）。自 2015 年 10 月 75% 存贷比规定取消后，商业银行的存贷比迅速上升（见图 1-22）。一些地区，如重庆、辽宁、江苏和福建等地的银行出现了存贷比超过 75% 红线的情况，2018 年底，福建甚至出现了存贷比超过 100% 的情况（见图 1-23）。银行存贷比上升在银行日常经营上的反映便是持续高位的贷款需求、银行吸储困难，整个商业银行体系的存贷款失衡加大。

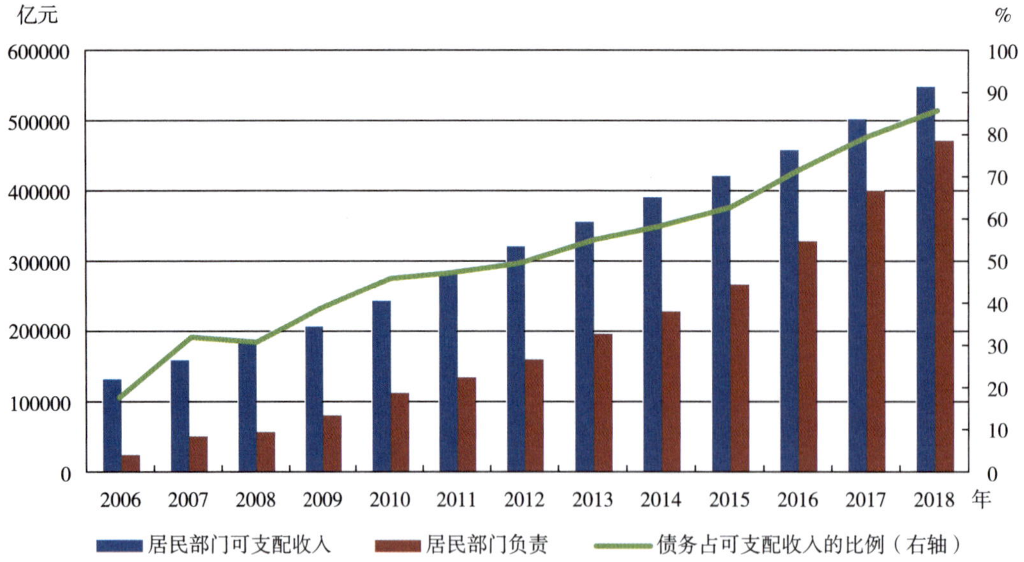

图1-21　居民部门债务及其与居民可支配收入之比

（资料来源：国际清算银行、国家统计局；作者估算）

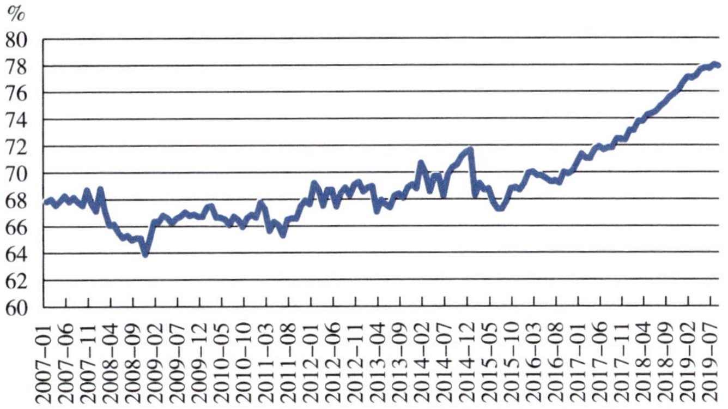

图1-22　商业银行存贷比

（资料来源：Wind）

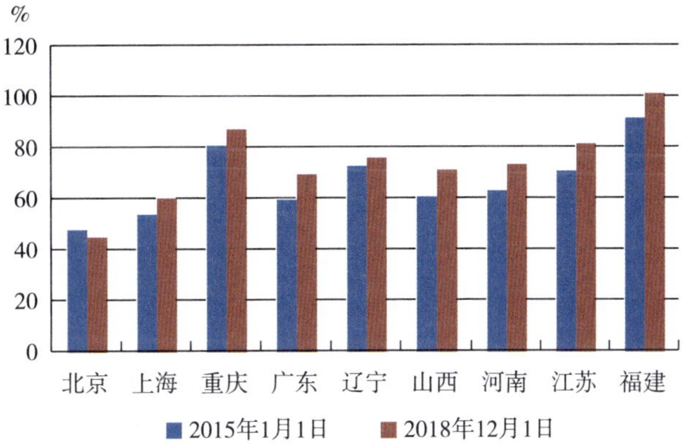

图1-23　各地银行存贷比

（资料来源：Wind）

与存贷比上升相伴的是房价的上升：作为银行资金的来源，储蓄进一步转化为房地产有关的贷款（房企开发贷款和居民消费贷款），并推动房价上升（见图 1-24）。

图1-24　中国房价与银行存贷比的关系

（资料来源：Wind）

（五）中美经贸摩擦的冲击

中美经贸摩擦不只是中美之间在贸易领域的冲突，更是涉及技术、金融、供应链等方面的冲突，并将对中美和全球产生重大影响。从全球看，中美经贸摩擦可能带来以下负面影响。

一是打乱了现行贸易分工格局。当前的全球贸易格局，总体上是基于各国资源禀赋和比较优势而形成的，在一定程度上是市场自由选择的结果。经贸摩擦将造成资源错配和效率低下，如果短时期内打乱成熟的贸易分工格局，会导致极高的转型调整成本，冲击劳动力市场。

二是导致“双输”“多输”的结局。贸易保护政策所针对的国家出口将受到打击；贸易保护政策的发起国虽然可以保护本国出口部门，但会牺牲进口部门的利益，而进口商品价格上升将导致通货膨胀等问题；贸易保护政策所针对的国家还可能发起反制措施，引发“贸易战”等连锁反应，可能导致“双输”“多输”的结局。

三是对全球经济造成负面影响。历史经验已经证明，贸易保护政策可能对全球经济造成严重的负面影响，1929—1933 年“大萧条”的成因之一就是各国普遍采用了以邻为壑、相互增加关税的政策。当前，全球经济复苏初现曙光，但贸易保护主义措施会影响全球资源配置，增加进口成本，进而影响实体经济。世界银行预计，如果全球关税普遍提高至法定上限，可能导致全球贸易量下降 9%，相当于 2008—2009 年国际金融危机期间贸易下跌的程度①。贸易保护主义还会增加全球投资壁垒，进一步冲击外汇、股票、大宗商品等市场。

中美经贸摩擦对中国经济的影响体现在以下两个方面。

一是对中国的居民可支配收入、工业企业生产价格（PPI）影响较大。从历史经验来看，一方面，中国出口规模增速与居民可支配收入增速呈现正相关关系（见图 1–25）。出口规模下降，将直接影响出口相关产业的就业和劳动收入。另一方面，中国工业企业生产价格增速与工业企业利润增速高度正相关（见图 1–26），中美经贸摩擦会导致 PPI 走低，进而对我国工业企业利润形成负向冲击。

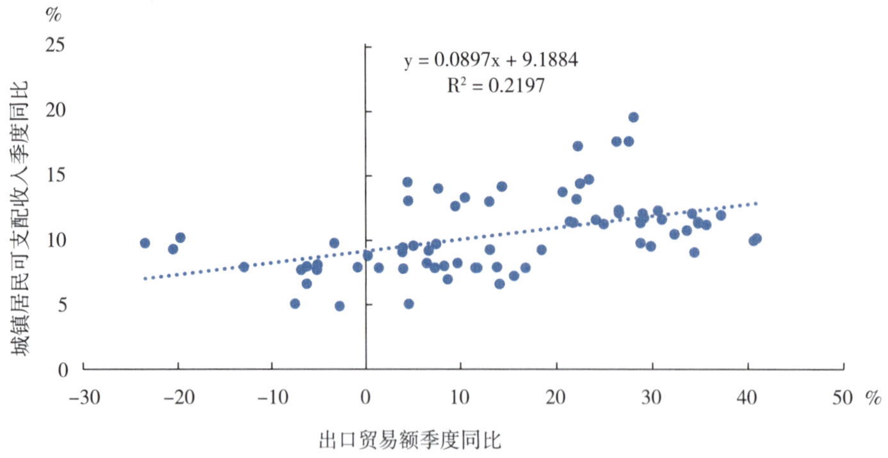

图1–25　出口规模增速与居民可支配收入增速的正相关关系

（资料来源：Wind；作者计算）

① 参见《中国金融稳定报告（2018）》。

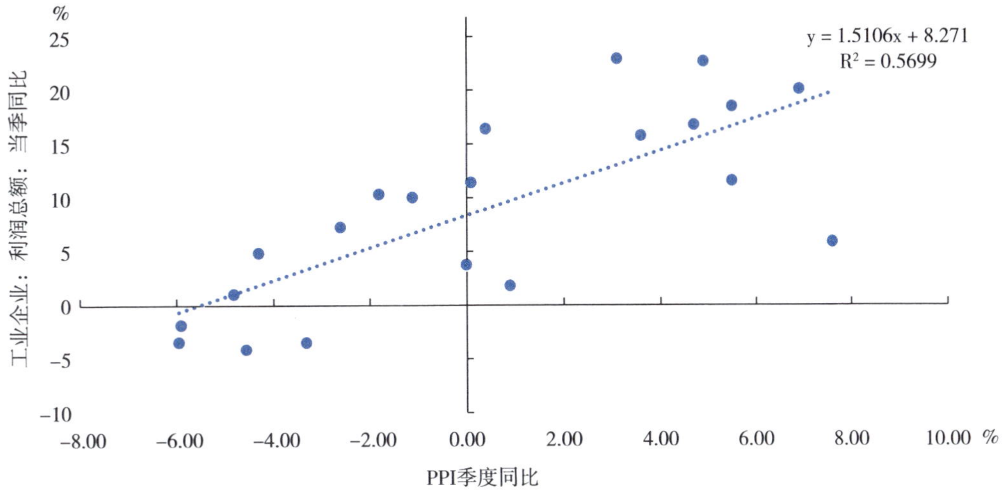

图1-26 工业企业生产价格（PPI）增速与工业企业利润增速的正相关关系

（资料来源：Wind；作者计算）

二是对中国的投资者情绪影响较大。根据部分国际投行及相关研究机构（Oxford Economics，2019）的估计，美国在500亿美元基础上对额外2000亿美元的中国出口产品加征25%关税，同时中国实施相应的反制，对中国2019年、2020年GDP增速的影响分别为0.35%、0.8%。中美经贸摩擦对投资者情绪的影响难以定量估计，应关注投资者悲观情绪放大负面冲击、我国金融市场出现非理性波动、民间投资下挫的相关风险（见图1-27）。

图1-27 民间固定资产投资增速持续放缓

（资料来源：国家统计局）

（六）美国经济超强周期带来人民币贬值压力

人民币可能继续面临一定贬值压力，这是由美国经济增长及其决定的美元走向决定的。这是因为，历史上美元走向的决定因素是美国经济增长率和世界其他国家经济增长率的差别。美国经济增长率越高于其他国家的经济增长率，美元越强，反之则相反。具体来说，美元是否走强取决于两个因素：强有力的全球（别国）经济增长和美国相比其他国家投资收益率的多少。别国经济增长越差、别国投资收益率越低，则美元越强。当别国经济增长率很高且推高别国投资收益率时，美元才会贬值。由于中国一直是全球经济增长的发动机，所以全球经济增长率之差主要看中国的情况。例如，在国际金融危机之后，有三次全球经济增长周期，分别是 2010 年、2013 年和 2016 年。而这三次都源于中国的信贷扩张，这些扩张达到高潮时，美元开始走贬。

但是，自 2018 年中国开始信贷紧缩以来，2019 年第一季度，中国又增长了占 GDP8.5% 的信贷。这次信贷扩张不一定会导致美元贬值。原因是：第一，力度不同。中国无力继续长期大幅扩张信贷，本次信贷扩张顶多是稳定经济，而不是刺激经济。第二，货币供应量和外汇储备的差距。中国的货币供应量达 28 万亿美元，而外汇储备只有 3.1 万亿美元。内外负面冲击会促使资金外流，导致外汇储备下降。第三，扩张发力的对象不同。以前的信贷扩张主要是提供给房地产和国有企业，这些主体的扩张会对澳大利亚、欧洲和巴西产生巨大的外溢效应。但本次信贷扩张主要是针对低收入的消费者和城市的基础设施建设，其对别国的外溢效应有限。因此，如果中国经济增长对别国的拉动作用有限，则美元资产会继续成为全球投资者的安全资产或投资资产。

第二节　金融稳定图和增长风险

本节通过金融稳定图和增长风险分析，进一步把上述各种风险汇总，以反映和分析中国整体金融风险的变化。

一、中国金融稳定图与风险细分

（一）中国金融稳定图

鉴于中国所面临的金融风险的多样性和可能的风险互动效应，我们构建了中国金融稳定图（China Financial Stability Map，CFSM）。关于中国金融稳定图的方法和指标，请见《中国金融风险与稳定报告（2016）》。CFSM 评估了四大类风险和两大类条件：宏观经济风险、外部传染风险、信贷风险、市场和流动性风险，货币和金融条件与风险偏好。我们把上述指标标准化为介于 0 和 10 之间的数值，0 表示低风险、紧的货币和金融条件或低风险偏好，10 表示高风险、松的货币和金融条件或高风险偏好。

根据上述方法和分析，我们把宏观经济和金融体系的四个风险与两个条件分为不同的时点，在结合全球背景和考虑到数据约束的同时，抓住中国的关键风险和经济金融环境，引入涵盖当前发展的前瞻性指标，描绘了中国金融稳定情况（见图 1–28）。为反映 2019 年第三季度的政策变化及其市场影响，我们对比了 2017 年第四季度、2018 年第四季度到 2019 年第三季度的中国金融稳定的变化情况。具体而言，在此期间，中国的宏观经济风险略有上升，风险偏好下降有限，货币和金融条件趋于宽松，外部传染风险与市场和流动性风险相对稳定，信贷风险有所上升。

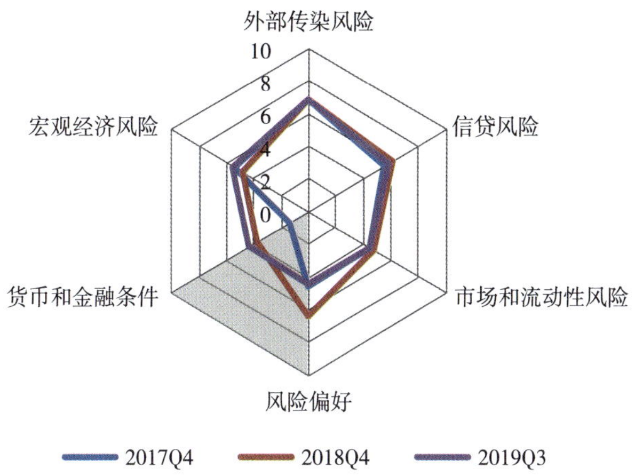

注：离中心越远，则风险越大，货币和金融条件越宽松，风险偏好越大。

图1-28　中国金融稳定图

（资料来源：作者计算）

（二）风险细分因素分析

那么是什么因素导致了 2017 年第四季度至 2019 年第三季度上述指标的变化呢？针对各个综合指标，下面细化列举每个综合指标背后的具体风险点变化（见图 1-29）。

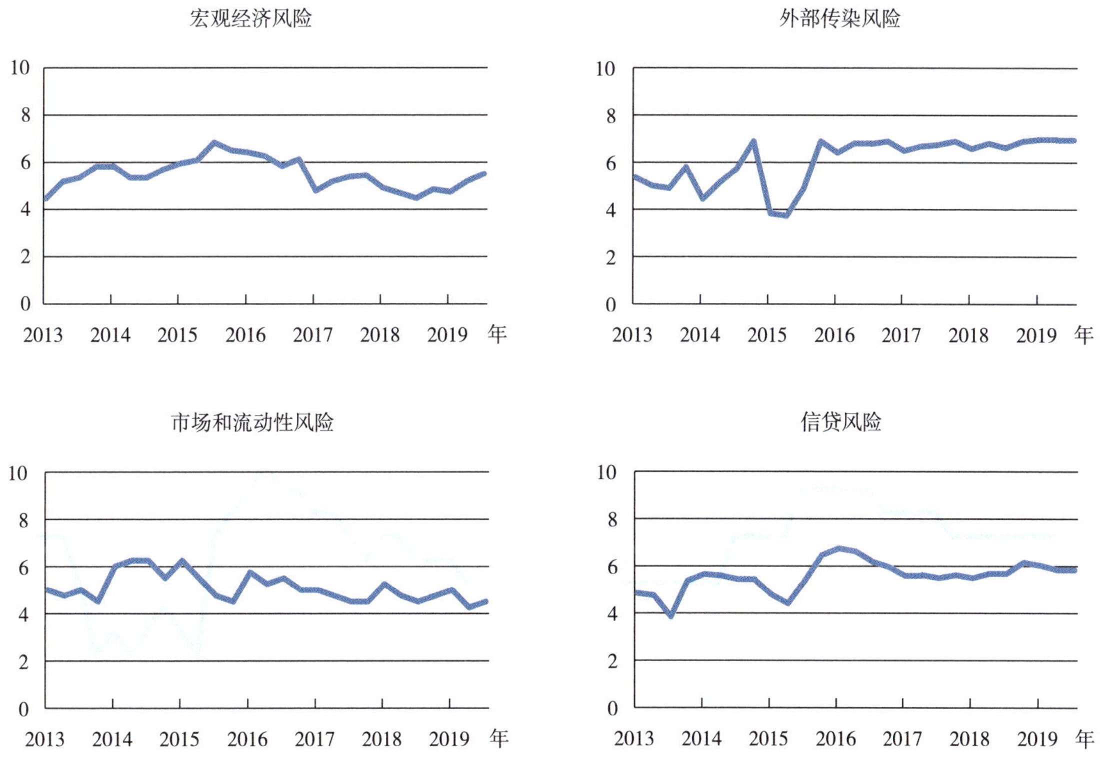

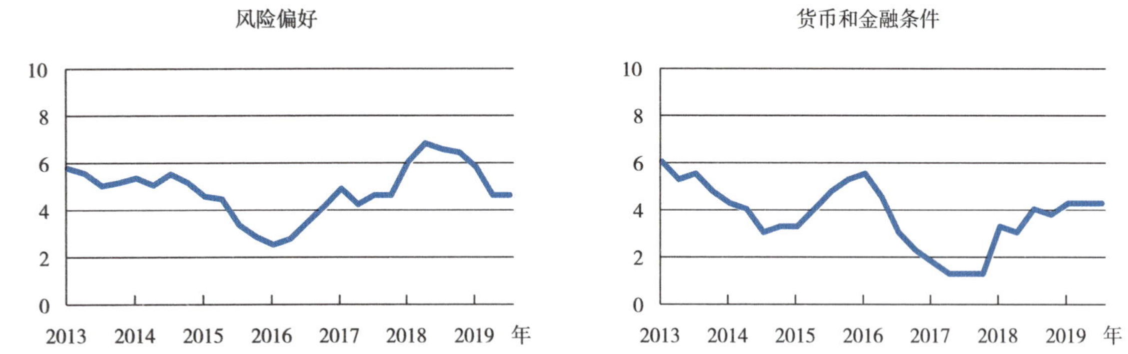

注：Y轴数值越大，则风险越大，货币和金融条件越宽松，风险偏好越大。

图1-29　中国金融稳定图：2013年到2019年第三季度各项综合指标的变化

（资料来源：作者计算）

1. 宏观经济风险

图 1-30 展示了 2013 年至 2019 年第三季度部分宏观经济风险子指标（变量）的变化。2018 年至今，工业生产平稳增长，房价增速回落。这些因素共同反映为宏观经济风险有所下降。同时，通货膨胀率从低位开始逐渐上升，贸易增速下降较快，国内银行信贷偏离趋势值较大，投资增速处于低位，政府债务占 GDP 的比重上升，失业率偏离均值程度加大，增大了宏观经济风险。总体来看，2018 年，下行因素的负面影响小于正向因素的正向影响；2019 年，负面影响作用力度逐步加大。

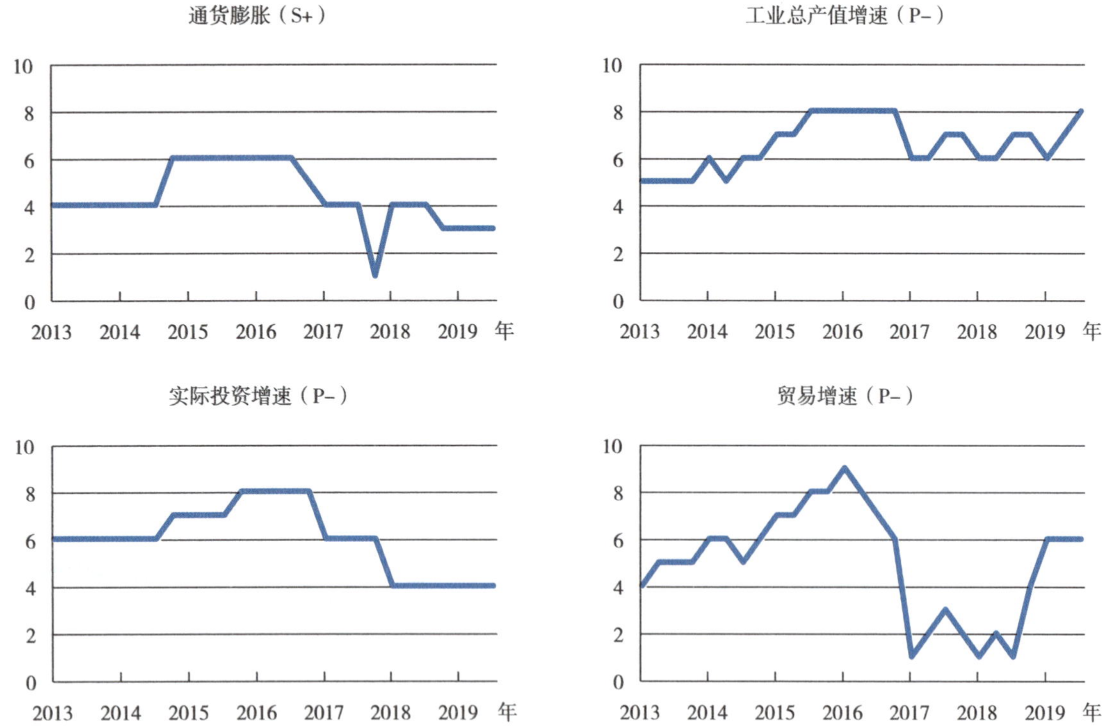

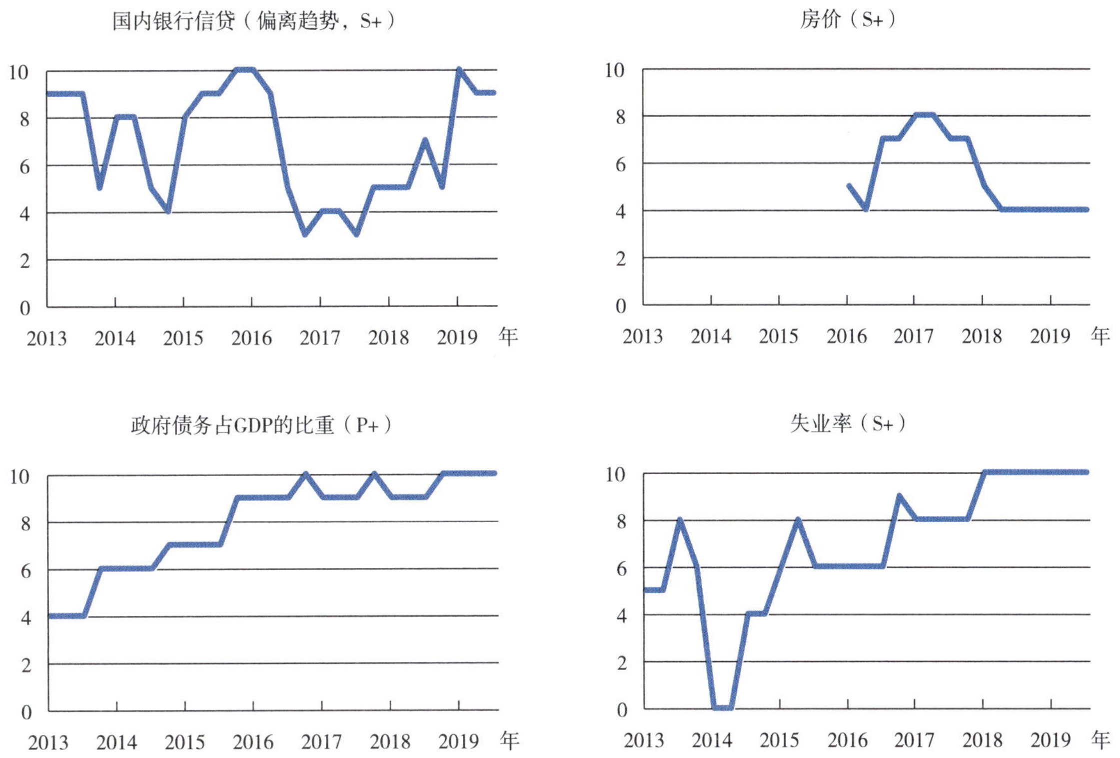

注：P+代表数值越大风险越大；P–代表数值越小风险越大；S+代表越偏离均值风险越大。具体来说，通货膨胀率越高，其对应的风险子指标越高。工业总产值增速越高，其对应的风险子指标越低。实际投资增速越高，其对应的风险子指标越低。贸易增长率越高，其对应的风险子指标越低。国内银行信贷偏离趋势值越大，其对应的风险子指标越高。房价偏离趋势值越大，其对应的风险子指标越高。政府债务占GDP的比重越高，其对应的风险子指标越高。失业率偏离趋势值越大，其对应的风险子指标越高。

图1–30　中国金融稳定图：2013年到2019年第三季度部分宏观经济风险子指标（变量）的变化

（资料来源：作者计算）

2. 外部传染风险

图 1–31 展示了 2013 年至 2019 年第三季度部分外部传染风险子指标（变量）的变化。从经济增长看，英国是七国集团（G7）中表现最差的经济体之一——脱欧进程导致英国的投资低迷，贸易表现平平，英镑贬值，通胀上升，经济前景不确定性加大。特朗普特立独行的性格及其推动的“美国优先”政策，使贸易保护主义风险上升，欧洲、中国等地区分别对美国关税政策采取的相应反制措施会进一步加大贸易波动，全球化进程受阻，带来全球金融市场震荡。日本的经济复苏迹象在过去一年不断加强，本轮经济复苏期已成为第二次世界大战后日本经济复苏持续时间第二长的景气扩张期，但增长势头已显露疲态。最后，中国银行业的外国资产占 GDP 的比例、外汇储备与进口之比、外汇储备与短期外债之比保持相对稳定。总体来看，外部传染基本保持稳定。

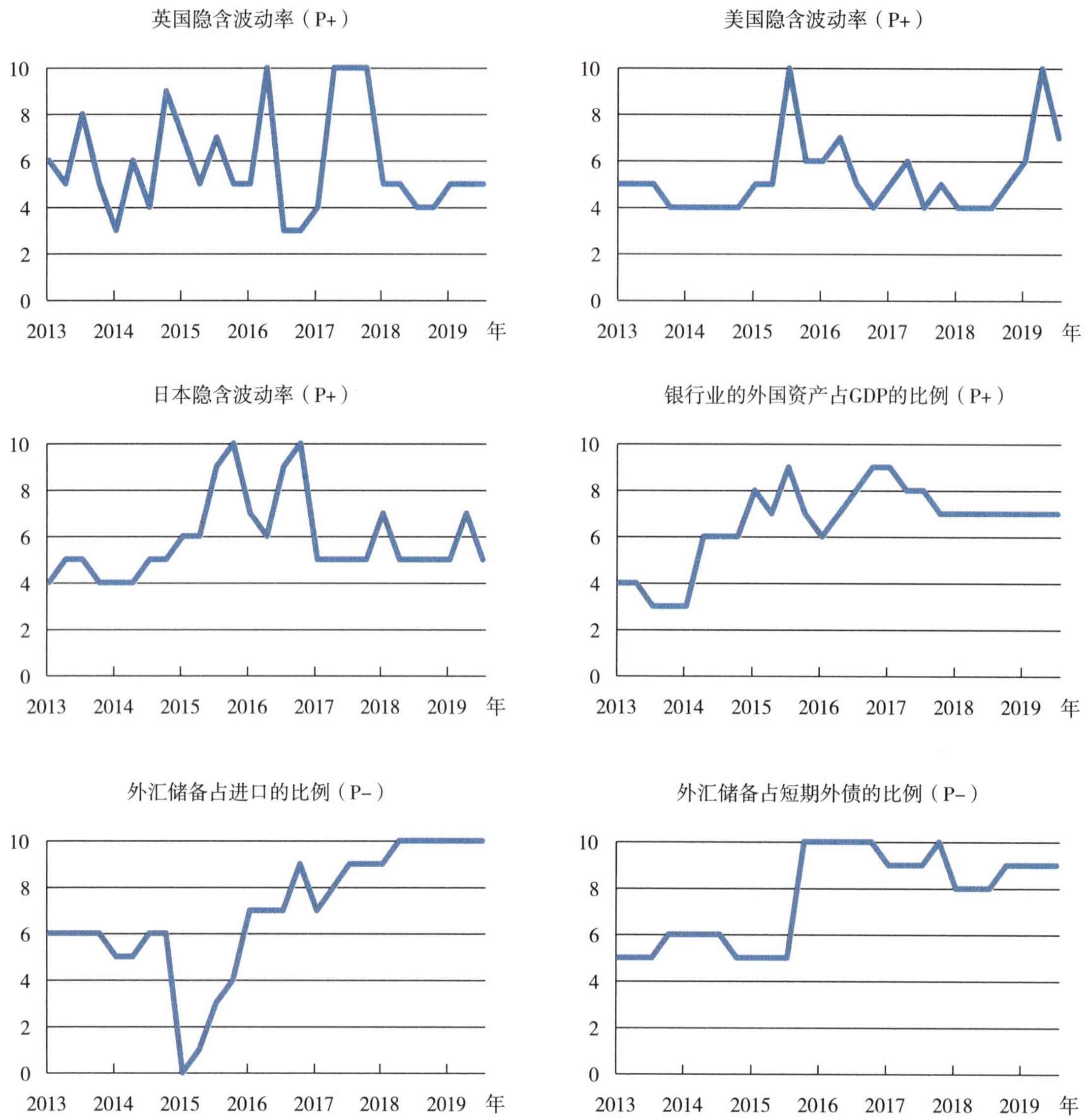

注：P+代表数值越大风险越大。具体来说，英国隐含波动率越高，其对应的风险子指标越高。美国隐含波动率越高，其对应的风险子指标越高。日本隐含波动率越高，其对应的风险子指标越高。银行业的外国资产占GDP的比重越高，其对应的风险子指标越高。外汇储备与进口之比越高，其对应的风险子指标越低。外汇储备与短期外债之比越高，其对应的风险子指标越低。

图1–31　中国金融稳定图：2013年到2019年第三季度部分外部传染风险子指标（变量）的变化

（资料来源：作者计算）

3. 信贷风险

图 1–32 展示了 2013 年至 2019 年第三季度部分信贷风险子指标（变量）的变化。2018 年至今，一方面，信贷增速快速上升，企业资金回报率上升，提升了偿债能力；同时，股市收益上升，提升了居民财富效应，有利于缓解居民偿债压力，这两方面因素带来了银行资金回报率的上升。另一方面，银行不良贷款率较 2016 年有所下降，但是较 2018 年有所上升，同时银行资本充足率进一步下降，这些在一定程度上增加了信贷风险。总体来看，2018 年至今，信贷风险略有下降。

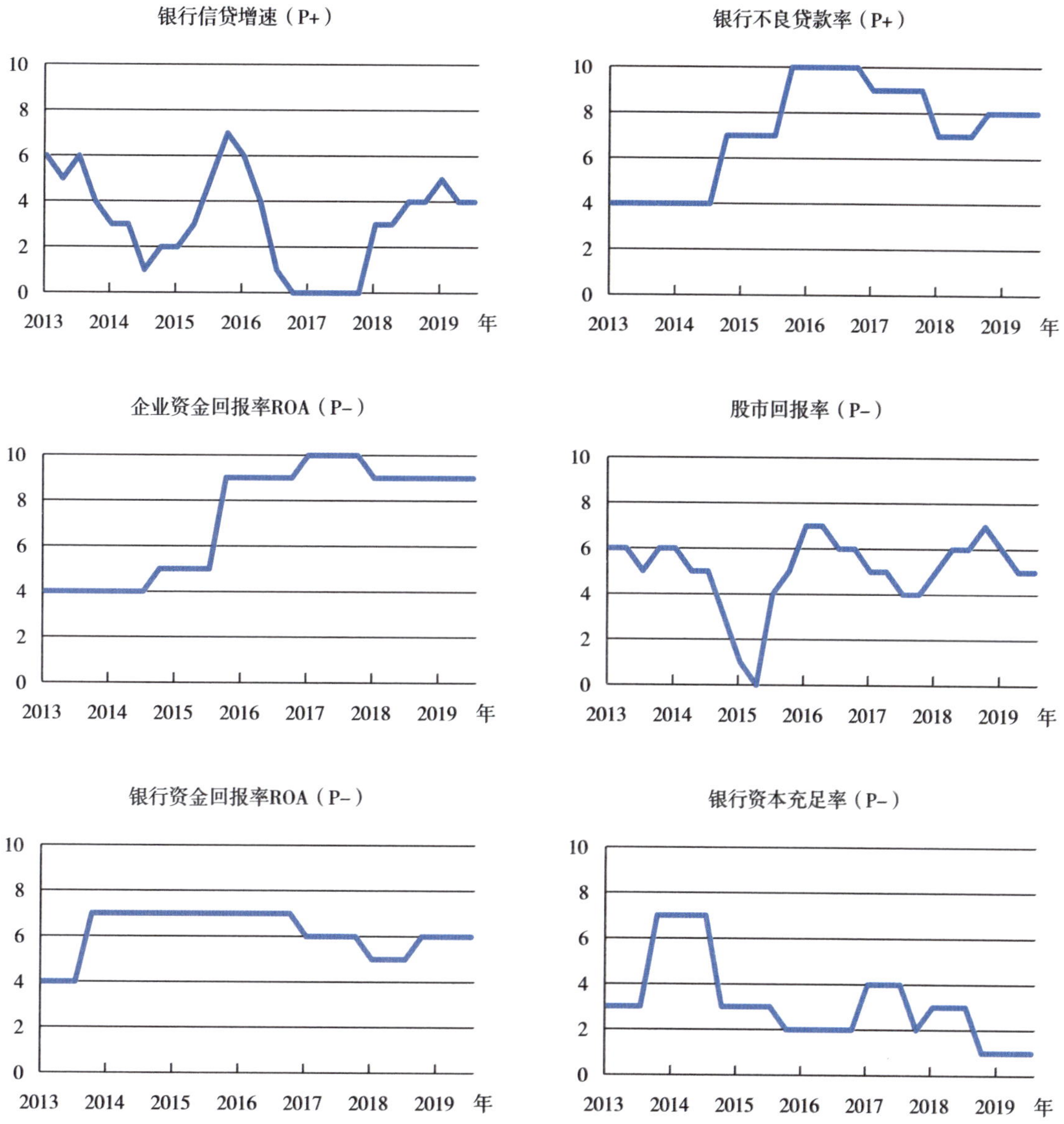

注：P+代表数值越大风险越大；P–代表数值越小风险越大。具体来说，银行信贷增速越高，其对应的风险子指标越高。银行不良贷款率越高，其对应的风险子指标越高。企业资金回报率ROA越高，其对应的风险子指标越低。股市回报率越高，其对应的风险子指标越低。银行资金回报率ROA越高，其对应的风险子指标越低。银行资本充足率越高，其对应的风险子指标越低。

图1–32　中国金融稳定图：2013年到2019年第三季度部分信贷风险子指标（变量）的变化

（资料来源：作者计算）

4. 市场和流动性风险

图 1–33 展示了 2013 年至 2019 年第三季度部分市场和流动性风险子指标（变量）的变化。一方面，私人信贷与居民存款之比回升较多，达到历史高位水平，说明区域信贷市场风险上升。另一方面，TED 利差趋小，表明市场资金供给趋松，即流动性风险有所下降。股市换手率仍然处于高位水平，从一个侧面反映了市场流动性风险的下降。银行业外债总额占 GDP 的比重保持平稳。总体来看，市场和流动性风险趋于稳定。

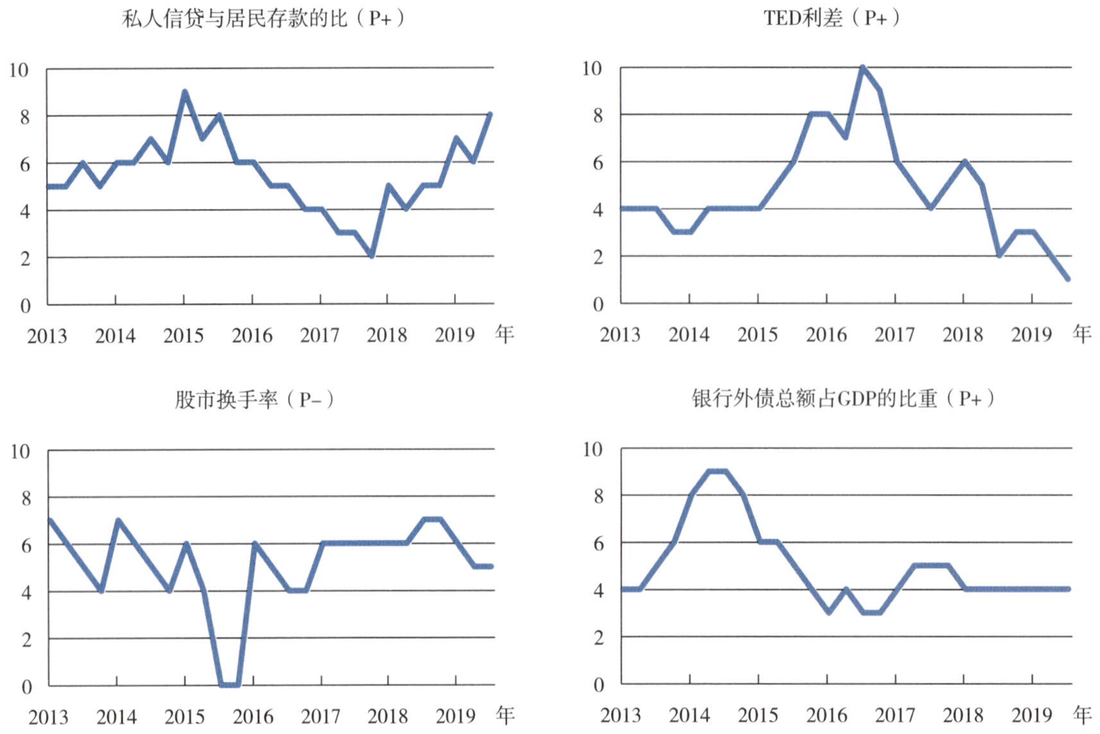

注：P+代表数值越大风险越大；P-代表数值越小风险越大。具体来说，贷存比越高，其对应的风险子指标越高。TED利差越高，其对应的风险子指标越高。股市换手率越高，其对应的风险子指标越低。银行外债总额占GDP的比重越高，其对应的风险子指标越高。

图1-33　中国金融稳定图：2013年到2019年第三季度部分市场和流动性风险子指标（变量）的变化

（资料来源：作者计算）

5. 风险偏好

图 1-34 展示了 2013 年至 2019 年第三季度部分风险偏好子指标（变量）的变化。一方面，随着 2017 年国际三大评级机构对中国主权评级的下调，并在 2018 年维持了这种判断，主权信用违约互换上升，本币主权债券收益率上升，风险偏好下降；近一年股市收益率波动走低，汇率波动走低，反映了风险偏好下降。另一方面，证券投资总体呈现净流入，扭转了前一年净流出的势头，外商直接投资占 GDP 的比重上升有限，风险偏好上升。总体来看，近一年来，风险偏好有所下降。

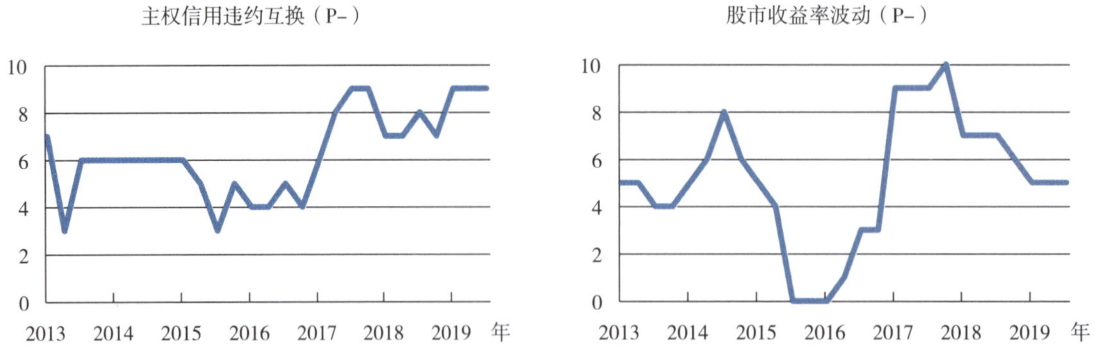

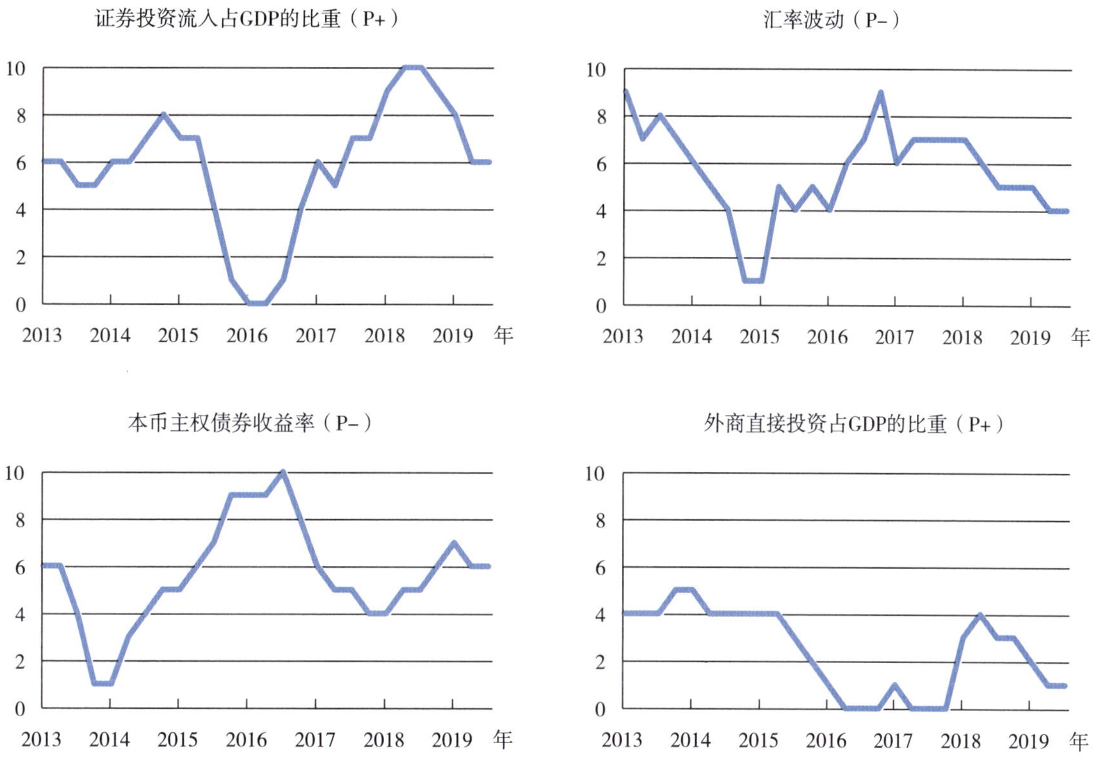

注：P+代表数值越大风险偏好越大；P–代表数值越小风险偏好越大。具体来说，主权信用违约互换越高，其对应的风险偏好子指标越低。股市收益率波动越高，其对应的风险偏好子指标越高。证券投资流入占GDP的比重越高，其对应的风险偏好子指标越高。汇率波动越高，其对应的风险偏好子指标越低。本币主权债券收益率越高，其对应的风险偏好子指标越低。外商直接投资占GDP的比重越大，其对应的风险偏好子指标越高。

图1–34　中国金融稳定图：2013年到2019年第三季度部分风险偏好子指标（变量）的变化

（资料来源：作者计算）

6. 货币和金融条件

图 1–35 展示了 2013 年至 2019 年第三季度部分货币和金融条件子指标（变量）的变化。货币供应量增速的下降，反映为货币和金融条件趋紧。但是，自 2018 年开始，国内信贷增速大幅提升，信贷环境更加宽松，同时短期实际利率下降，反映为货币和金融条件趋于宽松。总体来看，近一年来，货币和金融条件更加宽松。

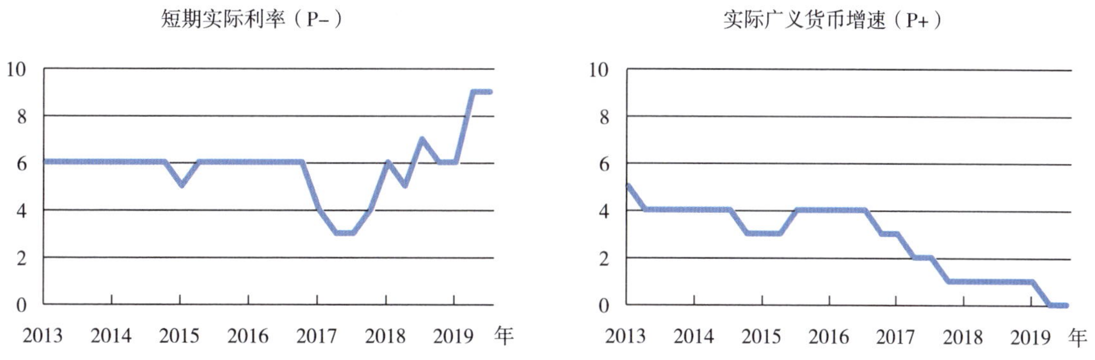

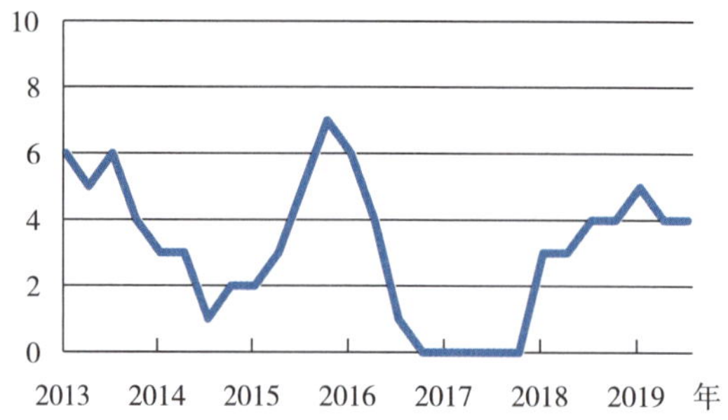

注：P+代表数值越大条件越宽松；P–代表数值越小条件越宽松。具体来说，短期实际利率越高，其对应的条件子指标越紧缩。实际广义货币增速越高，其对应的条件子指标越宽松。银行信贷增速越高，其对应的条件子指标越宽松。

图1–35　中国金融稳定图：2013年到2019年第三季度部分货币和金融条件（变量）的变化

（资料来源：作者计算）

二、增长风险

2008 年国际金融危机表明，宏观经济与金融之间的互动越来越复杂。刻画金融条件变化有助于我们预判未来经济增长的风险。本部分参照 IMF《全球金融稳定报告》的最新方法，从金融条件变化这个角度来预判中国经济增长风险。

首先，我们建立了金融条件与宏观金融脆弱性指标。金融条件由资产风险价格、融资获取容易度、融资成本等指标构成，用于衡量宏观金融综合松紧程度；宏观金融脆弱性由杠杆、非金融私人部门资产负债表等一系列指标构成，用于说明宏观金融的不平衡（imbalance）以及部门资产负债表的脆弱性（weakness）。在此基础上，我们试图分析两者与未来经济增长率的概率分布的关系。与预测单点经济增长率不同，该框架可以刻画未来经济增长率的完整分布情况，由此可以参考在险价值（VaR）的方法，定义增长风险（Growth at Risk，GaR），即在一定置信度下预测经济增长最低水平，进而描述宏观金融风险。

2018 年伊始，金融去杠杆政策不断深化，金融条件趋紧给经济增长带来一定的负面压力。从第二季度起宏观政策开始调整，去杠杆力度逐步减弱，货币政策目标转为“保持流动性合理充裕”，金融条件指标也于第三季度回到 2016 年末“去杠杆”开始前的水平（见图 1–36）。

同时，前期的去杠杆和严监管政策，也在一定程度上抑制了持续攀升的宏观金融脆弱性指标，并给未来经济增长带来积极影响。然而，需要关注的是，信贷资源长期流向低效率部门，导致宏观金融脆弱性指标再度恶化（见图 1–36）。

总体来看，一系列严监管政策使得中长期经济增长率有所下降（见图 1–39）。虽然 2018 年第二季度以来金融条件趋于宽松，近期增长风险有所缓解（见图 1–40），但这种宽松对中长期经济可持续增长的影响有限。尤其值得关注的是，从 2019 年开始中长期经济增长率出现了结构性下降，表明未来一段时间经济下行压力会持续存在（见图 1–41）。

注：（1）金融条件指标越高表示金融条件越紧张，反之则越宽松；宏观金融脆弱性指标越高表示脆弱性越大，反之则越小。（2）金融条件指标和宏观金融脆弱性指标的计算方法是：先把各个子指标标准化，再进行主成分分析，取第一主成分的系数来估算两个指标。因此，这两个指标用的是同一个量纲。

图1–36　金融条件指标与宏观金融脆弱性指标

（资料来源：作者计算）

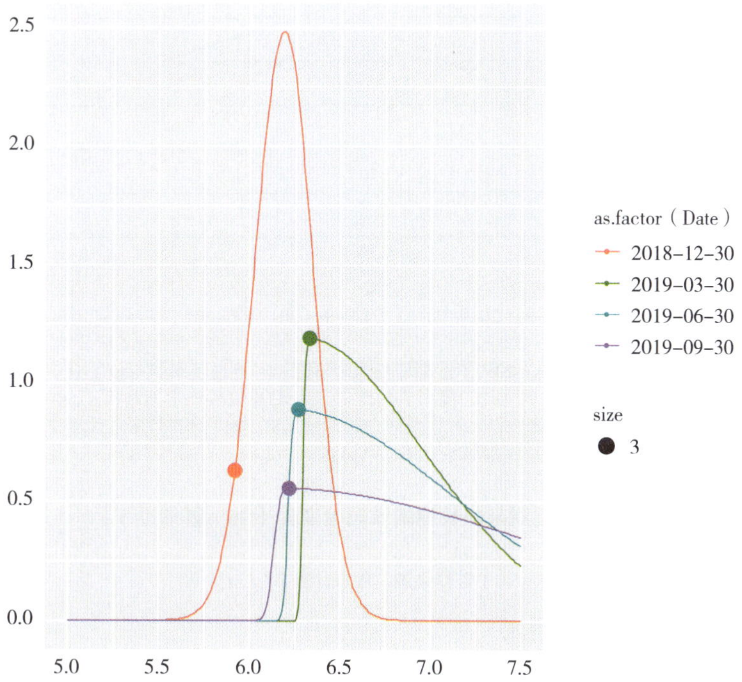

注：（1）圆点代表对应季度95%置信度的经济增长风险位置。（2）纵轴相当于概率密度，蓝线是一个左倾（中位数偏左）且左侧尾部很薄的分布。造成这样的原因主要是从2018年第二季度开始金融条件放松，线性回归对这种放松/收紧的表现非常敏感，预测的GDP分布增长/放缓波动很大。为防止过大波动，我们引入IMF对经济增长的预测限制了分布的中位数。

图1–37　中国近期经济增长分布预测（概率分布）

（资料来源：作者计算）

图 1-37 中的三条曲线代表估计的 GDP 增长分布情况（近期数据估计，领先 4 个季度），圆点标注的位置代表累计概率分布为 5% 的水平，换句话说，我们有 95% 的概率相信 GDP 增速分布高于该点标注的位置。从图中可知，随着金融条件放松，近期增长风险不断下降。

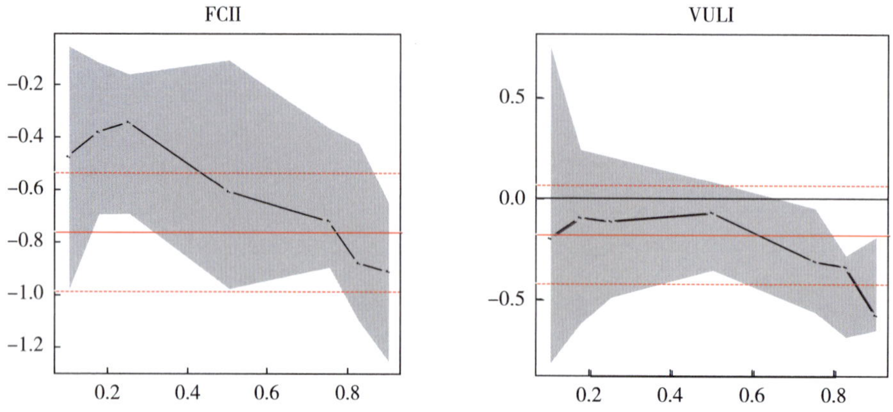

注：横轴代表对应的分位数，纵轴代表系数值。

图1-38　金融条件（FCII）与金融脆弱性（VULI）的系数

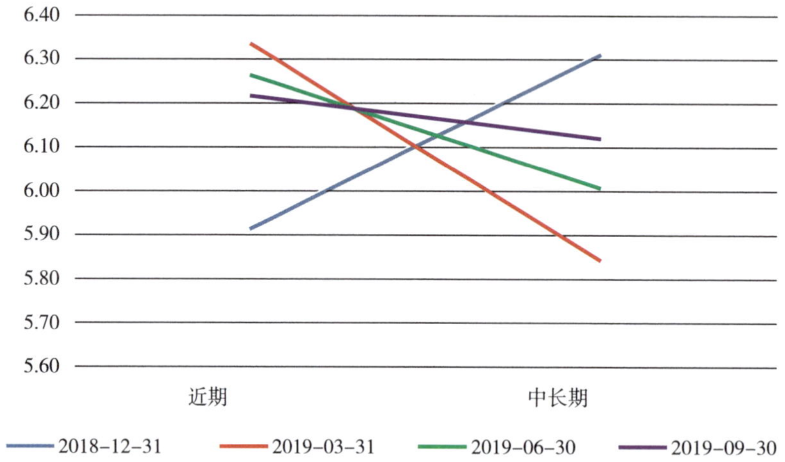

注：2018年和2019年出现相反趋势的原因是：进入2019年近期增长风险下降（经济增长率绝对值上升），但中长期增长风险上升（经济增长率绝对值下降）。近期增长风险之所以下降，是因为我们使用了4个季度前的数据来预测近期增长，而2018年初开始宽松的金融条件，使得4个季度后2019年初的增长风险下降。中长期风险之所以上升，是因为我们使用8个季度前的数据来预测中长期增长风险，而金融条件指标正好在2017年初开始收紧，所以对应的2019年初中长期增长风险开始上升。

图1-39　近期与中长期增长风险变化（95%置信度）

（资料来源：作者计算）

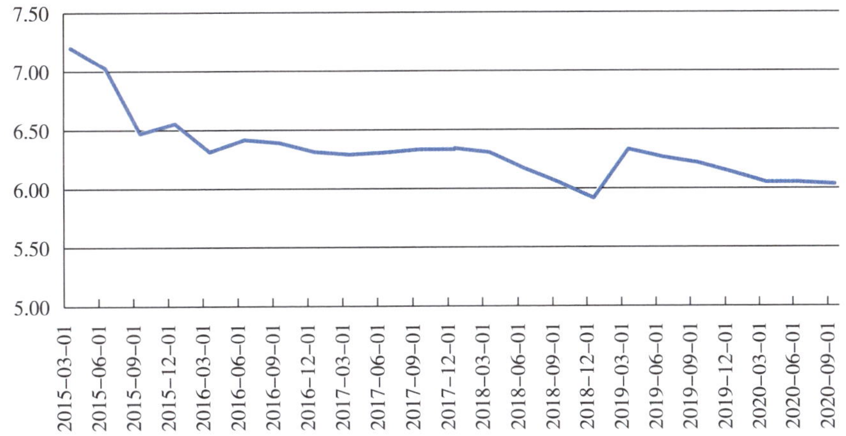

注：（1）指标越低风险越大。（2）这里是5% percentile的预测。（3）实时领先是指在预测时没有用到不可得的数据。比如，2018年第四季度的预测就是用2002年至2017年第四季度的数据估计的，并借助用t–4的GDP增速原始模型做了领先4个季度的预测。

图1–40　95%置信度下的增长风险（实时领先4个季度）

（资料来源：作者计算）

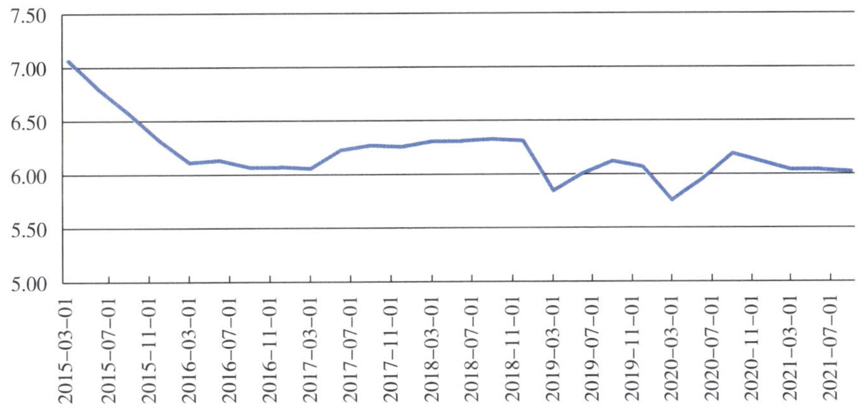

注：（1）指标越低风险越大。（2）95%置信度下的增长率下滑，表明增长风险加大。

图1–41　95%置信度下的增长风险（实时领先8个季度）

（资料来源：作者计算）

总之，当前中国金融稳定面临的中期风险可以概括为

（1）经济金融失衡仍存，资本回报率下降，全要素生产率（TFP）下降；

（2）在高储蓄率和银行主导的间接融资模式下，货币发行规模大，信贷迅速扩张，影子银行扩张快，债务总规模仍在攀升；

（3）资本回报率和经济增长率下降导致“资产荒”，而大量（杠杆）资金在国内追逐有限的资产，推动以房地产为代表的资产价格继续上涨；

（4）大量资金为寻求更稳定和更高的收益率而外流（资本外逃和海外资产配置），外汇储备下降，人民币贬值压力重新出现，并形成对国内储蓄的抽血机制，给资产价格（主要是房价）带来下跌压力；

（5）正在发生重大变化的国际环境（如美联储货币政策变动、美国政府减税和反全球化）带来的套利交易终止和避险需求增大，会增加资金外流压力；

（6）经济金融体系的内外关联度不断增加，去杠杆和打破刚兑增多风险传染源，防控系统性风险的压力增大。

在当前复杂的国内外经济金融环境下，多种因素相互关联、掣肘，对金融稳定政策组合提出了更高要求。例如，一方面，中国整体（尤其是企业）的较高杠杆客观上需要较低的利率，以缓解企业偿债压力和降低违约风险；另一方面，在美联储加息、中美经贸摩擦的压力下，国内资金流动性可能趋紧，客观上形成利率上行压力。所以，需要采取措施对冲利率上行压力及其可能的负面影响。推而广之，当前中国的金融稳定政策组合面临着“两利相权取其重，两害相权取其轻”的政策取舍问题。

因此，中国金融稳定政策的总体逻辑应该是：中国当前面临的内部冲击主要体现在高债务、高房价和汇率贬值压力上，外部冲击主要体现在中美经贸摩擦、供应链转移和技术壁垒上。这些潜在地形成中国的系统性风险之源，并体现为影子银行扩张和收缩、房价波动、人民币贬值压力和资本外流压力。为从根本上化解这些风险，需要从转换经济增长引擎、真正推动国企改革、捋顺中央和地方财政关系、完善市场化改革四个方面着手（见图 1-42）。

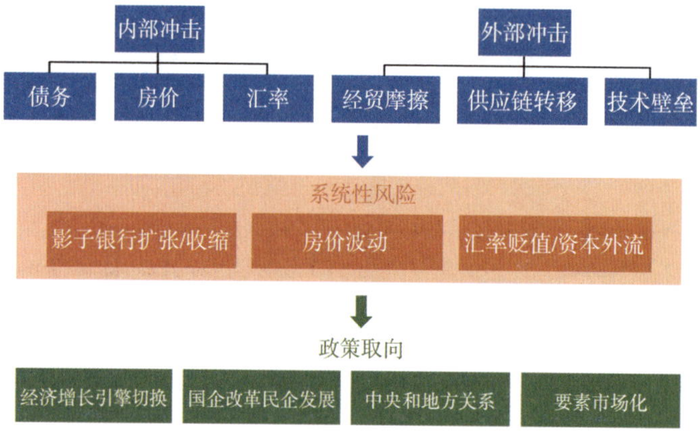

图1-42　中国应对内外冲击的金融稳定政策组合

（资料来源：作者绘制）

参考资料

[1] FSB, 2018 Global Shadow Banking Monitoring Report on Non-bank Financial Intermediation[R]. 4 February 2019.

[2] Gregory Daco. In a global trade war, everyone loses[R]. *Oxford Economics Global Research Briefing*, 9 May 2019.

[3] IMF. World Economic Outlook[R]. April 2018.

[4] IMF. Global Financial Stability Report[R]. April 2018.

[5] IMF Country Report No. 16/270[R/OL]. https://www.imf.org/external/pubs/ft/scr/2016/cr16270.pdf.

[6] Institute of International Finance. *Global Debt Monitor Report*[R]. July 2019.

[7] Institute of International Finance. *Quarterly Global Debt Monitor*[R]. May, 2018.

[8] Jonathan Wheatley. Emerging markets under pressure as debt mounts[N/OL]. [2018-03-05]. *Financial Times*, https://www.ft.com/content/c6df7af2-1c9f-11e8-956a-43db76e69936.

[9] World Economic Forum. Balancing Financial Stability, Innovation, and Economic Growth[R]. June 2017.

[10] 中国人民银行金融稳定分析小组 . 中国金融稳定报告（2018）[R/OL]. http://www.gov.cn/xinwen/2018-11/04/5337137/files/48b31c0c3cec41ac977b18a2b6b9590a.pdf.

第二章　宏观金融风险：杠杆再来

■ 张晓晶[①]

2008 年国际金融危机以来，去杠杆成为主要发达经济体摆脱危机、回归常规的基本共识。不过，市场清理机制所呈现的“强制性”，才是迫使美国等主要发达经济体的金融部门与居民部门去杠杆的基本动因。对它们而言，去杠杆并未成为其基本的政策取向；相反，补杠杆才是它们需要做的工作，即在市场迫使金融部分与居民部分（包括部分非金融企业）去杠杆的同时，政府部门需要加杠杆以维持整个经济的稳定。

与主要发达经济体去杠杆的节奏有所不同的是，在它们去杠杆的时候，恰恰是中国加杠杆的开始。为了应对国际金融危机所带来的外部冲击，2008 年中国启动了 4 万亿元的刺激计划，由此开启了宏观杠杆率快速攀升的通道。过快上升的杠杆率对中国宏观经济金融稳定带来严峻挑战，并引起了中央的高度重视。于是，2015 年 10 月，中国开启了“强制性”的去杠杆模式。不过，这个“强制性”不是由市场约束机制自发形成的，而是由政府发起的，是政策层面的强制。这是中国去杠杆有别于主要发达经济体去杠杆的重要方面。

如果说市场清理机制相对而言比较“公平”，即对各类市场主体一视同仁，那么，政府的强制去杠杆就不可避免地具有“选择性”，尽管其初衷未必如此。2015 年以来中国去杠杆的轨迹充分反映出我们在去杠杆过程中的“选择性”，也充分暴露了我们在体制上所存在的问题。

高杠杆是宏观金融脆弱性的总根源。当前经济工作的重点之一就是抑制宏观杠杆率的攀升，打好防范化解重大风险攻坚战。与此同时，我国面临国内外的冲击，尤其是中美经贸摩擦不断升级，经济下行压力持续加大；再考虑到党的十八大报告提出到 2020 年实现两个“翻一番”，（国内生产总值和城乡居民人均收入比 2010 年翻一番，实现全面建成小康社会宏伟目标），稳增长任务非常艰巨。

中央提出“六稳”，其核心指向是稳增长。稳增长必须要有相应的政策举措，而诸多的应对策略，通过不同的传导渠道，往往会导致债务积累和杠杆率攀升，从而给稳杠杆带来压力。因此，要实现稳增长与稳杠杆的动态平衡，无异于在锋刃上行走，这是对政策当局的重大考验。

---

① 张晓晶，中国社会科学院金融研究所所长、国家金融与发展实验室主任。中国宏观杠杆率研究团队成员常欣、刘磊对本章也有贡献。

第一节　去杠杆的最新进展

2015 年 10 月中央提出降杠杆，2016 年不但没有取得成效，相反，当年杠杆率快速攀升了近 13 个百分点。直到 2017 年，宏观杠杆率才得到初步的抑制，当年仅上升 3.8 个百分点。2018 年宏观杠杆率下降了 0.3 个百分点。至此，去杠杆算是“初战告捷”。

不过，进入 2019 年，去杠杆的态势发生了变化，其根本原因在于稳增长的压力持续加大，导致政策重点发生一定的倾斜。

2019 年前三季度宏观杠杆率升幅分别为 5.1 个、0.7 个和 1.6 个百分点，累计攀升 7.4 个百分点，全年来看，升幅应在 8~10 个百分点。这个幅度相比于 2008—2016 年宏观杠杆率的急剧攀升还低了 2~3 个百分点。参照过去稳增长的经历，这样的升幅并不算高；事实上，仅 2009 年，宏观杠杆率的升幅就达到了 31 个百分点。前三季度经济增速分别为 6.4%、6.2% 和 6.0%。社会上也出现了对于“破 6”的担心。因此，宏观杠杆率仍需继续发挥助力。

不过，仅靠加杠杆是不够的。未来较长一段时间，稳增长与防风险将是宏观政策权衡的重点。这意味着政策当局不仅要在调整宏观杠杆率内部结构上做文章，稳住杠杆率；同时还需要加快推进供给侧结构性改革，提振信心，调动各方面积极性，从内在机制上实现稳增长与防风险的动态平衡。

具体来说，2019 年第三季度，实体经济部门杠杆率继续保持平稳态势，由第二季度末的 249.5% 升至 251.1%，上升了 1.6 个百分点。第三季度的杠杆率增速温和回升，经济有望企稳。分部门来看，第三季度居民杠杆率涨了 1.0 个百分点，从 55.3% 升至 56.3%；非金融企业杠杆率下降了 0.1 个百分点，从 155.7% 降至 155.6%；政府部门杠杆率上升了 0.7 个百分点，从 38.5% 升至 39.2%。从前三季度杠杆率累计增长情况来看，居民部门上涨了 3.1 个百分点，非金融企业部门上涨了 2.0 个百分点，政府部门上涨了 2.2 个百分点。相比于过去杠杆率的增长态势，2019 年前三季度政府部门杠杆率的上涨幅度较为引人瞩目，这也符合我们关于政府要加杠杆的政策预期。

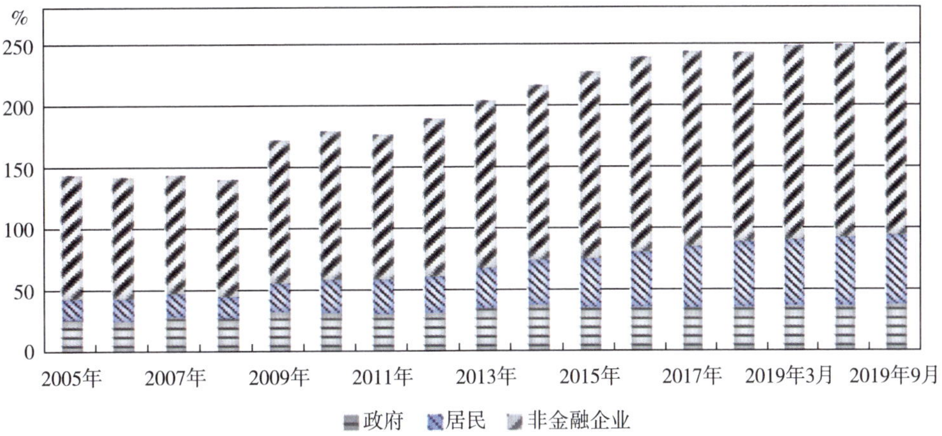

图2-1　实体经济部门杠杆率及其分布

（资料来源：中国人民银行、国家统计局、财政部、Wind；国家资产负债表研究中心）

金融部门杠杆率有所回落。资产方杠杆率由 2018 年末的 60.6% 下降到 55.8%，负债方杠杆率由 60.9% 下降到 59.4%，降幅分别为 4.8 个和 1.5 个百分点。金融杠杆率自 2017 年开始便在强监管下掉头向下，至 2019 年已逐渐趋于平稳，虽然仍处于下行趋势中，但降幅已逐渐收窄。就 2019 年第三季度而言，资产方统计口径杠杆率由第二季度末的 58.7% 继续下降至 55.8%，下降了 2.9 个百分点；负债方统计口径杠杆率由第二季度末的 58.7% 升至 59.4%，上升了 0.7 个百分点。负债方统计口径的金融杠杆率略有回升，一定程度上体现了金融去杠杆政策为适应稳增长所做出的相应微调。

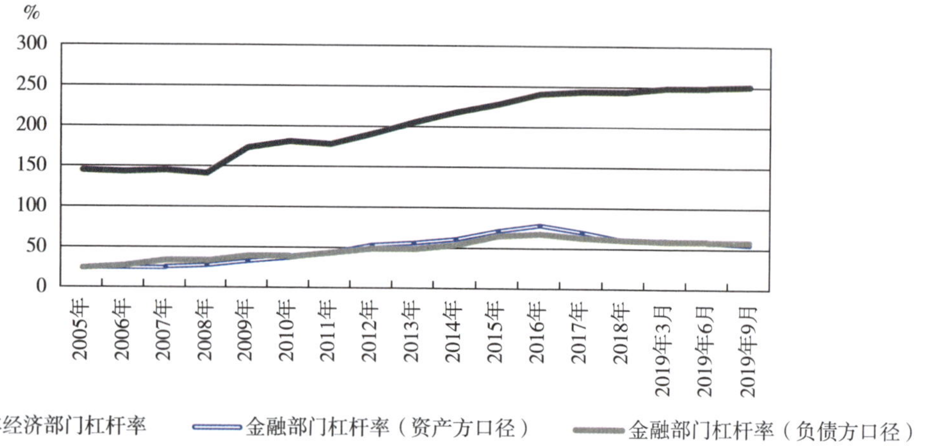

图2-2　实体经济部门杠杆率与金融部门杠杆率

（资料来源：中国人民银行、国家统计局、财政部、Wind；国家资产负债表研究中心）

第二节　分部门杠杆率风险

一、居民杠杆率持续上升

居民杠杆率持续上升，同比增速略有下滑。前三季度，居民杠杆率分别增长 1.1 个、1.0 个和 1.0 个百分点，从 2018 年末的 53.2% 增加到 2019 年第三季度的 56.3%，累计上升 3.1 个百分点。2008—2018 年这十年间年均增幅为 3.5 个百分点，而从 2019 年前三季度看，居民杠杆率单季增幅均在 1 个百分点左右，全年的增幅可能会超过过去 10 年的平均值。

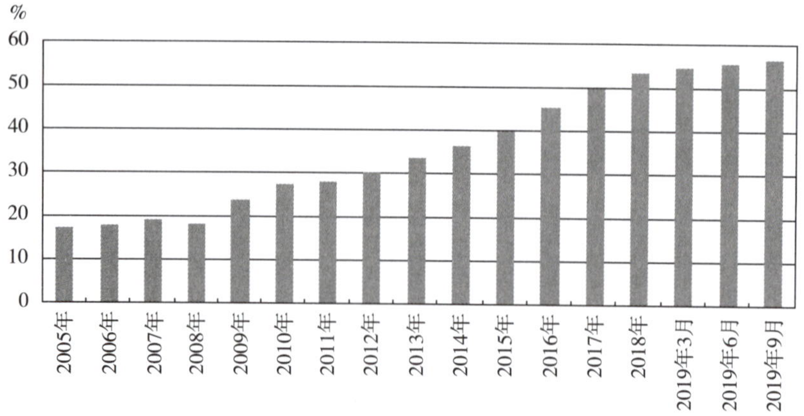

图2-3　居民杠杆率

（资料来源：中国人民银行、国家统计局、Wind；国家资产负债表研究中心）

居民贷款规模达到 53.6 万亿元，其中消费性贷款 42.4 万亿元，占比为 79%；经营性贷款 11.2 万亿元，占比 21%。在消费性贷款中，短期消费贷款为 9.5 万亿元，占居民贷款总规模的 18%，中长期消费贷款为 32.9 万亿元，占比为 61%，而作为中长期消费贷款主体部分的住房按揭贷款在 2019 年第二季度末达到 28.1 万亿元，占居民中长期贷款的 89%。

居民总贷款的同比增速继续下降，从 2018 年末的 18.2% 下降到 15.9%；其中短期消费贷款下降幅度最大，从 2018 年末的 29.3% 下降到 15.6%，低于居民贷款增速 0.3 个百分点；中长期消费贷款增速相比上一季度略有回落，降至 17.4%，基本上与 2018 年末的 17.3% 持平，高于居民贷款增速 1.5 个百分点。

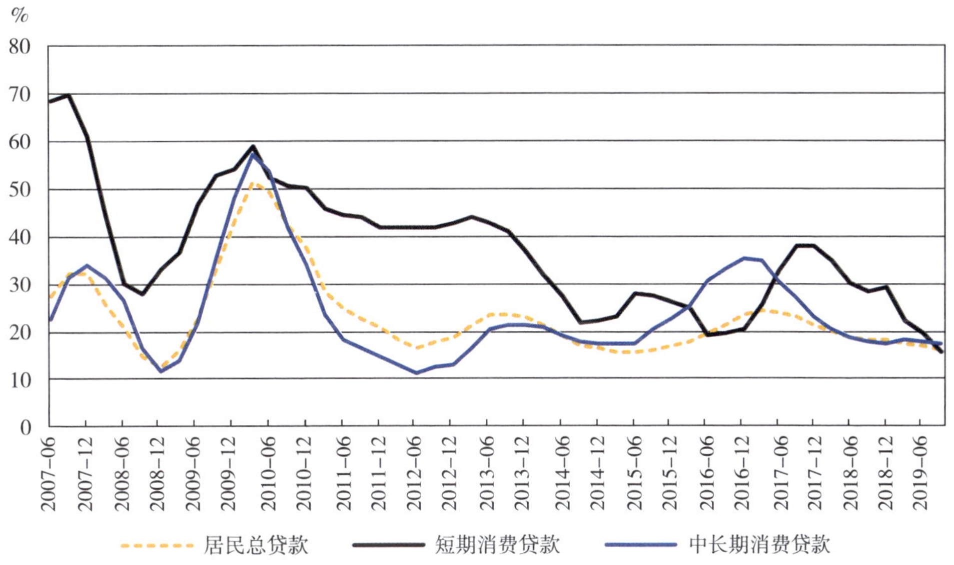

图2-4　居民部门各项贷款同比增速

（资料来源：中国人民银行、Wind；国家资产负债表研究中心）

伴随着短期消费贷款增速的持续回落，短期消费贷款同比增速已小于居民贷款。过去几年由于对居民按揭贷款的严格限制，部分按揭贷款需求借道于短期消费贷款，使得其增速一度接近 40%。随着监管机构的有效控制以及房地产价格预期的平稳，这一现象得以缓解，短期消费贷款也回归到正常增长水平。短期消费贷款包含了车贷与大部分信用卡贷款，是消费者购买潜力的最直接反映。当前国际国内复杂多变的经济形势在一定程度上对居民的消费需求和购买欲望有所抑制。消费贷增速放缓将在一定程度上拖累整体消费增速。

我国居民杠杆率在全球已处于中等水平，在新兴经济体中也是无出其右。过高的居民杠杆率虽可在短期内对经济增长产生促进作用，但长期来看，将对消费与投资产生挤出效应，对经济增长的速度与质量都会有所抑制。根据国家统计局所发布的 70 个大中城市目录，并基于数据的可得性等因素对各地区的居民杠杆率水平进行估算，如图 2-5 所示。在统计的 34 个城市中，居民杠杆率高于 80% 的城市有 5 个，分别为杭州、厦门、温州、海口、深圳。而这些城市的房价涨幅一般也比较高。这也说明了居民杠杆率与房地产的高度相关性。

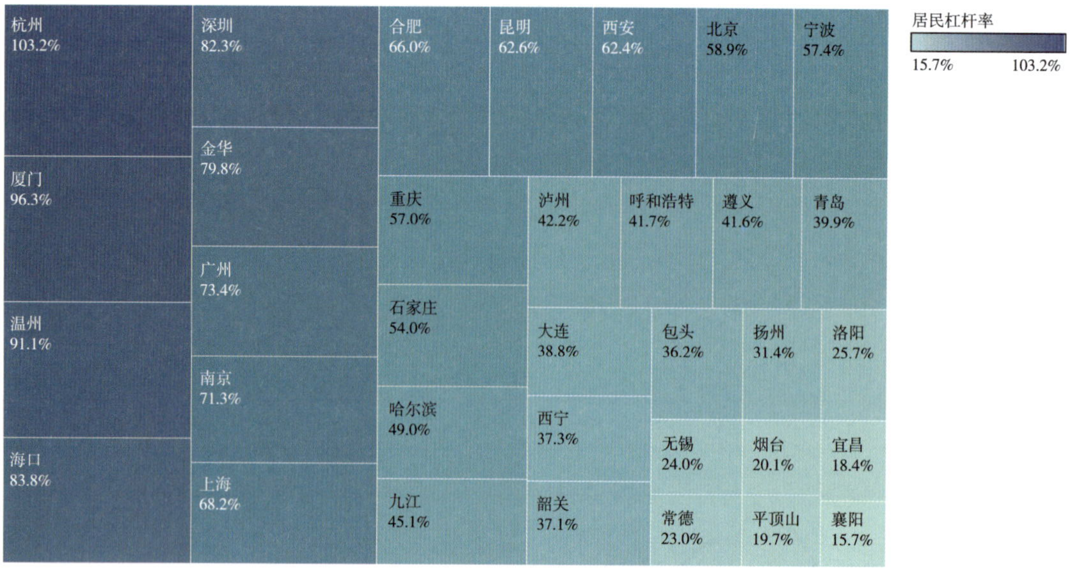

图2-5　2018年末全国大中城市的居民杠杆率

（资料来源：中国人民银行、国家统计局、Wind；国家资产负债表研究中心）

从分省统计来看，居民杠杆率最高的三个省份分别为浙江、内蒙古和上海，均高于 70%；最低的两个省分别为山西和青海，均低于 30%（见图 2-6）。需要说明的是，虽然统计主要城市及各省的居民杠杆率具有一定意义，也能揭示不同地区居民部门所蕴含的风险，但地区居民杠杆率与全国居民杠杆率并不完全可比。

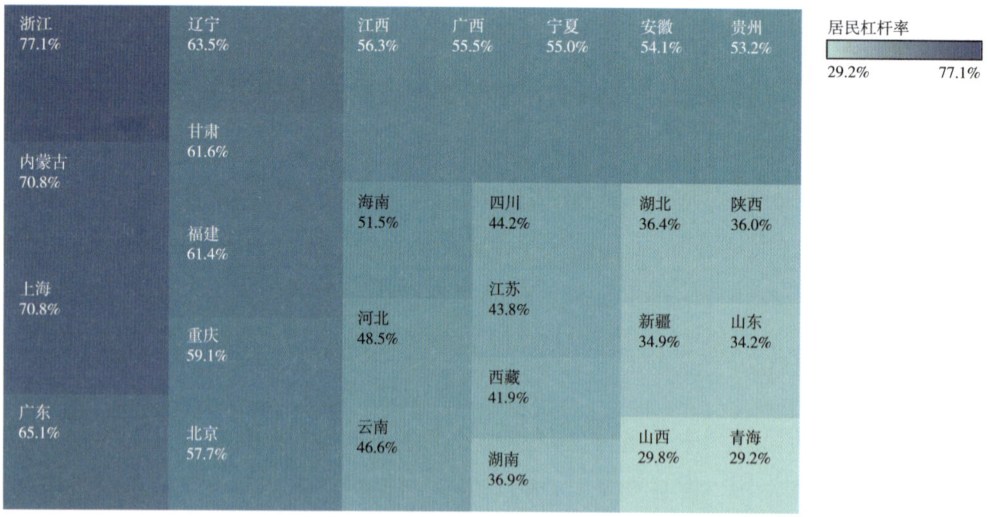

注：天津、吉林和黑龙江三个省份的数据缺失。

图2-6　2019年第二季度末全国分省居民杠杆率

（资料来源：中国人民银行、国家统计局、Wind；国家资产负债表研究中心）

第一，地区生产总值加总与全国 GDP 并不一致，前者往往高于后者，这就会带来地区居民杠杆率的可能低估。不过，这个低估程度并不大。1993 年以来，地区生产总值高于全国 GDP 的幅度基本上占到全国 GDP 的 2%~6%，2018 年下降至全国 GDP 的 1.6%。

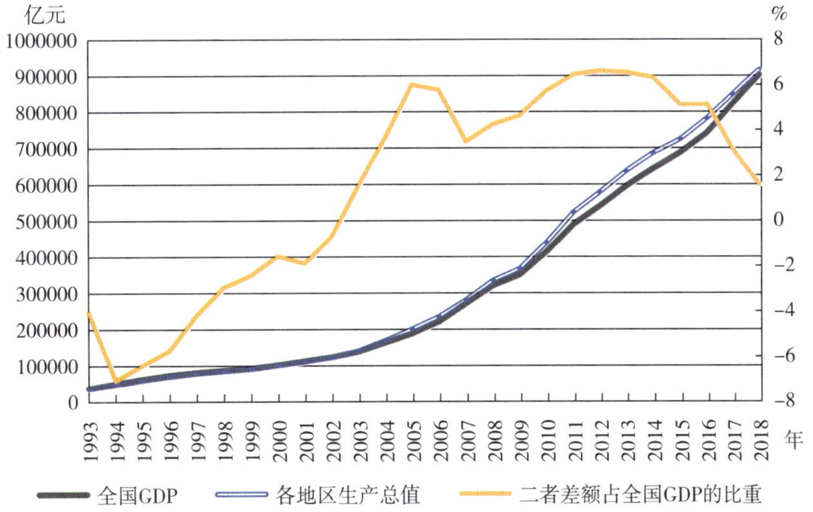

图2-7　各省地区生产总值加总与全国GDP的比较

（资料来源：国家统计局、Wind；国家资产负债表研究中心）

第二，一些地区居民杠杆率过高是由于外地居民购房所致。房地产是因城施策的，某些省市限购限贷要求较松，尤其是在房地产具有涨价预期的情况下会吸引其他地区居民用按揭购买。这会导致当地居民杠杆率攀升；但由于购房者并不在此地工作生活，却没有形成相应的 GDP。因此，这部分外地购房者占比较大的省市便形成了较高的居民杠杆率，但这不一定完全对应着较高的金融风险。对于地区居民杠杆率的解读要谨慎，不必过于紧张。

二、非金融企业杠杆率略有下降

2019 年前三季度，非金融企业杠杆率共上升了 2.0 个百分点，从 2018 年末的 153.6% 上升到 155.6%，前三个季度分别增长了 3.3 个、−1.2 个和 −0.1 个百分点。第三季度末的非金融企业杠杆率与第二季度末的水平基本一致。

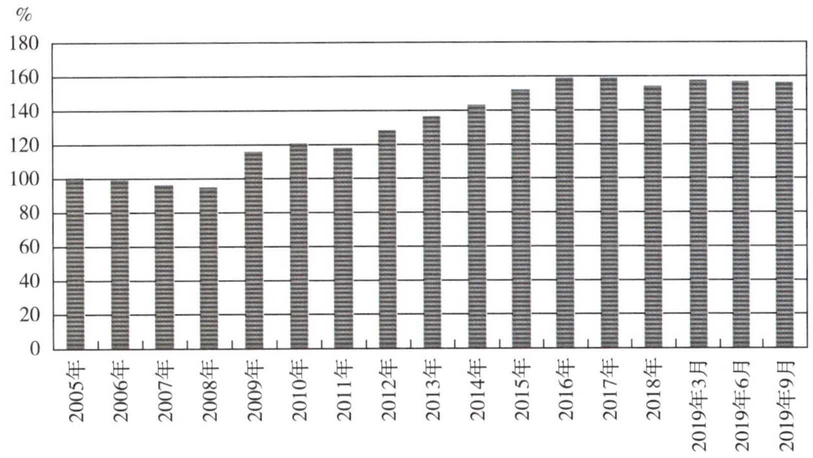

图2-8　非金融企业部门杠杆率

（资料来源：中国人民银行、国家统计局、Wind；国家资产负债表研究中心）

企业部门去杠杆不可避免地会带来经济周期的波动，这里最直接的体现就是前者与 PPI 的关联。图 2–9 和图 2–10 分别展示了非金融企业杠杆率增量与工业生产者出厂价格指数（PPI）的对比。

图 2–9 展示了非金融企业杠杆率年度增量与 PPI 同比增速的对比，杠杆率年度增量相对于 PPI 同比增速具有明显的先行作用。每当杠杆率转向后，PPI 同比一般都会在滞后 4 期内出现拐点。

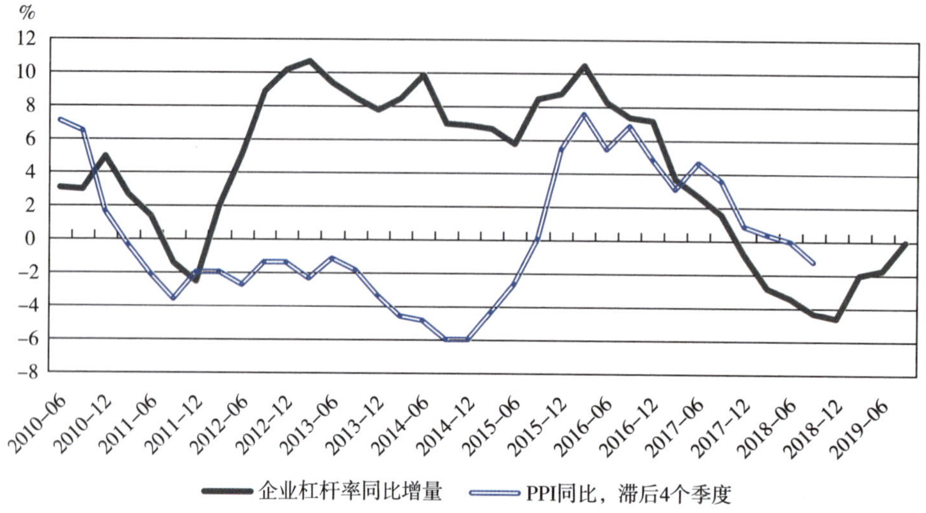

图2–9　非金融企业杠杆率年度增量与PPI同比

（资料来源：中国人民银行、国家统计局、Wind；国家资产负债表研究中心）

图 2–10 展示了非金融企业杠杆率季度增量与 PPI 季度环比增速的对比。由于 PPI 环比增速对经济环境的反应更为灵敏，杠杆率的先行周期更短。从图 2–10 中可以看出，在大部分时间里杠杆率会领先 PPI 环比增速 1~2 个季度（二者的吻合程度略低于图 2–9 显示的年度同比）。

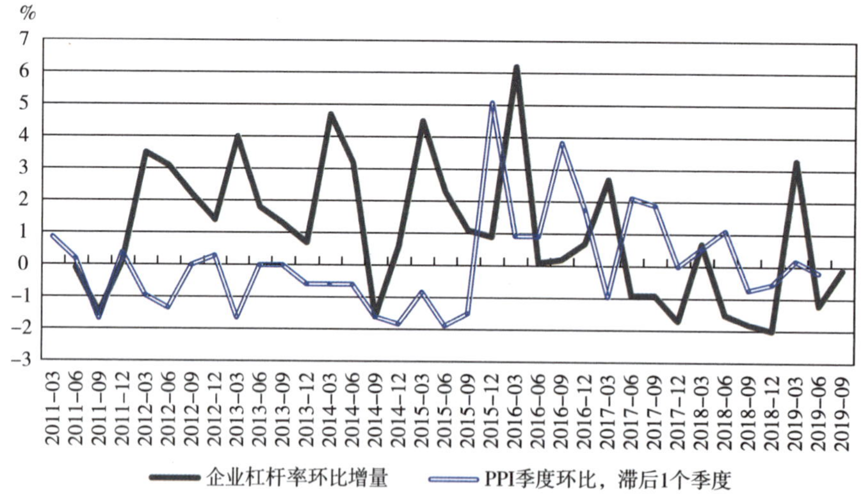

图2–10　非金融企业杠杆率季度增量与PPI季度环比

（资料来源：中国人民银行、国家统计局、Wind；国家资产负债表研究中心）

从融资工具结构来看，最显著的变化在于表外融资持续下降。2019 年前三个季度，信托贷款、委托贷款和未贴现银行承兑汇票分别下降了 1660 亿元、6257 亿元和 5225 亿元。三者之和与名义 GDP 之比从 2018 年末的 26.7% 降至 23.9%，是非金融企业部门去杠杆的主要动力。非金融企业的银行贷款余额仍保持着较高增速。前三个季度分别上涨了 4.4 万亿元、1.8 万亿元和 1.9 万亿元，其中中长期贷款的增量最高，贷款结构得到改善。银行贷款在第一季度拉动杠杆率上升了 3.2 个百分点，而在第二、第三季度未引起杠杆率变化。

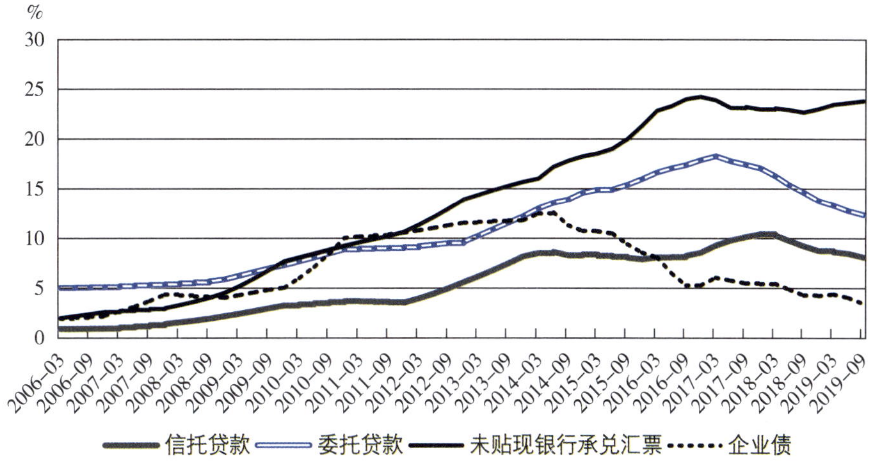

图2–11　各类非金融企业非标融资余额占GDP的比例

（资料来源：中国人民银行、国家统计局、Wind；国家资产负债表研究中心）

融资工具结构的变化对应着融资结构的进一步改善。第一，中长期贷款具有更高的稳定性，其意味着对未来宏观经济稳定的预期以及更为稳定的资金需求。第二，表内的贷款融资有效避免了表外信用的套利行为，同时也有利于降低融资成本。表外融资下降意味着影子银行资产规模下降以及真实资金成本下降。第三，利率市场化改革引入 LPR 贷款定价机制后，整体贷款利率具有下降的趋势，企业融资结构向表内的中长期贷款转移将有利于企业部门进一步降低融资成本。

企业债券融资持续增加，对金融机构具有一定吸引力。但债券违约事件频发，2019 年企业债券违约事件的发生频率已超过 2018 年。截至 2019 年 10 月末，已有 140 只企业债券发生违约，违约规模超过 1000 亿元。企业债券违约数量已经超过 2018 年全年之和，违约规模也已经接近 2018 年全年的水平。2018 年全年共有 125 只企业债券发生违约，涉及规模 1209.6 亿元；而 2015—2017 年企业债券违约规模总和仅有 846 亿元。宏观经济下行是企业债券违约的主要原因。我们认为未来企业债券违约事件频发将成为常态，但并不会造成太大的金融体系风险。我国债券市场整体的违约规模和违约率仍处于较低水平，以 2018 年为例，当年年末的企业债券存量规模为 20.1 万亿元，而违约债券所涉及的规模仅为 1209.6 亿元，占比为 0.6%，远低于银行的不良贷款率。资本市场也将逐渐适应企业债券违约的常态化。

2019 年第三季度末非金融企业债券余额为 22.6 万亿元，其中城投债 8.5 万亿元，占比为 38%。但前三个季度城投债新增规模为 0.8 万亿元，非金融企业债务新增 1.9 万亿元，新增城投债占 42%。由此可见，在新增非金融企业债券中，城投债所占的比例是有所提升的，相应地，民营企业占比会有所下降。金融去杠杆对非金融企业融资所产生的结构性扭曲依然存在。影子银行的发展虽然存在监管套利、资金空转、成本上升等方面的问题，但客观上也支持了一些传统金融机构无法覆盖的小微企业融资。一部分资金从传统的银行机构流入影子银行，再以非标融资的形式流入民营企业和小微企业，虽然资金成本上升了，但也有助于这些企业获得信用支持。而金融去杠杆的一个客观后果是堵塞了这一渠道，从结果上看也增加了非金融企业融资中国企和融资平台的占比。我们认为这一困境只能通过金融供给侧结构性改革来解决。首先，要从根本上提升商业银行的投研能力，增加其对小微企业和民营企业的覆盖范围。其次，进一步发展资本市场，增加金融体系资金来源的多元性，降低对传统商业银行的依赖。通过多元化资本市场的发展来对小微企业和民营企业形成支持。

三、政府杠杆率有所上升，前三季度涨幅较明显

政府杠杆率上升较缓。2019 年前三季度共上升了 2.2 个百分点，从 37.0% 升至 39.2%，三个季度分别增长 0.7 个、0.8 个和 0.7 个百分点。其中地方政府杠杆率在第三季度增长了 0.5 个百分点，从 22.0% 升至 22.5%，中央政府杠杆率增长了 0.2 个百分点，从 16.5% 升至 16.7%。和过去的杠杆率态势相比，2019 年前三季度政府杠杆率的上涨幅度尤为引人注目，这也符合我们关于政府要加杠杆的政策预期。

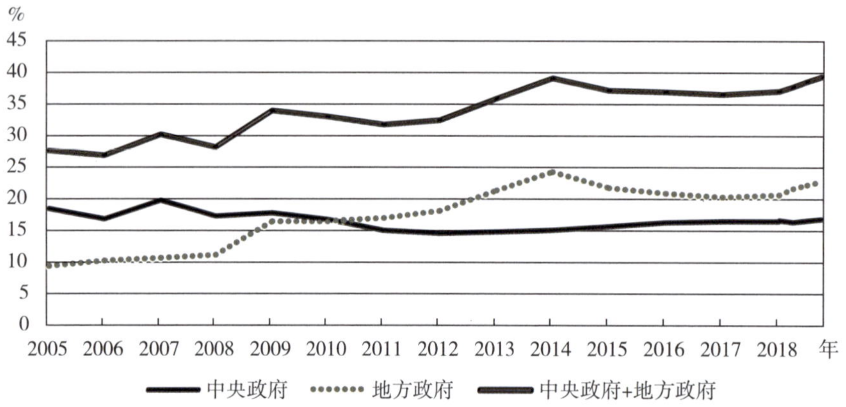

图2–12　政府杠杆率

（资料来源：中国人民银行、国家统计局、财政部、Wind；国家资产负债表研究中心）

2019 年全国人大批准的新增地方政府债务限额为 3.08 万亿元，其中新增一般债务限额为 9300 亿元，新增专项债务限额为 2.15 万亿元。国务院常务会议要求 2019 年限额以内的地方政府专项债务要确保 9 月底前全部发行完毕，10 月底前全部拨付到项目上，督促各地尽快形成实物工作量。根据我们的统计，2019 年前三季度，新增一般债务与专项债务规模分别为 9046 亿元和 21242 亿元，共计增加了 3.03 亿元，已经基本完成了全年限额，如表 2–1 所示。

表2–1　地方政府债务余额

单位：亿元

项目	债券			非债券存量债务			债券与其他债务合计		
	一般	专项	合计	一般	专项	合计	一般	专项	合计
2018年末余额	108040	72671	180711	1899	1252	3151	109939	73923	183862
2019年第三季度末余额	117095	94329	211424	1890	836	2727	118985	95165	214150
增加额	9055	21658	30713	−9	−416	−424	9046	21242	30288
新增债务限额							9300	21500	30800

资料来源：财政部、Wind；国家资产负债表研究中心。

根据全国人大的批准，2019 年初至 2022 年末，当年新增地方政府债务限额的 60% 以内可以提前下达到下一年度的新增限额。也就是说，在 2020 年“两会”前，地方政府具有约 1.8 万亿元的债务发行额

度。我们统计了2019年10月1日至27日的情况，其中地方政府债券发行量为5742.5亿元，但由于部分债券到期，地方政府债券余额下降了342.3亿元。

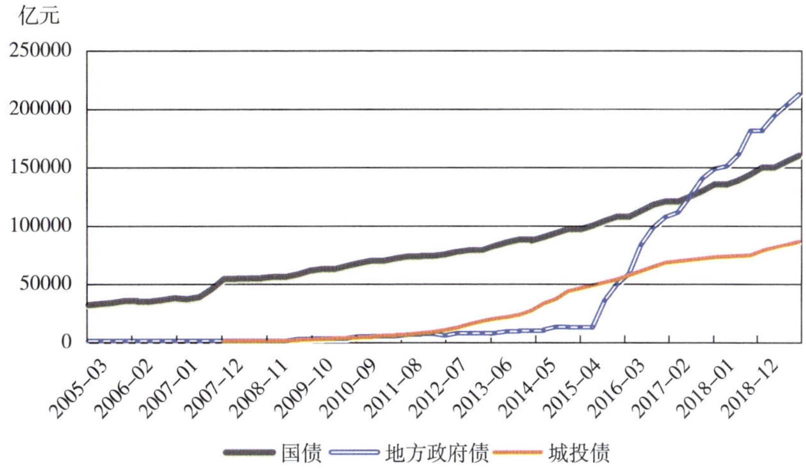

图2-13　政府债券规模

（资料来源：Wind；国家资产负债表研究中心）

2019—2020年还不是偿债的高峰期。截至2019年第三季度末，地方政府债券总规模为21.1万亿元，其中，2019—2020年到期的债务规模占11%；2019年第三季度末城投债余额为8.5万亿元，2019—2020年到期的债务规模占23%。而地方政府债券与城投债合计占比为14%，还处在较低水平。偿债高峰期在“十四五”期间。2021—2024年，债务到期规模合计占比达到58%，如果再加上2025年的到期规模，占比将超过60%。

表2-2　地方政府债券和城投债到期规模及占比

单位：亿元、%

项目	地方政府债券		城投债		合计	
	规模	占比	规模	占比	规模	占比
总计	211424	100	85224	100	296648	100
2019—2020年到期	22790	11	19624	23	42414	14
2021—2022年到期	53934	26	33002	39	86935	29
2023—2024年到期	60461	29	25145	30	85606	29
2025—2030年到期	66471	31	6810	8	73281	25
2031—2050年到期	7768	4	643	1	8411	3

资料来源：Wind；国家资产负债表研究中心。

地方政府债务增速与宏观经济走势密切相关。2018年受结构性去杠杆的影响，基建投资急速下跌，全年基建投资仅为1.8%，其中不含电力的基建投资增速为3.8%。2019年基建投资增速有回暖趋势，但整体依旧较为缓慢，9月末这两类投资的累计增速分别为3.4%和4.5%，仍处历史较低水平。基建投资的增长势头主要取决于政府资金的支撑，政府支出下降通过乘数效应也拖累了宏观经济的整体增速。

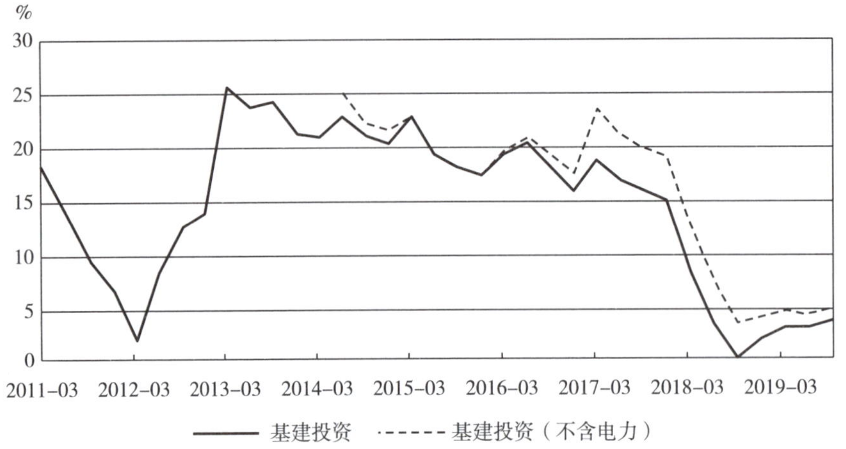

图2-14　固定资产投资及分项的同比增速

（资料来源：国家统计局、Wind；国家资产负债表研究中心）

纵观我国地方政府债务的发展与监管过程，其周期性规律是较为明显的。地方政府债务大规模发展是在 2008 年国际金融危机之后。自 2009 年由中央财政代发地方债开始，每年新增 2000 亿元的规模，这是地方政府显性债务的开端。更重要的是，2009 年地方政府融资平台开始大量出现，地方政府也通过给平台担保的方式积累了政府隐性债务。债务规模的上升造成了风险的积累，这一问题日益受到重视，2018 年地方政府隐性债务得到初步控制。但是，对地方政府债务的监管又出现了边际放松的迹象。2018 年末的中央经济工作会议提出"积极的财政政策要加力提效，较大幅度增加地方政府专项债券规模"，强调了宏观政策的逆周期调节功能。无论是新一轮隐性债务置换，还是专项债可充当资本金的规定，都是在充分认识到地方政府隐性债务大量存在以及债务到期还本付息压力较大的事实基础上，防范债务违约导致系统性金融风险所做出的政策调整。

从地方政府债务发展和监管的周期性规律可以看出，我国地方政府债务问题并非孤立存在的，而是关系到宏观经济增长、金融体系稳定以及政府债务可持续性的重要环节。地方政府债务大量积累的主要原因可归纳为以下三点。

一是地方财权与事权不统一。1994 年分税制改革导致地方政府的收支严重不匹配，地方财政收入占比从 1993 年的 78% 降至 1994 年的 44%，之后长期在 40%~50% 之间波动，而地方财政支出占比则始终保持在较高的水平上，2018 年达到 85%。地方政府并未由于本级财政收入的下降而减少支出，相反，其财政支出在全国财政支出中的占比及其与 GDP 之比都是在上升的。从图 2-15 中可以看出，自 2015 年以来，地方财政收支缺口不断拉大，成为地方政府举债融资的重要原因。

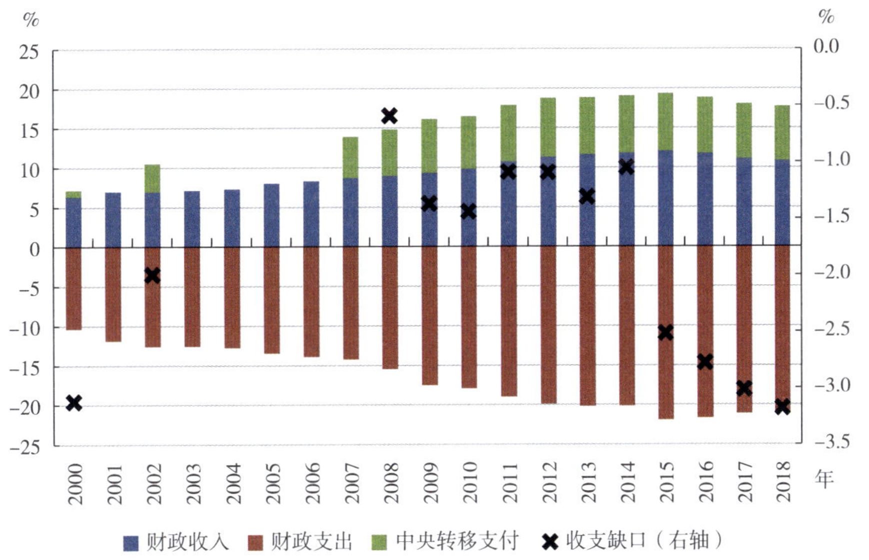

注：中央转移支付和地方收支缺口数据部分年份缺失。

图2-15　地方政府财政收支及缺口与名义GDP之比

（资料来源：CEIC；国家资产负债表研究中心）

二是地方政府在经济发展中所起的关键作用。我国地方政府除了提供公共服务类支出外，还在宏观经济中扮演着准公司的角色，通过开展大规模公共投资来促进经济增长。地方政府依靠举债投资来拉动经济增长具有相当强的内生动力，一方面可提高财政收入，另一方面可促进当地就业增长。尤其是国际金融危机以来，我国经济能快速恢复正是得益于大规模的财政刺激，而资金来源也主要是通过地方政府的举债。大量实证分析已经发现，基层政府之间的竞争是解释中国经济增长奇迹的重要因素。这也是自2014年以来虽然中央多次出台措施管控地方政府的违规举债行为，但这一问题仍屡禁不止，各类花样翻新的地方政府隐性债务仍层出不穷的原因。

三是我国地方政府还承担着重要的宏观调控任务。每当经济出现下行需要“逆周期”调控时，地方政府总是充当关键的角色。数十万亿元的地方政府债务中，约有40%是配合宏观调控而被动产生的，其中最典型的是地方政府融资平台。而逆周期的宏观调控是平衡好稳增长和防风险的重点。习近平总书记在2019年2月关于金融供给侧结构性改革的讲话中指出“实体经济健康发展是防范金融风险的基础。要注意在稳增长的基础上防风险，强化财政政策、货币政策的逆周期调节作用，确保经济运行在合理区间，坚持在推动高质量发展中防范化解风险”。经济增速下行过快，不但使我国未能实现稳增长目标，各类风险也更容易暴露。因此，地方政府偏向于通过举债融资来对冲周期下行的不利影响。

只有从以上三个方面入手才能较好地化解地方政府债务风险，否则难免头痛医头、脚痛医脚，效果并不好。要解决地方政府债务问题并不意味着要堵住政府的融资来源，而是应疏堵结合，“开前门、堵后门”，既要控制债务风险，同时也要满足地方政府合理的资金来源。具体路径包括两点：从债务方开更多的“前门”，从资产方进一步增加资金使用效率。

一是适度增加财政赤字和中央政府的杠杆率。我们估算地方政府融资平台每年的利息支出约有3万亿元，而当前地方政府债务新增额度也为3万亿元左右，明显不足。尤其是在短期内，由于地方政府隐性债务的还本付息压力较大，既限制了地方政府新增基建投资支出，也增加了城投债务的违约风险。中央政府举债将有助于缓解这一矛盾。中央财政的主权债务评级有利于降低债务成本，且其货币发行主权也有助于降低债务的风险。这里尤其需要强调的是中央银行与财政当局的协调配合，以降低中央政府杠杆率增加后对资本市场的冲击。我们可以分别从国债资产的持有者结构和央行资产负债表这两个角度来认识这种协调配合的必要性。

从国债资产的持有者结构来看，2019 年第三季度末，中央政府债券约为 15.9 万亿元，其中仅有 1.5 万亿元被央行所持有，仅占国债总规模的 10%，如图 2-16 所示。而根据中债估值中心的统计数据，在 2019 年第三季度末的 14.6 万亿元记账式国债余额中，约有 64% 被商业银行所持有。可见国债的持有者主要是商业银行，而央行的占比极为有限。在整体流动性环境保持稳定的情况下，商业银行很难增加对国债资产的配置。用国债来替换地方政府隐性债务会相应增加国债的供给，冲击债券市场的稳定性。这一问题的解决将有赖于央行对国债提供额外的需求，以此来平稳金融体系。

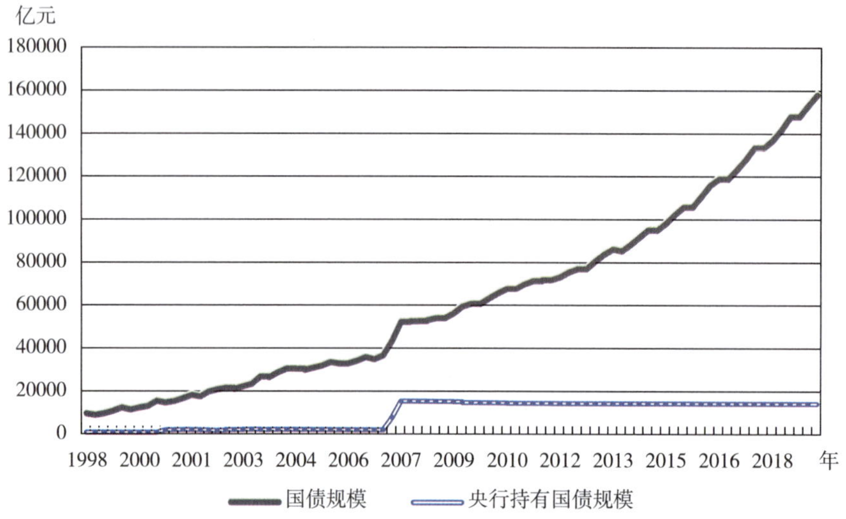

图2-16　国债规模及央行持有国债规模

（资料来源：中国人民银行、Wind；国家资产负债表研究中心）

从央行自身的资产负债表来看，外汇占款在很长时间内都是货币发行的基础资产。央行一般通过买入外汇发行基础货币。但 2014 年之后，随着国际资本账户趋于平衡，外汇储备不再增长，央行也改变了货币发行机制，通过众多创新型工具来增加对商业银行的债权，发行基础货币。而国债始终在央行资产负债表中占比较低。我们认为央行可以适当调整货币发行机制，减少各种“粉”类的货币发行工具，转而将国债形成基础资产。这有利于央行重新形成一个类似于外汇占款的货币发行基础。具体的操作机制可以进一步探讨，以防止央行完全被动地为财政赤字货币化埋单。形成有效的制度化约束是央行增持国债的重要前提。

二是进一步盘活政府资产，增加资金使用效率。过去几年里，在政府债务率上升的同时，政府存款也在快速增长，且存量规模庞大。截至 2019 年第三季度末，我国政府存款规模达到 35.7 万亿元，其中财政性存款为 4.9 万亿元，机关团体存款为 30.8 万亿元，共占到名义 GDP 的 37.5%。其增速也较快，前三季度政府存款共增长了 3.0 万亿元，其中财政性存款增长了 0.8 万亿元，机关团体存款增长了 2.2 万亿元。政府存款增加的规模（3.0 万亿元）占政府债务增加规模（4.0 万亿元）的一大部分。政府部门的债务虽然仍在上涨，但其存款也相应上涨，且二者涨幅极为相似。

图 2-18 构造了政府净债务的概念，即用政府债务减去政府存款（包括财政性存款和机关团体存款）来表示政府的净债务，并计算政府净债务与名义 GDP 之比。可以看出自 2011 年以来政府净债务与名义 GDP 之比出现大幅下降，也就是说，2011 年之后虽然政府杠杆率还在提高，但政府并没有相应支出，而是形成了政府存款。2015—2018 年政府净债务与 GDP 之比继续下降，大部分时期政府净债务小于零，即债务小于存款。政府部门虽然靠发债融资弥补了部分资金缺口，但一部分政府资金没有被有效地支出，形成了存款资产。这一问题在 2019 年有所缓解，但政府资金利用效率仍然不高。

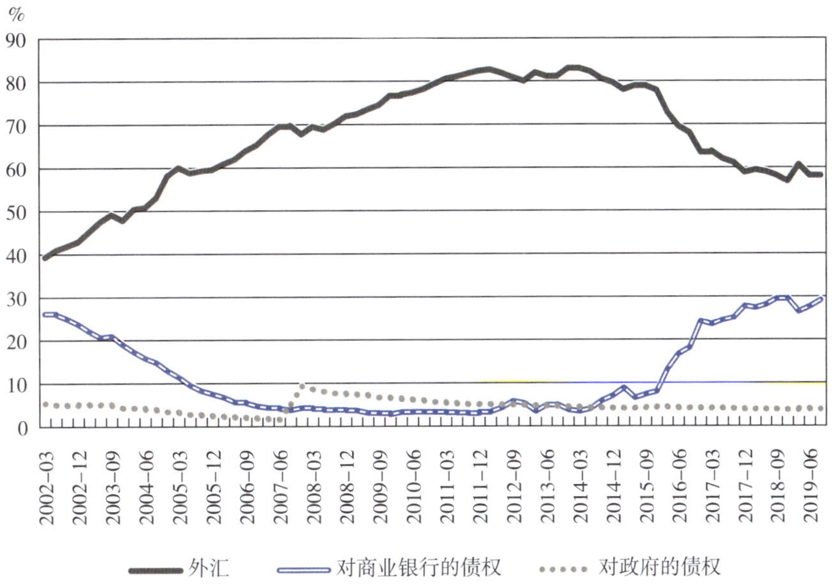

图2-17　央行总资产中几大类资产的占比

（资料来源：中国人民银行、Wind；国家资产负债表研究中心）

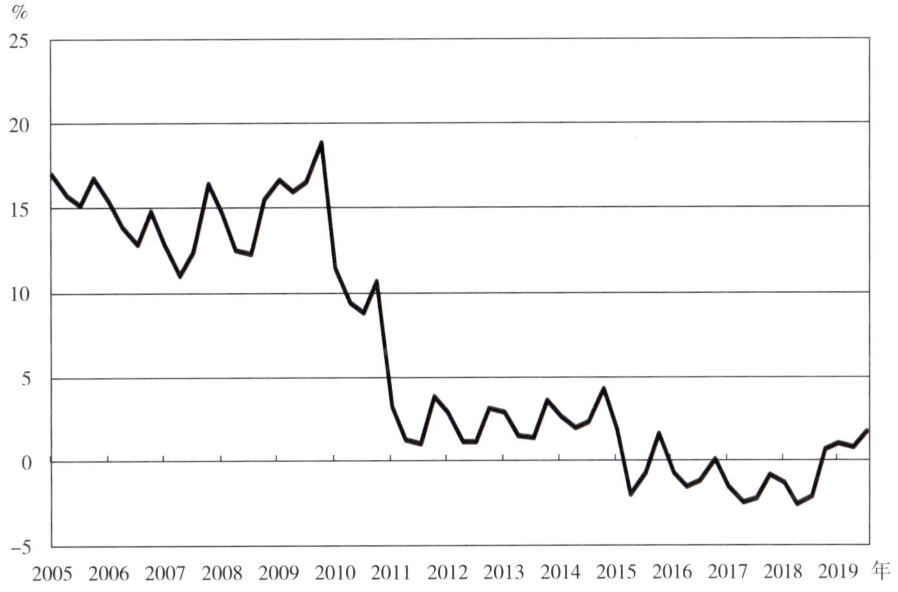

图2-18　政府净债务与GDP之比

（资料来源：中国人民银行、国家统计局、财政部、Wind；国家资产负债表研究中心）

虽然政府存款以机关团体存款为主，并非中央财政可直接调动，但可以通过加强对预算执行进度的考核等方式来督促这些部分提高资金运用效率。如果能够盘活这部分政府存款，便可以在不直接提高政府杠杆率的情况下增加政府支出，拉动经济增长。

四、金融部门杠杆率呈现微调迹象

金融部门杠杆率刻画的是金融部门内部的资产负债关系，是金融部门运行效率的体现。资产方统计口径杠杆率由2019年第二季度末的58.7%继续下降至55.8%，下降了2.9个百分点；负债方统计口径杠杆率由第二季度末的58.7%升至59.4%，上升了0.7个百分点。从2019年前三季度来看，资产方统计口径杠杆率下降了4.8个百分点，负债方统计口径杠杆率下降了1.5个百分点。金融去杠杆的速度有所减慢。

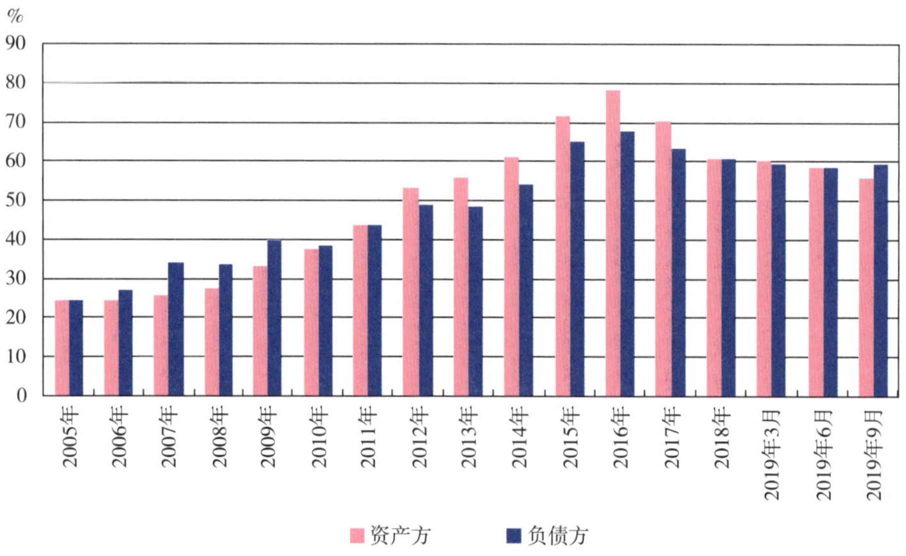

图2-19 宽口径金融部门杠杆率

（资料来源：中国人民银行、国家统计局、财政部、Wind；国家资产负债表研究中心）

金融部门杠杆率自2016年末达到峰值后，近几年来降幅明显。由于各项严监管政策，银行表外业务收缩明显，“脱实向虚”基本得到遏制，金融去杠杆成效逐步显现。2019年第三季度，金融去杠杆的速度放缓，尤其是从负债方所统计的金融杠杆率还略有上升，显示出金融系统内部拆借活动的增加，也反映出政策面对于保增长所做出的适应性调整。

从银行的角度来看，2019年第三季度商业银行总资产同比增速为8.2%，相较2018年末上升了1.4个百分点，其增速见底回升也反映出金融体系的监管环境出现缓和。但从同业资产和同业负债来看，其在银行总资产中所占的比例依然在下降。银行同业资产占总资产的比例从2018年末的20.5%下降至18.7%，银行同业负债占总负债的比例从20.6%下降至19.9%。2010年至2016年，银行同业资产和同业负债占总资产的比例均呈现不断上升趋势，这一现象导致金融机构内部不合理的资产负债链条拉长，各类监管套利、政策套利活动增多。随着监管力度的加大，银行同业资产和同业负债自2017年开始呈现同时收缩的趋势，银行业资产质量保持稳定，促使金融业回归本源，更有效地服务实体经济。

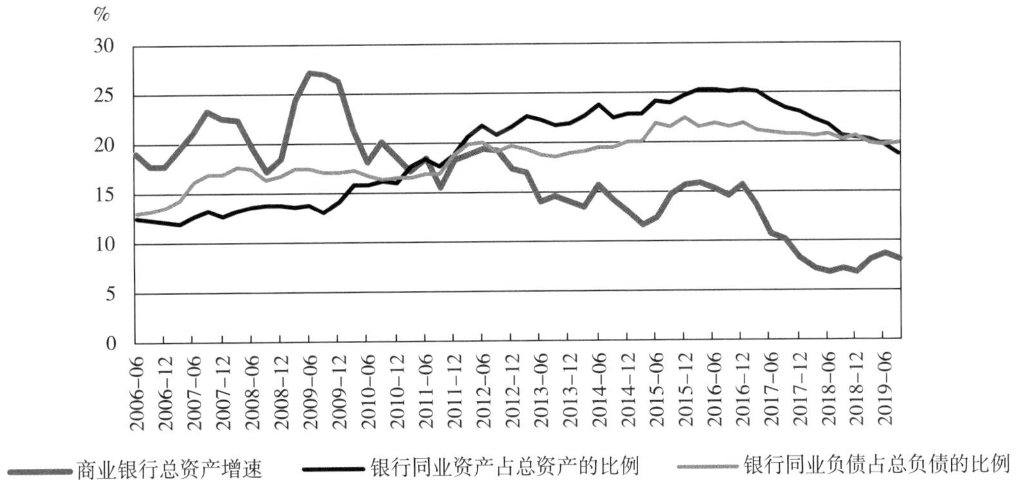

图2-20　商业银行总资产增速及同业资产与同业负债的占比

（资料来源：中国人民银行、Wind；国家资产负债表研究中心）

第三节　未来杠杆率走势与政策建议

面对国内外复杂变化的环境，稳增长是中央经济工作的重要方向。稳增长必须要有宏观杠杆率的支撑，而宏观杠杆率的上升又意味着风险加剧。因此，政策层面的挑战在于如何取得稳增长与稳杠杆之间的动态平衡。

考虑到下行压力和外部不确定性的影响，从稳增长的政策角度出发，首先是稳杠杆，重点在调整宏观杠杆率内部结构上做文章；其次是加快推进供给侧结构性改革，提振信心，调动各方面积极性。

居民杠杆率仍需保持适度稳定。无论是2008—2018年平均每年3.5个百分点的居民杠杆率升幅，还是2019年前三季度单季1个百分点的增幅，都是比较快的速度。从稳杠杆政策的角度看，居民杠杆率升幅仍处在一个相对合理的范围。重要的是，考虑到居民杠杆率与房价的密切关系，居民杠杆率的稳定也保证了房价的稳定。从另一个角度看，嚷嚷“居民去杠杆”是要不得的，因为这会带来连锁反应。

企业去杠杆要更有针对性。自2017年第二季度以来的10个季度中，非金融企业杠杆率除了有两个季度有所回升（包括2019年第一季度攀升了3.3个百分点），其余各季度都是下降的，由2017年第一季度的161.4%下降到2019年第三季度的155.6%，共下降了5.8个百分点，这是去杠杆非常大的成绩。但值得关注的是，到底去了谁的杠杆？主要还是民企，国企债务占比基本处于上升态势，现在已经占到六成多。考虑到企业杠杆率与经济景气周期特别是PPI的关联，企业去杠杆要更有针对性。我们认为，企业去杠杆主要是国企去杠杆，而国企去杠杆应主要针对“僵尸国企”和融资平台（2015年修订后的《预算法》正式实施以后，融资平台债务就从地方政府部门转到了企业部门）。

政府加杠杆需要相应的制度配合。我们一直呼吁中央政府加杠杆。但怎么加？具体实施路径是什么？这些都是需要考虑的，特别是要有相应的制度配合。第一，中央政府加杠杆，可能需要容忍赤字率有所上升，这在年初的预算中就要考虑。第二，中央政府加杠杆意味着增发国债（有专家建议增发“特别国债”），同时要求央行增持国债。这在某种程度上会形成所谓的“财政赤字货币化”。因此，为防止这一情况的出现，需要形成有效的制度化约束。第三，中央政府所加的杠杆主要用于置换地方政府隐性债务，这会面临央地之间的博弈。设计好相应的机制，也是达成更有效地置换地方政府隐性债务、减少道德风险的重要方面。

最后需要强调，从稳增长与防风险的动态平衡角度出发，除了在杠杆率内部结构调整上做文章，还需要在供给侧结构性改革方面发力，特别是调动民营经济的积极性，放宽市场准入；调整收入分配格局，释放消费潜力；进一步扩大开放，寻求新的全球化红利。

第四节　稳增长与稳杠杆：在锋刃上行走

一、从杠杆率变化看稳增长与稳杠杆的动态平衡

从杠杆率变化来看，稳增长与稳杠杆的动态平衡并非易事。我们估算了 1993 年以来的杠杆率，根据杠杆率的变动态势，可将其分为四个阶段。

一是平稳加杠杆阶段（1993—2003 年）。这期间杠杆率共上升 41.6 个百分点，平均每年增长 4 个百分点。这段时间债务和广义货币的增速较高，而名义 GDP 增速自 1997 年以来徘徊在 10% 附近，1998 年、1999 年更是跌到 7% 以下，由此导致杠杆率激增。其间的亚洲金融危机、互联网泡沫破灭以及非典，是较大的负面冲击，对稳增长带来较大压力，因此我们可以看到政策的积极回应以及由此带来的杠杆率攀升。

二是自主去杠杆阶段（2003—2008 年）。这期间杠杆率下降了 8.2 个百分点。这段时间名义 GDP 高速增长（除了 2003 年），增速最低的年份也达到了 16%，最高达到 23%，名义 GDP 增速超过了广义货币和债务的增速，实体经济杠杆率下降。这是全球经济大繁荣与中国经济上升周期相重合的阶段。相比于现阶段的“强制”去杠杆，2008 年之前的 5 年是自主去杠杆的过程，也可以看作达里奥所谓的“漂亮去杠杆”。主要依赖分母扩张压低杠杆率的攀升，这是稳增长与稳杠杆动态平衡的最佳状态。但要做到这一点并不容易。实际情况往往是，一方面，经济潜在增速在下台阶；另一方面，货币扩张刺激增长的边际效应在递减，完全指望宽松货币加码来加快经济增长、做大分母降杠杆不啻是一种幻想。

三是快速加杠杆阶段（2008—2015 年）。这期间杠杆率增长了 86.2 个百分点，平均每年增长超过 12 个百分点。2009 年由于“四万亿经济刺激计划”的启动，债务出现了跃升，当年债务增速高达 34%，而名义 GDP 增速则回落至 9.2%，随后债务增速持续下滑但名义 GDP 增速下滑速度更快，2015 年名义 GDP 增速跌到了 7.0%。国际金融危机以来的快速加杠杆，从很多层面来看，都是一种“迫不得已”；但确实也表明，在稳增长过程中忽略了稳杠杆问题，因为直至 2015 年 10 月，降杠杆才出现在中央层面的议程上。

四是强制去杠杆阶段（2015 年至今）。2015 年 10 月中央提出降杠杆任务，但 2016 年未能控制住，杠杆率仍上升了 12.9 个百分点。究其原因，2016 年第一季度 GDP 增长了 6.7%，创 28 个季度新低，也让相关政府部门在执行去杠杆任务时产生顾忌，有放水之嫌。这也凸显出稳增长与稳杠杆之间的矛盾。2017 年杠杆率仅增长 3.8 个百分点，2018 年则回落 0.3 个百分点。至此，杠杆率快速攀升的局面得到了有效抑制。

2019 年杠杆率的表现，也充分表明世界上没有免费的午餐。2019 年第一季度杠杆率攀升过快，第二季度又收缩得太快，第三季度较为温和。在我们发布的第一季度报告中，我们强调了杠杆率攀升过快的风险，并指出如果一个季度增幅超过 5 个百分点，则全年增幅可能会接近 10 个百分点。针对第二季度杠

杆率收缩得太快，当季仅上升 0.7 个百分点，我们又呼吁，稳增长的助力可能不够。果然第三季度的经济增长不尽如人意，勉强达到 6%。第三季度宏观杠杆率上升了 1.6 个百分点，相比于第二季度，升幅有所回调，未来增长有望企稳。

二、杠杆率的主要问题在结构而不在水平

判断杠杆率的风险，一般可以从杠杆率的水平、增速与结构三个维度来看。

就杠杆率的水平而言，2018 年我国实体经济部门杠杆率不到 250%，与美国很接近，但比发展中经济体平均 190% 的杠杆率水平要高很多。就杠杆率的增速而言，2008—2016 年，我国杠杆率年均攀升 12 个百分点，差不多是同期全球杠杆率攀升速度的两倍。

从杠杆率的水平与增速来看，我国杠杆率风险已经值得关注，但更大的问题在杠杆率的结构。2018 年，我国居民杠杆率是 53.2%，政府（显性）杠杆率是 37%，企业杠杆率为 153.6%。和国际上相比，最“不正常”的当属企业杠杆率，基本上位列全球之冠。表面上，问题和风险都在企业部门，但深入分析，就会发现症结在公共部门。这是因为：（1）在企业债务中，国企债务占比超过六成，而国企债务中，又有一半左右是所谓的融资平台债务。如果扣除融资平台债务，企业杠杆率风险也就不那么凸显了。（2）我们对杠杆率进行重构：将国企、地方政府与中央政府作为公共部门，将居民及非国有企业作为私人部门，那么 2018 年底，公共部门杠杆率为 140%，而私人部门杠杆率为 100% 多一点。公共部门杠杆率高出私人部门杠杆率很多，这在国际上是罕见的。除了日本，其他国家都是私人部门杠杆率远高于公共部门杠杆率。这里体现出中国的特殊性，由于公共部门中有大量国有企业的存在，从而出现了二者的“反转”，即公共部门杠杆率高于私人部门杠杆率。（3）中国公共部门杠杆率的高企主要是因为国企与地方政府债务扩张缺乏约束，从而反映出中国债务积累的“体制特色”。

中国杠杆率攀升的体制特色，可用“四位一体”来概括，即国有企业的“结构性优势”、地方政府的发展责任与软预算约束、金融机构的体制性偏好（或歧视），以及中央政府的最后兜底责任。（1）国有企业的“结构性优势”。作为共和国的“长子”，国企一直以来都承担着很多社会责任并享有特别的“结构性优势”。这个责任，就是实现社会性目标，既包括坚持基本经济制度、社会主义方向这样的宏大任务，也包括稳定宏观经济、实现社会公平、保障经济安全等方面的具体责任。正因为责任重大，才使得国有企业在税收、信贷、市场准入等方面享有优惠政策；尤其是国有企业的软预算约束及政府对之的隐性担保。这些恰恰是其他市场主体所不能享有的“结构性优势”。值得一提的是，国有企业不仅在市场准入方面得到优先照顾，在市场退出方面也享有诸多保护。目前大量“僵尸国企”未能退出市场，就是因为受到了特殊优待。（2）地方政府的发展责任与软预算约束。一方面，地方政府肩负着发展地方经济的任务，特别是在基础设施建设和公共服务提供方面，负有不可推卸的责任。另一方面，地方政府缺乏足够的财政收入和正规渠道资金的支持，于是各种“创新”应运而生。现在看到的很多融资平台债务，以及政府投资基金、PPP 项目、政府购买服务等，都成了政府获取资金的渠道，形成地方政府的隐性债务。虽然中央三令五申不能违规借债，但以发展之名的借债仍理直气壮，最后还不上钱还要找中央。从这个意义上讲，地方政府面临的就是软预算约束。（3）金融机构的体制性偏好。正是金融机构的体制性偏好或歧视，才使得国企与地方政府的“任性”扩张能够顺利实现。这种偏好，本质上源于金融机构的理性行为，因为它们觉得贷款给拥有国资或政府背景的项目，可以获得政府的隐性担保和最后兜底。如果国企不会

退出、融资平台不会破产，这种体制性偏好就得不到改变。甚至就算政府声明不会兜底，金融机构也仍存有这种幻觉。（4）中央政府的最后兜底责任。其实在任何国家，只要出现了经济金融危机，最后政府都会出面救助，都要来兜底，不会任其蔓延发展。但问题是兜多少。缺少市场化的风险分担机制，发展型政府将“所有的风险都自己扛”，从而导致风险集聚。如果说在发展之初，经济的快速增长使得政府兜底有足够的底气，那么，在经济增速与财政收入增速放缓的情况下，全部兜底已是力有不逮。

不容否认，“四位一体”发展模式曾经是中国经济快速增长的重要法宝；但必须清醒地看到，它同样也是当前杠杆率攀升与风险积累的体制根源。

三、稳杠杆促增长的可能性：结构性去杠杆的逻辑

杠杆率的问题主要在结构，这一重要发现成为结构性去杠杆的基本支撑。观察近年来我国杠杆率的变化，总体杠杆率攀升态势有所趋缓，而部门杠杆率却是此消彼长。有人说，这是政府在玩魔术，搞障眼法，不过是在转嫁风险，总体杠杆率风险并不会因此而降低。笔者认为，这种理解是片面的。杠杆转移旨在纠正杠杆错配，这是国际通行做法。并且，通过杠杆在部门间的转移，能够有效降低总体杠杆率的风险。其理论逻辑在于：杠杆率风险更多体现的是杠杆率的错配以及由此引起的资源配置效率的下降，而不单纯在于杠杆率水平的高低。正是不同部门、不同主体运行效率与负债能力的差异导致其承担风险的能力不同，从而在维持总杠杆率平稳的前提下，实现杠杆率内部结构的调整和优化，是可以实现杠杆率风险有所下降的。

第一，内债和外债的分别。外债一般来讲比内债风险更大，原因在于外债是刚性的，需要有硬资产（为外国所接受）以及出口创汇能力。而内债，刚性较弱，毕竟政府可以采取多种手段来应对，如发新债还旧债，或者以通货膨胀的方式来稀释债务。无论是拉美债务危机还是亚洲金融危机，都和大量的外债无法偿还有很大关系。美国有大量外债，但美元是国际储备货币，因此，其外债相当于内债，即只要印钞票就可以解决问题；日本内债多而外债少，因此，尽管总杠杆率很高，但其风险并没有其杠杆率所呈现的那么高。从这个角度看，如果内债增加，外债减少，实际上也会带来风险的下降。

第二，公共部门与私人部门的分别。政府因其自身的信用，以及所掌控的资源，一般来讲比私人部门承受债务的能力要强。这从历次危机都要由政府来救市可见一斑。比如美联储资产负债表的扩张，以及赤字增加、债务上限的提高。这些都是通过一个更大规模的政府，或者说政府杠杆率的提高，来缓解因私人部门被迫去杠杆所带来的经济下行风险。对于我国而言，更是如此。“四万亿经济刺激计划”以及与之相匹配的银行信贷和国有经济的扩张，从而引致广义政府资产负债表的扩张，正是我国应对危机的基本手段。当然，救市方式的选择，最终会涉及成本收益。但总体而言，政府在为资源误配置所带来的后果（包括坏账、不稳定甚至危机）埋单。而且，相对于发达经济体，我国政府掌控着更多的资源，因此，其在救市中更有能力和自信。从而，私人部门（如企业部门）杠杆率下降，而政府（特别是中央政府）杠杆率上升，有利于缓释经济体的风险。

第三，居民与企业的分别。居民是社会净储蓄的提供者，而企业基本上是靠负债经营，靠杠杆来发展。因此，一般而言，居民部门的债务承受能力要强于企业。尤其是在居民杠杆率水平相对（国际）较低、负债空间较大的情况下，居民部门适度加杠杆、企业部门去杠杆会有利于降低总体杠杆率风险。当然，也要关注居民部门自身的风险。虽然居民部门总体上是社会净储蓄的提供者，但在结构上，也会出

现不少负资产的家庭（因为贫富差距的存在）。因此，居民部门的杠杆率风险主要是结构性的。

第四，国企与民企的分别。企业也有高效低效之分。一般而言，国企的效率相对低些，而民企的效率相对较高些。但在获得信贷支持上却反过来，国企更容易以更低的成本获得信贷资源，而民企却存在融资难融资贵的问题。结果导致在整个企业部门债务中，国企债务占比为六到七成。如果能够将信贷资源（或杠杆率）更多地配置到高效的企业（如民企），就有可能使得产出更快地增长。换言之，我们有可能在稳杠杆的同时实现稳增长。

总体而言，我们如果沿着效率的路径，按照风险与收益匹配的思路来重新配置杠杆率和调整杠杆率的内部结构，就可能在稳杠杆的情况下，实现促增长。

四、将资源配置与风险配置匹配起来，促进稳增长与稳杠杆的动态平衡

稳增长与稳杠杆在一定意义上属于短期宏观稳定政策，是侧重于需求面的。但二者之间的矛盾以及矛盾解决的途径，最终落脚于效率、结构与体制，是属于供给面的。

第一，强调杠杆率配置的效率原则（当然这不是唯一原则），纠正杠杆率错配。在本轮去杠杆中，国企与民企的“待遇”是完全不同的。在近两年的严厉去杠杆政策下，企业杠杆率出现了下降：2017 年回落 0.3 个百分点，2018 年更是骤降 4.6 个百分点。这可以看作企业部门对整体去杠杆的贡献。不过，仔细研究的话可以发现，这方面的贡献主要是由民企做出的。2015 年以来，国企债务在全部企业债务中的占比一路攀升，由 2015 年第二季度的 57%，上升到 2019 年第二季度的 69%。也就是说，在目前的杠杆率配置中，有七成左右配置给了国有企业。一般而言，国企的效率要低于民企，这样的杠杆率配置会导致资源的误配置，从而制约产出上升并带来稳增长的压力。要破解这一困境，需要突出竞争中性，从效率出发，将杠杆与效率匹配起来，扭转杠杆率错配局面，优化债务资金配置，实现稳增长与稳杠杆的动态平衡。

第二，中央政府发力，把功夫下在杠杆结构的优化上。从稳杠杆的角度看，如果有的部门（如企业部门、地方政府）需要去杠杆，那么就必须要有部分加杠杆。从过去几年的情况来看，这个加杠杆的任务主要是由居民部门来承担。从 2016 年第四季度到 2019 年第二季度，企业杠杆率下降 2.8 个百分点，中央政府杠杆率微升 0.4 个百分点，地方政府（显性）杠杆率也仅升 1.4 个百分点，而居民杠杆率却大幅攀升 10.3 个百分点。所谓独木难支，仅靠居民部门来实现总体杠杆率的稳定是非常危险的。单从 2016 年以来的数据看，居民杠杆率上升 10.3 个百分点，几乎每个季度上升 1 个百分点，一年就是 4 个百分点。而这个速度与第二次世界大战以来美国居民杠杆率增速最快的时期（2000—2007 年，年均增长 4 个百分点）基本持平。因此，需要中央政府有作为，特别是适度抬升中央政府的杠杆率；同时，加快“僵尸企业”的清理，推进国有企业去杠杆，以及规范约束地方政府举债行为，以市场化法治化的方法处置地方政府隐性债务。

第三，构建风险共担机制，将资源配置与风险配置匹配起来。中国经济赶超的典型特征是（中央）政府通过行政干预和隐性担保，几乎承担了所有的发展风险。特别是，政府将资源、发展机会与发展收益更多地配置给了国有经济，但与此同时，却未能将相应的风险配置出去，导致了国有经济发展过程中的风险收益不匹配，形成软预算约束和强烈的扩张冲动。未来看，需要将资源配置与风险配置匹配起来。杠杆是一种资源，获得了这种资源，就要承担相应的风险。解决风险收益不匹配的根本在于取消隐性担

保、刚性兑付以及金融机构的体制性偏好。只有取消了这些制度性扭曲，才能使得风险定价回归常轨，风险与收益的匹配才具有了基础，风险的市场化分担才有可能。更重要的是，要实现风险与收益的匹配，需要将政府或国有经济垄断的资源、发展机会拿出来，推进市场开放，让社会资本能够真正分享发展收益，这些社会资本才能够更好地去分担相应的风险。优化资源配置利于稳增长，优化风险配置利于稳杠杆。由此看来，通过体制改革将资源配置与风险配置匹配起来，将是实现稳增长与稳杠杆之间动态平衡的关键一招。

第三章　科创板与资本市场：结构性泡沫？

■ 邓海清

科创板由国家主席习近平于 2018 年 11 月 5 日在首届中国国际进口博览会开幕式上宣布设立。设立科创板并试点注册制是提升服务科技创新企业能力、增强市场包容性、强化市场功能的一项资本市场重大改革举措。

通过发行、交易、退市、投资者适当性、证券公司资本约束等新制度以及引入中长期资金等配套措施，增量试点、循序渐进，新增资金与试点进展同步匹配，力争在科创板实现投融资平衡、一二级市场平衡、公司的新老股东利益平衡，并促进现有市场形成良好预期。

2019 年 6 月 13 日，科创板正式开板；7 月 22 日，科创板首批公司上市。

科创板公司上市首日涨幅普遍超过 100%，巨大的涨幅引发市场普遍关注。但一个关键的问题是，与可比上市公司相比，科创板上市公司普遍估值偏高，科创板是否存在泡沫？

格林斯潘曾经说过，“泡沫只有在破灭后，才知道是泡沫”。站在当前时点去判断科创板是否存在泡沫是非常难的。

本部分的研究思路是，先回顾历史上两次确定的股市泡沫，再将其与科创板开板以来的表现进行对比，讨论科创板是否存在泡沫。

第一节　2000年美国互联网泡沫

2000 年美国互联网泡沫是一个典型的股市泡沫。2000 年，纳斯达克指数最高点为 3 月的 5048.6 点，最低点为 10 月的 1114.1 点，跌幅高达 78%，也就是说，若在最高点买入 100 元的股票，则在最低点其价值仅为 22 元。

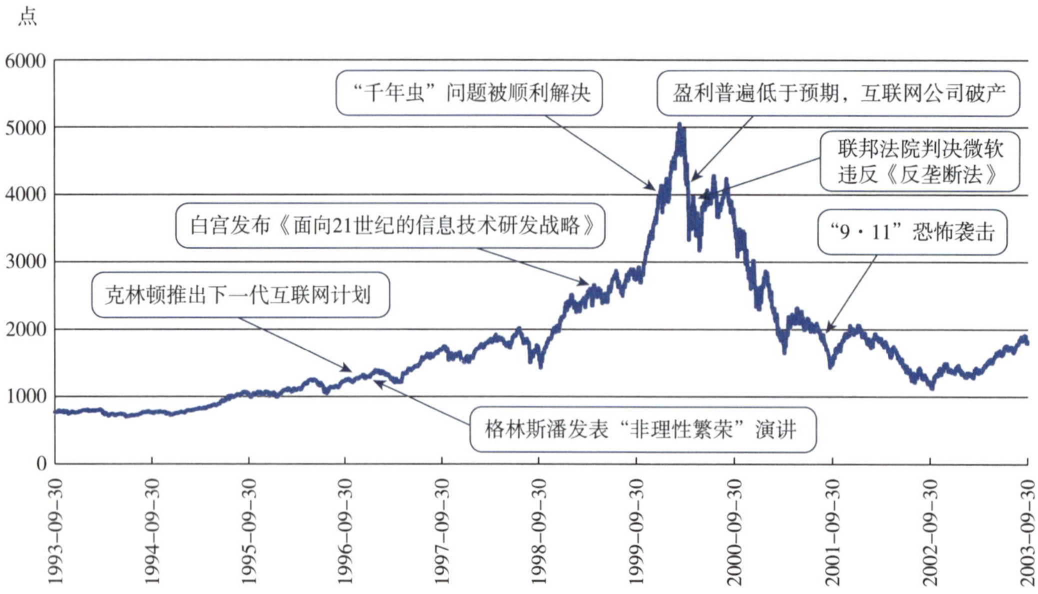

图3-1　纳斯达克指数大事记

（资料来源：Wind，公开资料）

一、美国互联网泡沫的三个阶段

第一阶段，1990—1994 年，纳斯达克指数温和上行。这一阶段，纳斯达克指数年平均涨幅约为 10%，与美股历年平均涨幅接近，这一时期纳斯达克指数上涨主要由盈利推动，估值水平整体下行。

第二阶段，1995 年至 1998 年 10 月，纳斯达克指数加速上涨。这一时期，纳斯达克指数年均涨幅接近 30%，明显高于美股历年平均涨幅，估值贡献幅度约为 1/3，盈利贡献仍然是主要因素，但上行速度较前一阶段明显加快。到 1998 年 10 月，亚洲金融危机爆发、俄罗斯债务违约、长期资本倒闭，纳斯达克指数出现一轮回调。

第三阶段，1998 年 11 月至 2000 年 3 月，纳斯达克指数泡沫化。这一时期，纳斯达克指数从 1700 点暴涨至 5048 点，年均涨幅超过 130%，PE 最高达到 70 倍，主要涨幅由 PE 贡献，市场对于未来极端乐观，互联网泡沫出现。

第四阶段，2000 年 3 月至 2002 年 10 月，纳斯达克指数泡沫破裂。这一时期，纳斯达克指数崩盘式下跌，两年多暴跌 78%，基本上跌回 1996—1997 年的水平，互联网泡沫结束。

二、美国互联网泡沫的主要成因

（一）良好的经济基本面基础

从经济背景来看，20 世纪 90 年代是美国经济的"黄金十年"，经济增速高，通胀低，失业率低。这一时期，美国 GDP 增速平稳向上，平均增速高达 4%，失业率稳步向下，通胀长期保持在 3% 以内，与 20 世纪 70 年代滞胀期形成鲜明对比。

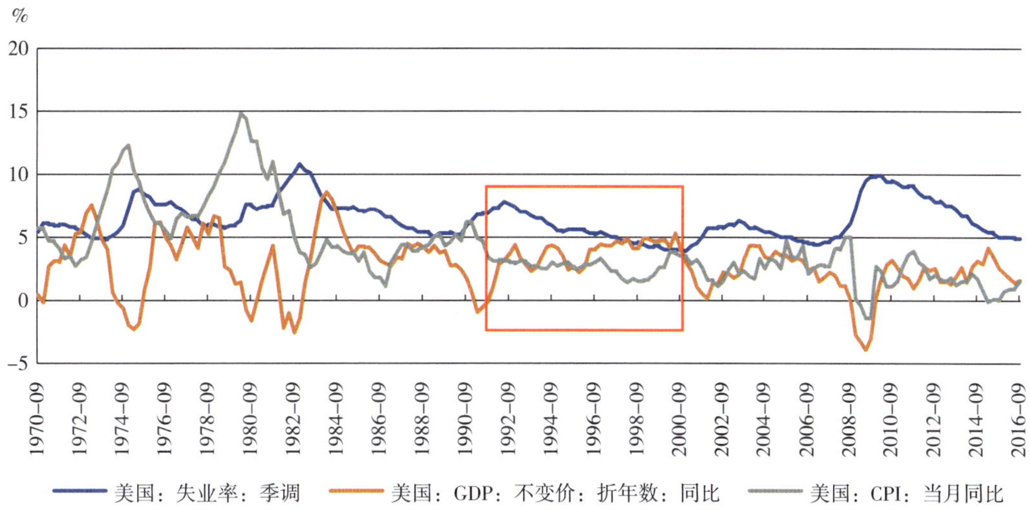

图3-2　美国黄金十年

（资料来源：Wind）

美国互联网泡沫的起点是具有充分的经济基本面基础的，企业盈利确实出现了持续增长，截至 1998 年 10 月，纳斯达克指数的涨幅都在合理范围内，与经济基本面并没有显著背离。

（二）互联网科技革命，既是时代方向也是国家战略

20 世纪 90 年代初商业化互联网的上线以及浏览器的出现极大地点燃了人们对互联网的使用热情。互联网改变了信息传递的效率，电子邮件的推广和广泛使用极大地改变了社会沟通的方式和体验，大量信息储存在网络上也可以到达到共享的目的，互联网科技在当时所带来的变化都是革新性的。

克林顿在总统竞选期间提出“信息高速公路”战略，以期重塑美国的竞争优势。在当选总统后，克林顿又在 1996 年公布了 Internet Ⅱ 以及下一代互联网计划。在技术进步、政策推进的共同助力下，个人计算机普及率逐渐提升，信息技术产业成为热门行业，对经济的推动作用日益明显。

（三）相对宽松的货币环境

美联储在经历了 20 世纪 70 年代采用超高利率遏制滞胀之后，自 1989 年开始趋势性下调利率，1992—1993 年累计下调幅度达 7%。

之后为抑制通胀，以及格林斯潘的“非理性繁荣”，美联储将利率提高，并维持在 4%~6% 之间。此时美国 CPI 同比为 2%~3%，其实际利率水平并不算低，只能说相比于 1990 年之前处于相对低位。

从国际资本流动看，这一时期美元持续升值，吸引国际资本进入美国市场，特别是亚洲金融危机之后，大量原本投入新兴市场的资金回流美国，成为美国股市的增量资金。

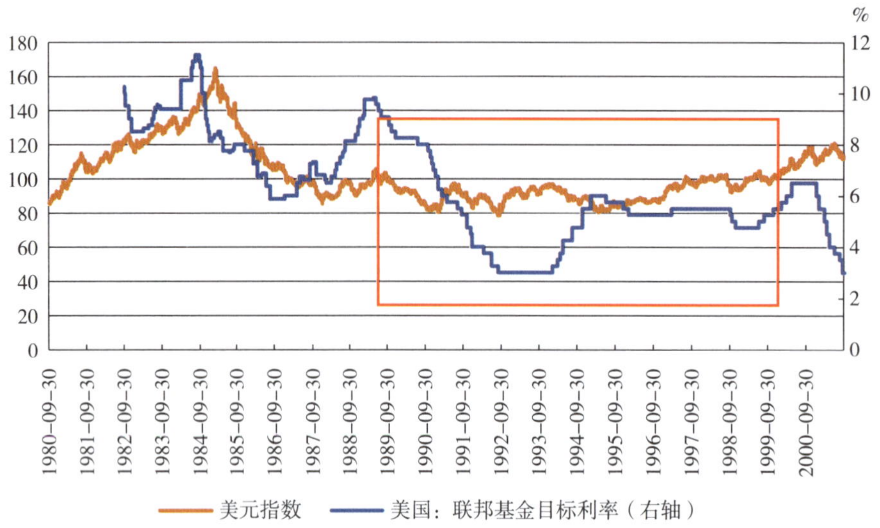

注：1937年3月=100。

图3-3　利率相对偏低，汇率持续升值

（资料来源：Wind）

（四）居民股票配置增加，养老金提供长期资金

美国居民配置股票在20世纪70年代出现了低潮，当时美国处于严重滞涨时期，股市停步不前。1980年之后，美国经济开始繁荣，使得投资者对股市重燃信心，居民大类资产配置中股票投资所占的比重显著上升。

与此同时，养老金成为股市重要的长期配置力量。1974年，美国国会通过《雇员退休收入保障法》（ERISA），1978年美国修订《美国国内税收法》，增加401（k）条款和403（b）条款，并于1981年底颁布实施细则，美国私人养老金规模迅速攀升。美国私人养老金中的70%左右均投资于国内股票型基金，因此养老金计划成为长期投资的主力。

（五）只看重财富效应，忽略盈利能力

在互联网泡沫时期，投资者对名字中带有“.com”的公司疯狂追捧。在1998年和1999年，更改名称加入网络导向的公司在名称变更之前5天与宣布名称变更之后5天的股价涨幅远超过同业公司，无论这些公司实质的业务与互联网究竟是否有相关性。

当时很多新上市公司尚处于初创阶段，甚至还没有稳定的营收和商业模式。举例而言，2000年上市的科技公司平均成立时间只有4年，其中实现盈利的公司占比还不足20%。

（六）财务造假盛行

为了迎合市场预期以推动股价不断上涨，当时的上市公司普遍存在会计操作甚至财务造假行为，进而导致财务信息失真，使投资者无法准确判断上市公司基本面的真实情况。根据时任美国证监会主席阿瑟·李维特（Auther Levitt）1998年在纽约大学发表的著名演讲“数字游戏”，当时很多上市公司的财务

报表存在会计操纵、财务信息不够真实的问题。李维特总结出了 4 种主要手段：创造性并购会计（将收购成本中的大部分作为费用一次性确认，以减轻未来的盈利压力）；巨额冲销（俗称“洗大澡”）；甜饼盒式准备金（操纵收入以符合分析师的预期）；收入确认（虚假确认、提前确认收入等）。

（七）舆论推波助澜

美国国内舆论开始吹捧“新经济”，认为“这次不一样”。此外，还有一个更简单的传遍全球的说法：地球村。在互联网“新经济”的热潮面前，很多传统的投资理念被颠覆和嘲笑，许多投资者都认为“这次不一样”，更关心上市公司所勾画的“美好前景的故事”，而对于所投资的公司是否能实现盈利并不关心。

券商分析师也起到了推波助澜的作用。在公开发表的研究报告中，美林分析师将一些股票推荐给投资者，然而在内部邮件中却将其称为“一堆垃圾”。2002 年，纽约州总检察长在调查后宣布美林分析师发布不实报告误导了投资者。实际上，这种做法在当时的华尔街证券行业中十分普遍。

三、2000年美国互联网泡沫破裂的主要原因

（一）流动性持续收紧

美联储自 1999 年 6 月开启新一轮加息周期，货币政策转向导致流动性边际收紧，美国通胀水平从 1998 年 11 月 1.5% 的低点开始持续攀升，到 1999 年 5 月 CPI 同比增速已经达到 2.1%，连续第二个月超过 2%。

在这一背景下，美联储于 1999 年 6 月开启了加息周期，在近一年的时间内，美联储共加息 6 次，其中前 5 次每次加息 25 个基点，最后一次加息 50 个基点。

亚洲金融危机逐渐平复，资金回流美国趋势放缓。在 1997 年爆发的亚洲金融危机中，资金出于避险需求大规模逃离新兴市场并流回美国。但 1999 年以后，随着亚洲金融危机逐渐平复，市场恐慌情绪明显缓解，危机期间资金大幅流出新兴市场的现象在边际上趋缓，甚至出现了一定回流的情况。

（二）科技公司大量上市增加供给，稀缺性下降

大量科技公司上市不仅使得稀缺性明显下降，也逐渐打破了供需平衡。1994 年互联网刚开始兴起时，上市的互联网科技公司仍相对有限，因此投资者往往会给予其一定的稀缺性溢价。

在随后的 1994—2000 年间，共有 1513 家科技公司上市，使得科技股不再稀缺。2000 年初，IPO 和增发募集资金额以及解禁金额均达历史峰值。

（三）盈利不及预期

互联网热潮中，在科技公司进行大量投资的同时，美国的互联网用户增速却在放缓。1994 年，美国的互联网用户同比增长高达 116%，但在随后的数年中，这一增速却不断下降，到 1999 年已经放缓至仅为 20%。互联网用户增速的下滑意味着那些成长性和想象空间建立在用户数或者网页点击量增长上的新兴互联网公司的可持续性受到挑战。

2000 年 3 月陆续发布的财报显示，科技公司的业绩普遍不及预期。实际上，自 1998 年开始，营收增长乏力以及竞争加剧引致企业利润率下降就一直是市场所担忧的因素。进入 1999 年，虽然第一、第二季度盈利继续下滑，但第三季度盈利环比改善依然给市场提供了一些希望。然而，2000 年 3 月陆续公布的财报显示，第四季度以及 1999 年全年的企业盈利再次下滑并低于市场预期。

（四）微软面临分拆影响市场情绪

1997 年 10 月，美国司法部以捆绑销售 IE 浏览器为由起诉微软违反《反垄断法》，自此开始了长达 3 年多的司法诉讼。2000 年 4 月 1 日，负责调解美国司法部与微软的波斯纳法官宣布调解努力失败；4 月 3 日，杰克逊法官裁定微软违反《反垄断法》，当天微软股价重挫 14%，并拖累纳斯达克指数大跌 7.6%。在随后的两个月内，微软股价大幅下跌 42%，而其间纳斯达克指数也下跌约 30%。

虽然之后微软成功推翻了上述判决，逃过了被拆分的命运，但在 2000 年 4 月，微软将被拆分的消息对市场情绪造成了明显打击。

（五）财务造假导致世通公司破产

作为纳斯达克明星股的世通公司，由于战略扩张受阻，引发投资者对其一直以来奉行的并购扩张发展模式的担忧。为了迎合华尔街分析师对公司业绩的预期，世通公司通过减少成本报告和虚报收入等方式虚构公司盈利，依然保持高速增长的假象。2002 年被公司的内部审计发现，最终导致美国证监会介入调查，而公司则在不久之后的 2002 年 7 月走向破产。

四、2000年美国互联网泡沫破灭的“遗产”

（一）上市公司信息披露要求显著增强，加大处罚力度

为了恢复和重塑市场信心，“遵守证券法律以提高公司披露的准确性和可靠性，从而保护投资者及其他目的”，美国国会通过了《2002 年公众公司会计改革和投资者保护法案》（又称《萨班斯—奥克斯利法案》，Sarbanes-Oxley Act）。该法案对《1933 年证券法》和《1934 年证券交易法》做了较多修订，主要涉及会计职业监管、公司治理以及证券监管等方面。其重点包括：建立公众公司会计监督委员会，专门对会计审计质量进行监督；加强会计审计独立性；要求公司高管对财务报告准确性和完整性负个人责任（302 条款）；强化财务披露，如要求对表外交易也进行披露；要求分析师避免利益冲突并充分披露；建立管理层对内部控制的评价体系（404 条款），以提高公司内审内控水平；加大对相关犯罪的处罚力度。这些措施都在不同程度上提高了美国上市公司财务报表信息的准确度和完整度，从而有助于提高投资者信心，达到保护投资者的目的。

不仅如此，监管和司法机构对涉及违规的上市公司和高管以及金融机构和证券从业人员加大处罚力度，以起到威慑的作用。例如，世通公司前 CEO 不仅被没收绝大部分个人财产以补偿投资者的损失，同时还被判处 25 年的监禁。而作为安然和世通公司的会计师事务所，安达信由于妨碍司法公正而被起诉并被宣判有罪，这直接导致安达信停止了审计业务，并最终走向解体。

（二）互联网泡沫的正面意义

1. 计算机和互联网的普及

20 世纪 90 年代，在以戴尔公司为代表的个人计算机制造商的推动下，个人计算机的价格迅速下降，使得个人也能够负担得起购买计算机的费用，而企业也可以为员工配备计算机以提升办公效率。尤其是在 1994 年互联网产生后，在个人计算机需求迅速上升的背景下，价格下降为计算机的普及做出重大贡献。

2. 光缆以及 3G 技术等基础设施爆发性增长推动互联网普及

泡沫破裂后，全球互联网用户数持续增长，这一数字已经由 1994 年互联网刚刚诞生时的 141 万人上升至 2014 年的 29 亿人；互联网渗透率则由 1994 年的 0.3% 上升至 40.4%。另外，当年为发展 3G 无线网络技术，主要电信公司也投入了大量的研发资金。事后来看，当年对 3G 技术的投入为随后互联网由 PC 端发展到移动端提供了最重要的技术储备。

第二节　2015年中国股市异常波动

2015 年中国股市出现了一轮罕见的暴涨暴跌行情。

2014 年 8 月至 2015 年 6 月，上证综指由 2000 点附近上涨至 5178 点，上涨幅度超过 150%，创业板指由 1300 点附近上涨至 4038 点，上涨幅度超过 200%。沪深两市成交量由 2000 亿 ~3000 亿元快速上涨至超过 1.5 万亿元。

2015 年中国股市暴涨，几乎完全由估值驱动，同一时期，估值由 12 倍上涨至 33 倍，涨幅达 175%，甚至高于上证综指的涨幅。

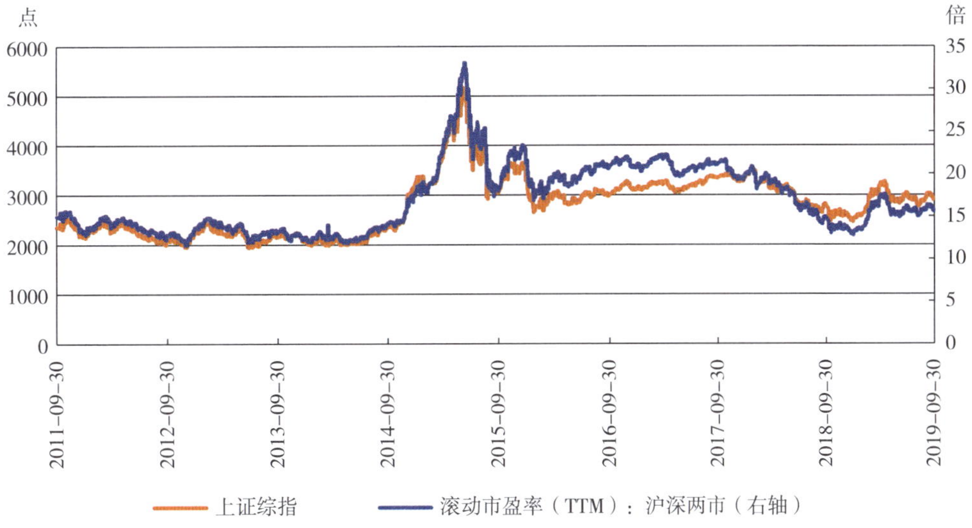

图3-4　上证综指与市盈率

（资料来源：Wind）

自 2015 年 6 月开始，中国股市出现了两轮暴跌，上证综指由最高点 5178 跌至 2850 点，累计跌幅达 45%。第一轮暴跌发生于 6 月 15 日到 7 月 8 日，上证综指由 5178 点下跌至 3421 点，跌幅为 34%；创业板指由 3920 点下跌至 2304 点，跌幅为 41%；第二轮暴跌发生于 8 月 18 日至 26 日，上证综指由 4000 点下跌至 2850 点，跌幅为 29%；创业板指由 2721 点下跌至 1843 点，跌幅为 32%。

在暴跌过程中，最为突出的特征是股市流动性枯竭。在两轮股市暴跌中，均出现了大量股票跌停或停牌，能够正常交易的股票所剩无几。第一轮暴跌中，代表交易日为 7 月 7 日和 8 日。7 月 7 日，所有上市公司中 63%跌停、27%停牌，正常交易股票（含涨停）只数占比仅为 10%；7 月 8 日，所有上市公司中 32%跌停、49%停牌，正常交易股票只数占比仅为 19%。第二轮暴跌中，代表交易日为 8 月 24 日，所有上市公司中 78%跌停、17%停牌，正常交易股票只数占比仅为 5%。

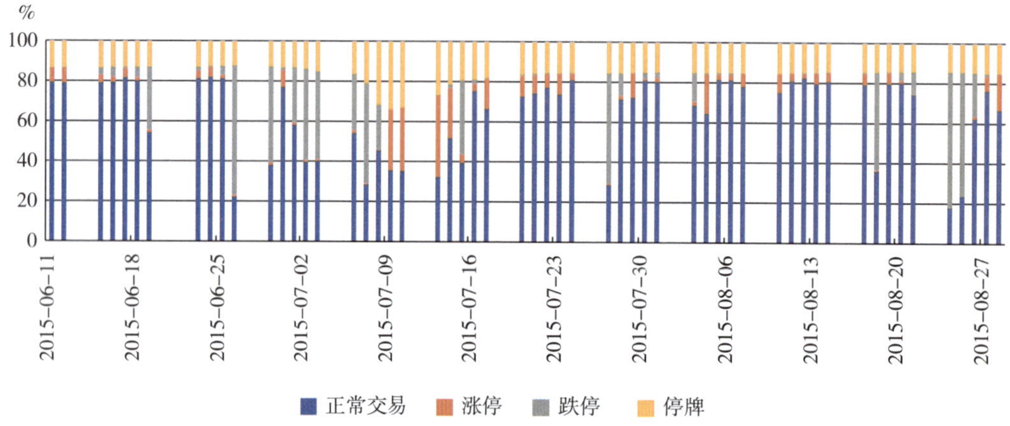

图3-5　2015年中国股市异常波动期间股票交易情况

（资料来源：Wind）

一、2015年中国股市异常波动的原因

（一）A股估值泡沫严重脱离经济基本面

我国经济自 2008 年开始进入趋势性下滑通道，GDP 增速从 2007 年的 14.2% 大幅下滑至 2014 年的 7.3%，增速几近腰斩。且 GDP 增速下滑势头并未扭转，2015 年跌破 7.0%，报 6.9%。伴随经济形势整体恶化，企业利润增长速度大幅下跌。2013 年和 2014 年全国规模以上工业企业利润总额增速分别为 12.2% 和 3.3%，与 2007 年 36.7% 的增速相去甚远。在 2015 年牛市结束前，2015 年 1~5 月的同比增速是 –0.8%。

面对不断下滑的经济走势，宏观调控的重点自 2008 年开始由控制过热逐渐转向稳增长。然而，就在经济增速不断下滑，企业营商环境不断恶化，企业利润趋于萎缩的过程中，A 股却大幅飙升，这极为异常。换句话说，本轮牛市的爆发与经济基本面完全背离，与 2006—2007 年的牛市行情相比，本轮牛市中市场估值的总体水平虽然较低，但其与经济基本面的背离程度远胜于上轮牛市。

（二）宽流动性形成股市泡沫的温床

A 股本次泡沫产生的重要背景之一是 2014 年以来持续的流动性宽松。2014 年至 2015 年 6 月股市下跌前，一年期存款基准利率由 3% 下调至 2.25%，存款准备金率由 20% 下调至 18.5%。当然，必须指出的是，央行降息降准的本意是为经济结构调整与稳增长创造良好的货币环境，理论界与实务界均对此持支持态度，央行也并不存在为股市上涨提供“弹药”的主观意图。

但从时间点上看，股市暴涨开始的时点与 2014 年 11 月首次降息开启货币宽松周期是一致的。流动性充足与实体经济投资机会缺乏，导致了“资产荒”的出现。由于坏账率飙升、房地产投资下滑，大量银行资金不愿投向信贷，而是通过场外配资、融资融券等方式入市，成为股市加杠杆的主要资金来源，是导致股市泡沫的重要原因。

（三）舆论误导助推全民投机

在社会舆论将股市上扬与经济转型升级联系在一起之后，股市上扬逐渐被舆论误导为不可逆转的“国家意志”，居民的高回报预期与过剩的流动性最终找到了宣泄的出口，股市多头找到了经济基本面之外来自经济转型预期的支撑，而官方舆论关于股市的表述也往往被社会舆论解释为替股市上扬背书。

其中比较有代表性的包括：2014 年 8 月，A 股在启动上扬行情后不久便陷入横盘震荡走势，8 月 18 日，人民日报刊文《股市保持强势，望演绎空中加油行情》；2015 年 1 月 4 日，新华网刊文《华尔街专家：中国 A 股今年将继续走牛》；2015 年 4 月 20 日，人民网刊文《4000 点才是 A 股牛市的开端》等。

表3–1　2015年股市暴涨期间的媒体舆论

类别	时间	内容
牛市导向	2014年7月25日	人民日报：外资机构齐声唱多A股市场
	2015年1月5日	新华网：华尔街专家：称中国A股今年将继续走牛
	2015年4月9日	新华社：A股中长期仍有上涨空间和动力
	2015年4月10日	人民网：A股4000点上升的基本动力不变
	2015年4月21日	人民网：4000点才是A股牛市的开端
	2015年5月8日	人民日报：管理层治理旨在慢牛　长牛势头未变
	2015年5月28日	新华社：6月股市将走慢牛行情
风险提示	2014年12月19日	人民日报：多重因素驱动A股牛市短期仍存调整风险
	2015年4月9日	新华社：潮来潮往终退去，且行且珍惜
	2015年5月4日	人民日报：牛市也别忘风险

资料来源：公开信息。

（四）散户为主的市场结构缺陷助推“羊群效应”

根据《上海证券交易所统计年鉴（2014 卷）》，从持股市值占比来看，自然人投资者（22%）高于专业机构投资者（15%），其他大部分为产业资本持有（63%）；从交易金额占比来看，自然人投资者（82%）绝对领先，专业机构占比很小（15%）。A 股市场的散户驱动特征十分明显。

散户投资大多不关心股票的价值是多少，甚至连公司主营业务都不关心，他们的标准只有一个：股价能涨就行。多数散户买入的原因仅仅是预期有另一个人会出价更高，这就是俗称的“击鼓传花”游戏，也是典型的“资本利得预期”定价，整个过程与价值没有任何关系。

（五）杠杆资金加剧股市暴涨暴跌

杠杆的运用是本次股市异常波动的重要特征，银行资金大规模进入股市尚属首次。这是本次股市异动与 2007 年股市异动最重要的区别，也是本轮股市异动与上轮股市异动影响不同的主要原因。

银行资金运用有理财和非理财两种模式，一般通过认购资管产品优先级、受让“两融”收益权、间接参与民间配资、同业贷款等渠道参与股市配资。其中，伞形结构化信托、互联网及民间配资具有明显的门槛低、杠杆倍数高、灵活度大、投资范围广的特征。A股配资有多重渠道，包括证券公司融资融券、证券公司股票收益互换、结构化配资、伞形结构化信托、互联网及民间配资等。在实践中，“配资公司+Homs系统”实际上形成了一个没有固定办公场所、没有牌照、不受监管，却能实现几乎所有券商功能的体系。

2015年6月峰值时，券商融资余额约为2.3万亿元，伞形信托规模约为7000亿元，场外配资规模没有官方数据，媒体普遍估计的场外配资规模为1万亿~1.5万亿元。场内融资与场外各类配资为股市现货提供了充分的做多选择，但现货市场的做空机制严重欠缺，杠杆的多空不对称导致股市容易泡沫化。仅有的现货做空机制——融券实际操作难度很大，由于股东借出券让其他投资者卖出将导致股价下跌，损害股东利益，因此股东不愿借出券，导致无券可融，融资余额显著高于融券余额，峰值比例高达600:1。

（六）上市公司监管不到位

部分上市公司为了达标上市、操纵市场，虚构营收和利润，花样频出，比较普遍的是通过关联交易或者财务造假进行报表粉饰，结果部分质地较差或者成长中盈利能力起伏较大的公司也进入了创业板市场，但过段时间就会暴露出业绩大幅度下降的问题。

创业板上市公司频发的上市破发、业绩变脸、高管套现等一系列问题，让投资者信心受挫，社会各界对创业板设立的意义也产生了质疑。大股东全额质押、财务造假成家常便饭，更是出现了所谓的“业绩洗澡”，上市公司暴雷已经司空见惯。这反映的不仅仅是一部分企业老板的贪婪，更反映的是制度建设的不完善。

监管对于上市公司违法违规行为处罚力度过低，无论是经济处罚力度还是刑事处罚力度，均远远不足以震慑违法分子，因而铤而走险屡见不鲜。

（七）监管“父爱主义”情结较重，监管机制不协调

历史上监管当局多次在股市大幅波动中积极释放政策利好的做法，也令市场养成了“政府需要为股市波动负责”的惯性思维，这使得证券市场监管部门的角色定位在民众的意识形态中逐渐扭曲，由市场合法运转的裁判员，理应置身于市场正常波动之外的独立第三方，逐渐变成了对指数涨跌负有重要责任的“大家长”。

虽然监管部门从未承认，但在A股监管实践中，监管当局乐见股市上涨，对股市波动容忍度低是不争的事实，这种“父爱主义”在本轮股市异动中的突出表现则是监管部门的救市举措出手过早。2015年7月初，监管当局在上证综指跌至4000点附近时即着手准备救市事宜，并迅速组织了21家券商的1200亿元自有资金托市，同时IPO也被暂停。在救市效果不佳之后，又很快出台了限制减持、上市公司“五选一”送利好等措施。

在当时的监管体系下，“一行三会”的数据收集分别进行，不存在覆盖整个金融市场的信息系统，监管部门之间虽然可以进行一定程度的信息共享，但由于各自收集数据的目的和侧重点不同，难免存在一定的时滞，单个监管者难以对金融市场运行有及时准确的全局性把握和判断，极大地影响了决策

有效性。

行业利益不一致也影响了监管举措的同步。在此轮股市上涨中，银行、信托都是杠杆市的获利方。证券监管部门想控制杠杠资金的扩张时，银行、信托的监管部门却未必有相同的意愿。在提供融资方面，银行、信托机构与证券机构甚至还存在竞争关系，券商“两融”利率约为 8.6%，而伞形信托利率更低、更易办理、可买标的证券范围更广。

二、2015年中国股市暴跌的直接触发原因

2015 年中国股市暴跌显然由于泡沫终会破灭，具体的直接触发原因包括以下几个。

（一）庞大获利盘刺激了离场冲动

根据中国证券登记结算有限责任公司的数据，2014 年 6 月底，沪深两市持仓 A 股有效账户数为 5329.27 万个，同期上证综指报 2048 点；2014 年 12 月，上证综指站稳 3000 点，持仓 A 股有效账户数增至 5412.09 万个；2015 年 4 月，上证综指站稳 4000 点，持仓 A 股有效账户数增至 6366.20 万个。这意味着在 6 月 15 日 A 股下跌之前，若不考虑融资杠杆，粗略估算，约有 6300 万个 A 股账户浮盈在 25% 以上，约有 5400 万个 A 股账户浮盈在 70% 以上，约有 5300 万个 A 股账户浮盈在 150% 以上。

若考虑借助场外配资和伞形信托等渠道匿名入市的杠杆投资者，在 6 月 15 日股市下跌之前，高额浮盈的账户数量很可能更高。以融资杠杆最低的券商融资为例，截至 2014 年底，开户总数已高达 292.2 万个，假设其融资比率均为 1∶1，且持仓至 2015 年 6 月 15 日股市暴跌之前，那么其浮盈已经高达 140%。杠杆倍数更高的伞形信托和场外配资投资者浮盈将更高。

（二）清查场外配资推倒“多米诺骨牌”

本轮股市暴跌恰恰起始于监管部门宣布全面取缔非法场外配资。从严肃法纪的角度出发，监管部门的行为并无过错，但过狠过快的取缔行动客观上造成了巨大的市场抛售压力。

在股市下跌之初，监管部门认为这是市场的正常调整。新闻发言人在 2015 年 6 月 26 日表示，“这是市场前期过快上涨的调整，也是市场运行自身规律的结果，市场虽在短期内出现大回调，但流动性相对宽裕、经济企稳以及‘大众创业、万众创新’等因素有利于激发市场，同时经济向好趋势没有改变”。此时上证综指已经跌至 4192.87 点，较 6 月 12 日 5166.35 点的收盘价下跌约 18.8%。很明显，监管部门在股市暴跌初期过于乐观，其监管思路与市场高杠杆运行的实际明显脱节。配资公司、信托公司和券商对杠杆客户的强平类似于期货投资中保证金不足后交易所对投资者的强行平仓，是否强平主要取决于客户能否及时补交足够的保证金，与客户个人的资金实力有关，与整个市场的流动性是否充裕、宏观经济是否企稳本质上并无联系。在证券公司断掉 HOMS 等场外配资交易系统的接入端口压力下，杠杆投资者只能平仓，或在股价快速下跌中被强行平仓。这种集中抛售导致的跌停压力会刺激普通非杠杆投资者的恐慌情绪，导致杠杆资金与非杠杆资金的共同抛售，此时股市的下跌与宏观经济和流动性也基本上没有相关性。

（三）“8·11”汇改增强跨金融市场传染

虽然人民币即期汇率的贬值始于“8·11”汇改，但在2015年7月人民币已经开始承受较大的贬值压力，这是“8·11”汇改启动后，人民币迅速大幅贬值的重要原因，而人民币贬值的事实又强化了已经存在的贬值预期。换句话说，股市异动爆发启动了“市场信心动摇—人民币贬值预期强化—人民币贬值—人民币贬值预期再次强化”的恶性循环。

“8·11”汇改启动后，股市与人民币汇率联动性的增强有深刻的资金面与市场情绪面的原因。在市场情绪层面，汇改启动后，人民币贬值预期随即明显增强。市场普遍忽略了汇改完善人民币汇率市场化形成机制的积极意义，而是将关注点集中于人民币连续两天的大幅贬值。由于在汇改启动之前，在岸人民币对美元即期汇率在6.20~6.21的狭窄区间维持了3个多月的横盘震荡走势，市场普遍将2015年8月11日人民币的突然贬值理解为政府对贬值压力的妥协，认为已经准备以货币贬值刺激出口的方式助力经济增长，进而激发了对中国经济增长前景的巨大担忧。悲观的市场情绪蔓延至股票市场，自然对股票价格构成沉重压力。

在资金层面，人民币贬值刺激了资本外流，也不利于股市稳定。汇改启动后，由于人民币贬值预期更为浓郁，一方面，人民币升值阶段涌入的国际投机资本大规模外逃；另一方面，境内出口企业结汇意愿下降，而进口企业购汇意愿增强，导致我国外贸顺差无法转化为结售汇顺差，进而无法对投机资本的外逃发挥对冲作用，只能以快速消耗外汇储备的方式应对。外汇储备的快速下滑，一方面更加强化了人民币贬值预期，另一方面也导致外汇占款不断下降，人民币流动性趋于紧张。2015年8月至12月，我国外汇储备下滑3209亿美元，其中8月单月下滑939亿美元，12月单月下跌1079亿美元，跌幅居历史前两位。

三、2015年中国股市异常波动的正面意义

（一）促进监管体制机制改革

2015年中国股市异常波动后，政府、市场等各个层面均对其进行了深刻反思，对于分割监管导致的监管真空有了充分讨论和深刻认识，并由此促进了一系列监管改革。

2015年底，习近平总书记在《关于制定“十三五”规划建议的说明》中的提法为监管改革提出了新的思路，“统筹监管”而非“统一监管”，这使得监管改革的可操作性大大增强，为未来监管框架改革奠定了坚实的基础。

2016年，中国人民银行将差别准备金动态调整机制升级为宏观审慎评估体系（MPA）。

2017年7月，全国金融工作会议宣布设立国务院金融稳定发展委员会，旨在加强金融监管协调、补齐监管短板。11月，国务院金融稳定发展委员会成立，并召开了第一次全体会议。

2018年3月，十三届全国人大一次会议审议通过国务院机构改革方案，银监会和保监会合并为银保监会。

2018年4月，《关于规范金融机构资产管理业务的指导意见》（资管新规）正式发布。

（二）为科创板提供借鉴意义

证监会主席易会满表示，科创板的重点是“建立健全以信息披露为中心的股票发行上市制度”，这是对过去监管思路的重大进步。

易会满还表示，“我们发展资本市场的核心就是要立足我国实际，不断深化对金融本质、初心和规律的再认识，做到尊重规律、敬畏规律、遵循规律，坚持按市场规律办事”“我们将切实履行监管职责，坚决打击欺诈发行、大股东违规占用、操纵业绩、操纵并购、操纵市场、内幕交易等违法违规行为”，这些都是对 2015 年股市异常波动的深刻反思。

在科创板制度中，试点注册制，放松盈利要求，执行史上最严退市制度，投资者门槛为 50 万元资产 +2 年经验，放宽涨跌幅限制，上市前 5 天不限涨跌幅等，都与 2015 年股市异常波动的教训密切相关。

第三节　科创板全景回顾与估值对比

2019 年 6 月，万众瞩目中，科创板正式开板，在此之后，第一批上市公司于 7 月 22 日上市科创板。截至 2019 年 9 月底，科创板已经经历了两个多月的正式运行，上市公司数量和市值稳步增长，市场总体运行表现平稳，投资者参与热情高涨，企业资质得到市场的普遍认可。

一、科创板的市场表现

（一）科创板总体维持平稳增长

从上市过会情况看，截至 2019 年 11 月 15 日，共计有 96 家公司过会、14 家终止审查、10 家中止审查、63 家公司在科创板上市，其中 7 月 22 日首发集中上市 25 家、8 月上市 3 家、9 月上市 5 家、10 月上市 7 家、11 月已上市交易 13 家，共计有 53 家公司已上市交易。科创板上市公司总市值从 5500 亿元增长 12.35% 至近 6795 亿元，上市公司平均总市值为 129.6 亿元，平均流通市值为 17.1 亿元，流通股比率为 13.2%。科创板运行近四个月来，市场日成交总金额有一定幅度的下滑，从日均 500 亿元的成交额水平下滑到 9 月的 50 亿元成交额均值水平。

从目前的新股上市情况来看，中签率情况与主板市场几乎持平。其中，由于网下发行比例较高，网下中签率显著高于网上中签率。截至目前，53 家上市公司平均网下中签率为 2.6‰，网上中签率为 0.523‰。

（二）上市公司总体资质优良

从目前已经挂牌上市的科创板企业来看，企业总体资质优良。53 家上市公司中，最早的成立于 1998 年，最晚的成立于 2014 年，成立于 2009 年的公司最多，为 6 家，年份分布较为平均。从 53 家公司的行业分布看，大多数分布于制造业中的高端设备制造业，其中，电子行业 12 家、机械设备制造业 11 家、计算机行业 9 家、医药生物行业 11 家、化工 4 家、有色金属 3 家。多数公司属于重点支持的战略性新兴产业，具有精确的科创属性定位。

从公司资质来看，公司资质普遍较为优良。从盈利水平看，2018 年，53 家上市公司的算术平均 ROE 接近 23%，平均净利润率为 22%，平均利润增长率为 180%。公司盈利状况和增长率表现良好，公司资质优良，这是投资人普遍认可科创板的重要原因。但不排除冲击上市因素下的财务调整带来科创板上市公司 2018 年较佳业绩表现的可能性。

（三）上市首日、次日波动率大

在本阶段，科创板上市公司表现出股价总体较上市价格大幅上涨、上市初期波动率大、而后波动率迅速回归正常水平的特征。从 2019 年 11 月 15 日前有行情的 53 只上市公司表现看，11 月 15 日股价较上市价格平均提升 70%。

公司上市后的两日内，股价巨幅波动，其中上市首日平均上涨 126%，首日集合竞价均值上涨 127%，次日平均下跌 4.5%。上市首日、次日股价波动幅度超过 10% 的分别有 52/53、29/51 家上市公司。而后股价波动率迅速下降，到第三日，股价波动幅度超过 10% 的公司下降到 17/51 家。从涨跌停板看，由于科创板涨跌停板调整为较高的 20% 的水平，因此，触碰涨跌停板的次数相对较少。截至 11 月 15 日，在所有科创板个股中，个股收盘涨停仅出现过 7 次，未出现过个股跌停现象。

从科创板与主板市场的对比来看，以 2019 年 7 月以来主板新上市公司的股价变动作为对比变量，则明显可见当前在主板市场中，价格调整并非一日到位，主板市场个股出现连日爆炒的概率大很多。以主板 4 个月内上市的 47 家公司首日表现进行算术平均，则首日平均涨幅为 44%，相对于科创板市场而言涨幅较小。但主板与创业板出现涨幅大致相当的原因是其个股内分歧较大。从个股本身来看，以后续 2 个、3 个、4 个、5 个、6 个交易日计算，则主板市场新上市公司股价波动率达到 10% 的比例分别为 52.18%、48.9%、50%、43.2%、25%，前几日波动性较大，而后迅速收敛且波动性略低于科创板。

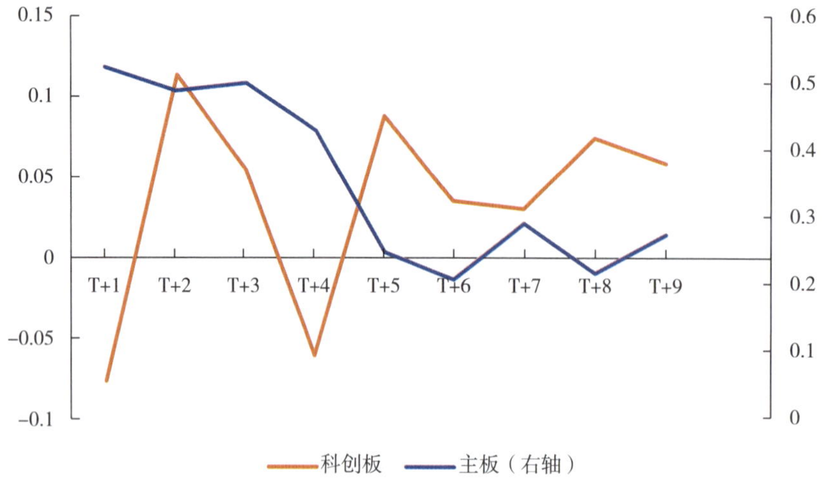

图3–6　科创板及主板市场在上市后次日及之后的表现

（资料来源：Wind）

（四）投资者参与热情高，市场整体市盈率（PE）偏高

截至 2019 年 11 月 15 日，科创板上市公司的平均市盈率之间的差异较大，大体在 18~700 之间的水

平，剔除极端异常的微芯生物后，均值水平为 66。

以目前科创板上市公司的市盈率情况与其所属行业的市盈率状况进行对比，则其所属行业的当前算术平均市盈率为 49。则当前已上市科创板公司的市盈率水平为行业平均水平的 1~2 倍。除去传音控股 PE 低于行业 PE 的 70%、微芯生物超过行业 PE 水平的 16 倍等异常值外，其余公司当前 PE 大致在行业 PE 的 0.6~5 倍之间，其中绝大部分在 0.7~2 倍的范围内。

从市场表现看，后续上市的公司仍在上市首日大涨，并未随着市场整体当日成交额的下降而导致首日热度下滑，可见市场参与者对科创板上市公司的热情并未下降，市场仍然维持稳定运行。

（五）个股平均日成交额在2亿元以上，进入稳定运行状态

从成交额看，目前，科创板个股日均成交额维持在 2 亿元左右的水平，同期创业板个股日均成交额仅在 1 亿元的水平，全部 A 股日均成交额维持在 1.5 亿元左右的水平。科创板市场的运行状况与其他市场相当，市场活跃度状况较为稳定健康，成交额初步进入稳定波动阶段，市场进入稳定运行状态。

二、科创板与创业板初期相似

根据市场表现及市场分析师的分析，科创板在此阶段出现了价格开盘爆炒后持续走跌、成交额大幅度萎缩、市盈率普遍偏高等负面问题。但这些问题的出现，应当是市场初期过度受投资人热捧而来的客观现象，经历了两个月的发展，科创板市场在逐步走向理性。

在我国主板市场中，上海证券交易所、深圳证券交易所均发端于 1990 年，中小板创立于 2004 年，距离科创板成立时间均较为久远，相对而言，创业板在时间上最具可比性。且从上市公司的属性来看，创业板初期定位于科技含量高的公司，与科创板有较多类似之处。将科创板目前的市场表现与 2009 年时的创业板进行比较，最有可比意义。将两者进行比较，也可明显看到，科创板的波动属于正常现象，其正在逐步回归市场理性。

（一）初期涨幅、波动较大，之后回归理性

我国创业板首批上市公司于 2009 年 10 月 30 日上市，共计 28 家。统计这 28 家上市公司股价在接下来两个月内的表现，可以看到，其波动规律与科创板上市公司大致相同。28 家上市公司的股价在前两日巨幅波动，其中首日收盘时平均上涨 106%，涨幅全部超过 10%，次日收盘时平均下跌 8.15%，跌幅大于 10% 的有 14/28 家。而后 28 家上市公司的平均收盘涨跌幅收窄到 1% 的范围内，与主板市场波动率迅速持平。

从个股股价与首日收盘价的比较来看，创业板的首批 28 家上市公司中，除大禹节水、吉峰科技的股价较上市价格有较为明显的上涨外，其他公司的股价均持平或有不同程度的下跌。科创板开板状态与之类似。

（二）成交额降中趋稳

对比科创板与创业板开板后的人气，以其成交额相对于主板市场成交额的比例作为衡量值，即人气

值 = ∑开板后上市公司日成交额 / 当日全 A 指成交额。结果如图 3–7 所示。可以明显看出，在科创板首发上市家数不及创业板的情况下，其人气度明显更高。

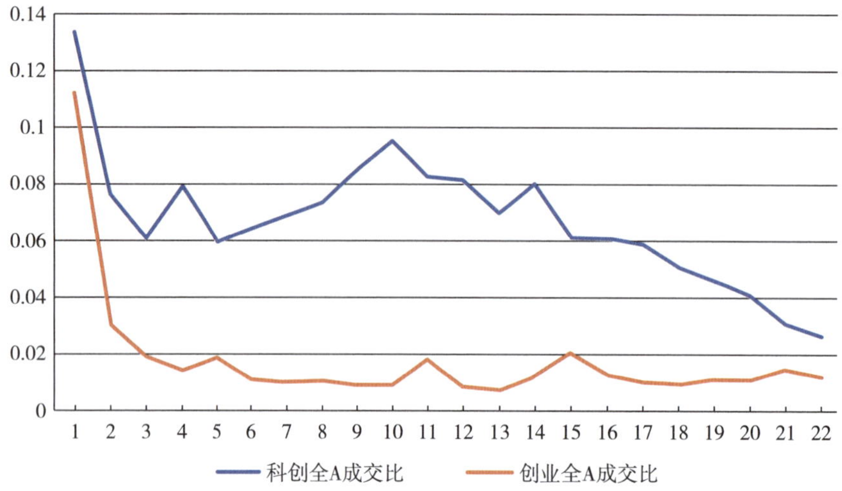

图3–7　开板后1个月内科创板与创业板的成交比

（资料来源：Wind）

创业板设立后，首批上市公司首日平均成交额达到 19 亿元的水平，到次日较大幅度下滑至不到 3 亿元的水平，到两个月后，日成交额企稳于 5000 万 ~1 亿元的水平。当前科创板个股日均成交额接近 1.8 亿元，虽然出现了较大幅度的萎缩，但与创业板的情况较为相似。

（三）市盈率：创业板初期市盈率同样偏高

在创业板开板的前两个月内，28 家首批上市公司的平均市盈率在 86 左右，整体在 70~100 的范围内波动，相比当时上证综指 25~30 之间的平均市盈率水平而言，创业板估值水平明显偏高。但这并未导致创业板整体崩塌的恶果出现，市场后续平稳较快发展。

当时创业板市盈率偏高，是由于该 28 家上市公司披露的 50% 左右的平均净利润增长率、40% 左右的平均 ROE 水平使得市场给出了相较于当时盈利水平的高溢价。

此次科创板开板后市盈率迅速抬升属于市场对高新科技企业上市后未来盈利预期较高而买入所带来的价格抬升的市场行为，属于正常现象，且并未高于当前创业板综指市盈率水平。截至 2019 年 11 月 15 日，创业板指市盈率为 51 倍，创业板综市盈率为 114 倍，科创板市盈率介于两者之间。

根据创业板首批上市公司上市后四年的表现来看，创业板公司市盈率未出现持续的下滑态势，但 PE 值也并未再出现明显抬升。市盈率在上市初期发生了 3 个月左右的持续下降，而后上行至近上市时的水平。

从创业板指估值水平的演化来看，估值整体水平大幅波动，区间范围在 30~80 之间，初期在 60~80 之间，2011—2012 年创业板指大跌，创业板指估值最低跌至 30，之后恢复至 60~70 之间。从中枢来看，创业板指确实存在初期估值偏高，之后估值逐步下降的情况，但下降幅度有限，且并非估值泡沫。

创业板指的泡沫发生在 2015 年上半年，创业板指暴涨，且几乎全部由估值上涨贡献，2015 年 5~6 月时估值高达 140，且之后暴跌，再也回不到 2015 年高点。因此，我们认为，2015 年时存在泡沫，而创业板上市初期可以说是估值偏高，但并非典型的泡沫。

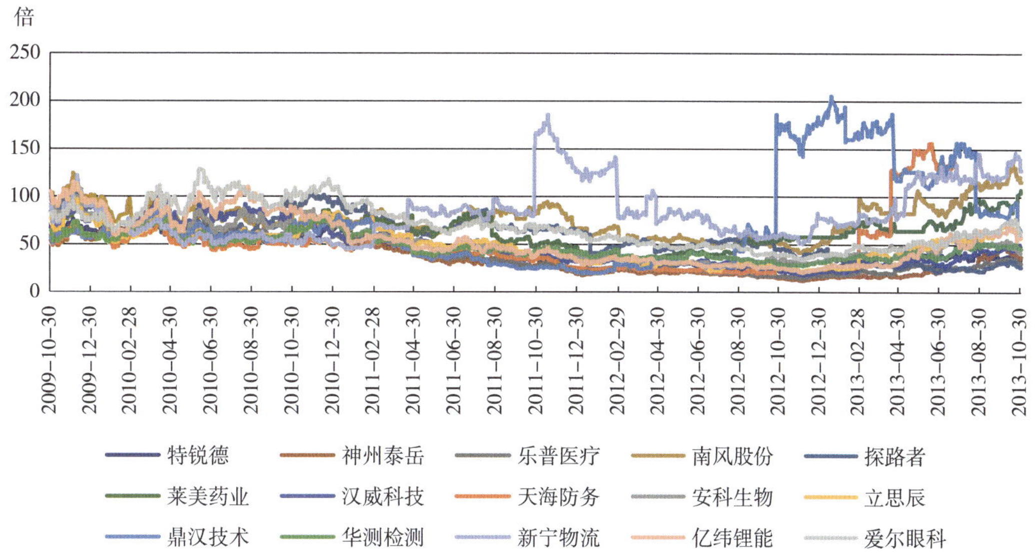

图3-8 创业板首批上市公司上市后一年的表现

（资料来源：Wind）

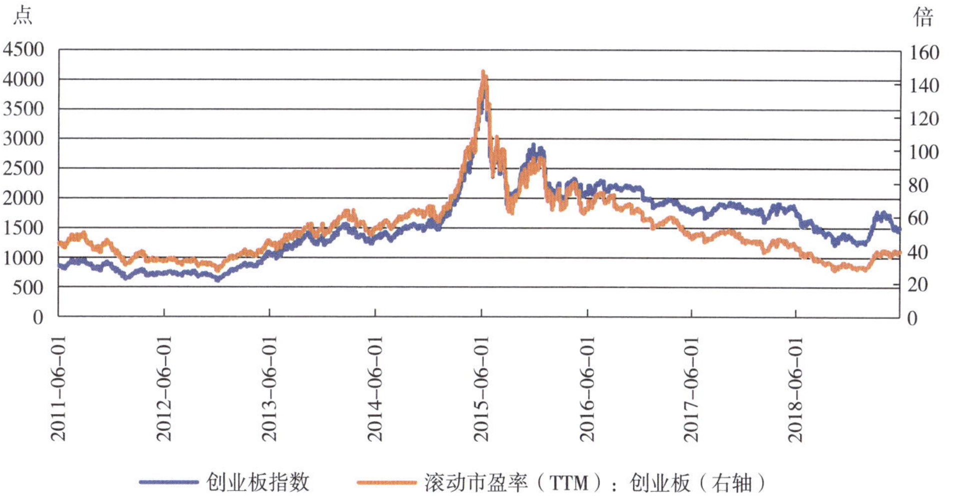

图3-9 创业板指与PE

（资料来源：Wind）

三、与H股及海外股市的对比：或许与市场分割有关

判断当前科创板市场估值水平是否合理的另一个维度是将在科创板上市的公司与其在我国香港和美国市场的估值进行比较。目前，在33家已上市公司中，澜起科技是在美股退市两年后重新在科创板上市，中国通号则是在A+H股上市的公司。

（一）澜起科技的美股与A股价格比较

澜起科技之前为美股上市公司，其于 2013 年 9 月在美国上市，2015 年 12 月底退市。由于发行股份数与条件、时间不同，直接以股价进行比较并无可比性，因此以退市前澜起科技的总市值与 A 股总市值进行比较。澜起科技退市价格为 22.5 美元 / 股，私有化时交易估值为 6.93 亿美元，按当时美元对人民币汇率折算，则公司估值为 45 亿元左右。

考虑目前澜起科技在 A 股的总市值，根据月底股价计算，则澜起科技的市值在 700 亿 ~800 亿元之间，为退市市值的 15 倍左右。考虑所有在美国上市且 2015 年 12 月底前已经上市的公司近 4 年的均价变动，则 122 只股票的平均价格变动幅度为 20%。即使考虑到新兴企业，阿里巴巴在 2015 年上市后其股价变动也仅略超过 3 倍，由此可见，澜起科技在科创板的估值远高于美股水平。

（二）中国通号的A股、H股价格比较

作为同时在 A 股、H 股上市的公司，中国通号在两个市场的价格表现对衡量科创板目前的估值水平具有较大的意义。中国通号 H 股于 2015 年上市，A 股在科创板首批上市。不考虑汇率差异，则中国通号在上市后，其 A 股与 H 股价格差异小幅收窄，最新的 A 股与 H 股价格之比为 1.8。

同时比较同期 A+H 的所有上市公司的 A 股与 H 股价差，统计样本为所有的 114 家 A+H 上市公司 A 股与 H 股价格之比的算术平均值。从图 3-10 中可以看到，中国通号 A 股与 H 股价格之比为 2 左右，并未出现明显溢价状况。

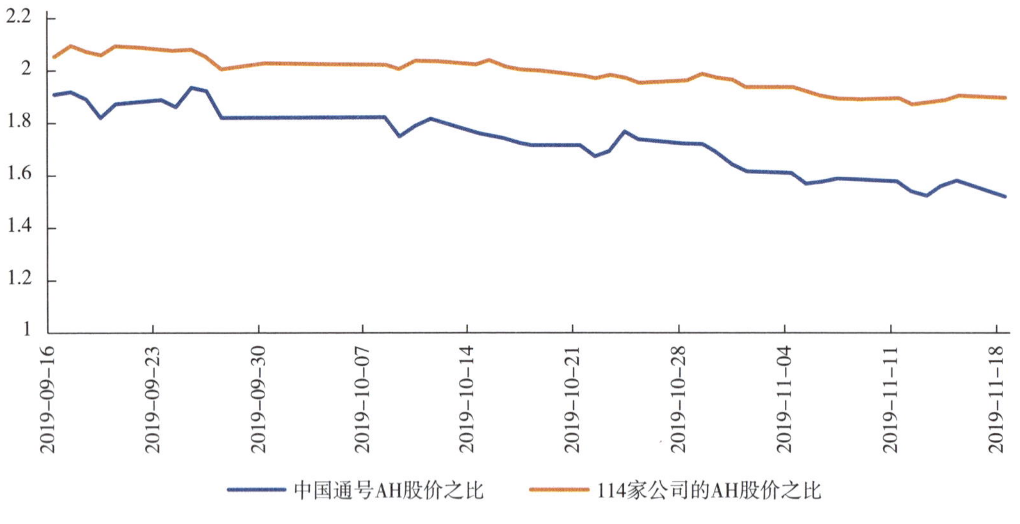

图3-10 中国通号AH溢价与全部AH股上市公司溢价比较

（资料来源：Wind）

总体来看，我们认为到目前为止，科创板与创业板高度相似，都具有以下特征：

（1）不存在持续性的暴涨，而是往往在初期一步到位；

（2）初期的波动较大，之后波动性逐渐降低；

（3）估值较同行业存在高估，这一高估修复时间可能较长，且之后可能再次达到；

（4）与在海外上市和在我国香港上市相比估值偏高，但可能是由于市场分割导致。

第四节 科创板并不符合泡沫特征

美国互联网泡沫的经验表明，泡沫的产生与股市的制度相关，但是关系或许并没有那么大。纳斯达克从来都是注册制，且做空机制一直存在，其交易制度在互联网泡沫前后也没有太大的变化，也就是说，即使是完善的股市制度，也无法彻底避免股市泡沫的出现，因为股市制度提供的仅仅是投资者参与市场的规则，而无法改变投资者的行为。

当然，完善的制度总好过不完善的制度，如果我们假定投资者的行为不变，在不完善的制度下（如限制做空、不限制杠杆），产生泡沫显然更加容易。

泡沫的产生有两种逻辑。一种逻辑是"非理性繁荣"，这种逻辑的原理是，由于全市场普遍相信某种新的故事或者概念，导致市场对于高估值采取忽视的态度，继而引发"股价上涨—资本利得预期增加—投资者买入增加—股价上涨"的正向循环。另一种逻辑是"反身性"，由于股市价格上涨，导致上市公司的基本面出现改善，进一步促进股市价格上涨。

从 2000 年美国互联网泡沫和 2005 年中国股市异动看，两种逻辑都存在，互联网公司股票价格暴涨，一方面直接导致了投资者的狂热，另一方面导致上市公司收（并）购变得更加有利可图，上市公司的价值在当时的背景下确实提升了，尽管其主要是由于股价上涨本身导致。

回顾 2000 年美国互联网泡沫和 2015 年中国股市异动之后，我们认为，泡沫具备以下特征：

（1）远超正常水平的、持续的股价暴涨，且主要由估值上涨贡献；

（2）股价与市场情绪正向循环，资本利得成为投资的唯一目标，股价越高、投资者期望越高、买入情绪越强，"羊群效应"导致股价对价值的偏离幅度越来越大；

（3）有新的故事或者概念，且往往与国家战略相关；

（4）舆论狂热；

（5）流动性相对宽松；

（6）上市公司造假、操纵市场普遍存在；

（7）在某一时刻会突然反转，进而持续暴跌。

对于科创板，我们认为：

（1）与同行业在主板、美国、H 股上市的公司相比，估值确实普遍偏高；

（2）有新的故事或者概念，且与国家战略相关；

（3）并没有形成"非理性繁荣"的正向循环，市场热度仅限于打新和首个交易日；

（4）舆论相对理性，并没有炒作狂欢；

（5）上市公司信息披露和规范程度高于主板。

整体而言，目前的科创板更类似于创业板刚开始的情况，即估值确实存在高估，但是这种高估并没有导致进一步的炒作，不存在持续的股价暴涨，与 2000 年美国互联网泡沫和 2015 年中国股市异动存在显著差异。

我们认为，科创板的估值相对偏高的原因可能有两个。

一是市场分割。不同市场之间的溢价可以长期存在，很难证明估值偏高的市场就存在泡沫。

以最为典型的 A 股和 H 股为例，A 股市场估值持续高于 H 股市场，且高估程度基本与市场涨跌无关，恒生 AH 股溢价指数整体在 110~140 之间，中枢大约在 125。

一直以来，不少投资者认为随着 A 股和 H 股联通，A 股估值会出现系统性下降，但实际情况并非如此。

目前 A 股和 H 股的连通程度已经非常高，但是仍然无法消除这一溢价，且内地和香港投资者均已经接受 A 股和 H 股溢价的长期存在。

我们认为，A 股和 H 股的估值差异主要是由于市场分割导致，其背后与投资者差异、制度环境等有关，这种估值差异可以长期存在，且不会有太大的变化，因此无法称之为泡沫。

图3-11　上证综指与恒生AH股溢价指数

（资料来源：Wind）

二是科创板上市溢价。科创板由于肩负着国家的重要使命，导致其上市制度尽管是注册制，但是审批难度并没有降低。在上市前的问询阶段，更类似于对上市公司进行价值判断，问询的问题，比较多地集中于与发行上市条件、发行人核心技术、发行人业务及经营模式、发行人独立持续经营能力等相关的重大事项上。能够通过层层问询最终上市的公司，在某种程度上被市场认为附加了“政府背书”，这导致其溢价相对偏高难以避免。

从最新的监管导向看，中国证券业协会向各证券公司下发了《关于进一步明确科创板投资价值研究报告要求的通知》，就证券公司出具投资价值研究报告的相关要求做出进一步明确，客观地对发行人与主要竞争者（如可比公司等）进行比较，评估公司的行业地位；行业数据的来源应具有权威性，并注明出处；投资价值研究报告中的可比公司原则上应与招股说明书中披露的可比公司保持一致，同时应列举可比上市公司的市盈率。

本部分的结论是：与可比公司相比，科创板估值确实相对偏高，但是市场表现与 2000 年美国互联网泡沫和 2015 年中国股市异动存在显著差异；估值高估更多来源于市场分割和上市溢价，随着监管部门对此的关注，未来将得到逐步改善，科创板必将为中国资本市场和经济的转型升级贡献更大的力量。

第四章　中美经贸“脱钩”：全球技术和资本割裂的金融风险

■ 花长春[①]

随着拜登政府上台，市场对中美经贸关系的缓和更加期待，尤其是拜登总统表示中美会有“激烈竞争”（stiff competition），但没有必要“对抗”（confrontation），双方之间仍有重要的全球话题进行合作，如气候、核不扩散等。但双方之间第一次高层战略对话似乎进展不太理想，缓和的氛围似乎又开始紧张起来，美国、欧盟、日本对华摩擦似乎更加步调一致。那么，到底该如何研判中美这个全球最为重要的双边关系呢？为防患于未然，我们该警惕哪些风险，尤其是金融风险呢？本章将要着重探讨这些问题。

当前世界格局和国际秩序是我们研究的出发点和基本框架。中央在 2017 年指出全球面对着“百年未有之大变局”——近百年来，从来没有像中国综合国力这么接近美国的（2020 年，中国 GDP 是美国的 70% 多）。如此背景下，“修昔底德陷阱”理论告诉我们，不能低估中美关系长期复杂性和挑战性，不能有太多幻想，应该有个清醒的认识。放眼未来十年，一个相当可能的局面是，中美经贸摩擦不断升级，在“脱钩”（decoupling）和“难脱钩”之间摇摆不定，并左右着全球经济大势。

中美经贸领域的摩擦给双方乃至全球都带来了较大的金融风险。2018 年我国权益市场显著调整，尤其是许多中小企业的质押出现很大的市场风险就是一个例证。实际上，每当中美经贸摩擦升级时，全球资本市场都受挫。经贸领域的冲突所带来的风险——无论是贸易下行直接引起的经济、资本市场的震荡还是其引致的产业向外转移——总体上还是有迹可循的，可以估测，但技术、金融领域的摩擦导致的全球技术、资本割裂所引起的风险则是一个未知领域，难以估测。

就关税贸易摩擦的直接影响来看，当前美国关税方案——2500 亿美元商品加征 25% 关税，3000 亿美元商品加征 10% 关税——如果持续下去，中长期将拖累我国 GDP 增速 1.3 个百分点，也会降低我国工业增加值 2.2 个百分点、至少 420 万个制造业岗位。另外，在产业转移方面，如果以东北亚地区做参考，未

① 作者系国泰君安证券研究所全球首席经济学家。本章的成文，得益于作者所在的国泰君安宏观团队，尤其是韩旭、董琦博士，可以说是集体研究的成果。同时，作者在研究过程中，多次与 IMF 华盛顿和香港同事、人民银行和国家外汇管理局领导、孙明春博士、王红林博士等进行深入的探讨交流，获益匪浅。另外，本章的部分结果在国家发展改革委宏观经济研究院内部研讨会中进行了展示，交流中王昌林院长、陈东琪教授、余淼杰教授等多位老师给予了非常中肯的意见。在此，作者对以上良师益友深表感谢。文中所有错误是作者的。

来10~30年，中国劳动密集型产业的产出转移规模或达2万亿元。

虽然中美双方真正的技术战、金融战引起全球出现技术的割裂、资本的割裂，在目前看来仍然是尾部风险，但不可否认的是它们发生的概率在提高。人类社会在过去四五十年中总体上走向融合，但未来我们可能越来越走向未知领域，高度不确定或成为新常态，这将是全球金融风险最大的来源。

第一节　中美关系长期复杂性：放弃幻想、清醒认识

对于未来十年的一个大的判断就是，中美经贸将在“脱钩”和“难脱钩”之间摇摆不定，并左右着全球经济大势。种种迹象表明，美国政府、精英阶层在重新定位其与中国的关系，“清算中国”说、“中美是战略竞争对手”说在美国尘嚣日上。经贸关系是中美关系的压舱石，因此与中国经济——至少在一定程度上——“脱钩”、重塑全球产业链成为美国精英阶层的一个目标。但现实是中美经贸领域已经形成“你中有我、我中有你”的千丝万缕的联系，与中国经济“脱钩”绝非易事。我们将会看到中美经贸关系长期在“脱钩”“难脱钩”的目标和现实之间摇摆和冲突，增强全球经济不确定性，影响全球经济走势。

一、美国政府、精英阶层对华新战略重新思考和定位

美国政府已经重新定位了中美关系。美国在2017年《国家安全战略报告》中就明确中国是其战略竞争对手，经济安全也是国家安全，并声称在经济上中国“侵略”了美国。同年，发布2018年《中国履行加入世贸组织承诺情况报告》，彻底改变过去15年报告对中国的正面评价，全面否定中国的努力，认为“支持中国加入WTO是错误的”。在此基础上，2018年，美国发起对华的“301条款”调查，正式开启了贸易争端。至此之后，中美经贸领域谈谈打打，中国对美出口中，已经有2500亿美元商品被加征关税，剩下3000多亿美元商品也有可能被征关税，谈判依然存在着很大的不确定性。而且，有迹象表明这种摩擦在向技术、金融领域蔓延。

与美国政策导向相辅相成的是，美国精英阶层也展开对华政策的密集发声，“清算中国”说、“中国是战略竞争对手”说尘嚣日上。总体说来，当今美国精英阶层大多认为美国过去对华“接触战略”（engagement）存在很大问题，美国须调整战略，将中国当作竞争对手看待。最具有代表性的是，2018年4月前东亚事务助理国务卿、现亚洲集团CEO库特·坎贝尔（Kurt Campbell）与前副总统安全顾问、现任新美国安全研究中心副主任伊莱·莱特纳（Ely Ratner）发表的“清算中国”（The China Reckoning）一文。[①] 该文认为美国高估了自己对中国的影响力，过去寄希望于通过外交、贸易使中国在政治与经济领域实现明显改变是徒劳无功的。类似地，美国《国家利益杂志》的执行主编哈里·卡其亚尼斯（Harry Kazianis）撰文称中国不是美国的朋友，而是地缘政治、经济、外交各领域的强劲竞争对手。[②]

① Campbell, K. & E. Ratner. The China Reckoning: How Beijing Defied American Expectations [R]. Foreign Affairs, March/April 2018.

② Kazianis, H. China is No Friend to the US — Trump is Right to Take it on [N/OL]. [2018-04-04]. Fox News.

二、“修昔底德陷阱”的幽灵在太平洋上空徘徊

从表面上看，美国政府和精英阶层对中美关系的反思与“清算”有着各种解读和理由，如贸易差额、知识产权、“国家资本主义”模式等，但实际上根源可能只有一个，就是美国发现中国综合国力发展到了——在可预见的未来——能够挑战美国，引起了其担心。前美国总统高级顾问史蒂夫·班农（Steve Bannon）说得更直接，遏制中国，“要么现在，要么永远也不”（Now or Never）。

“修昔底德陷阱”似乎不以人的意志、愿望为转移，再一次降临，当今就在太平洋上空徘徊。实际上，奥巴马政府时期所搞的《泛太平洋战略经济伙伴关系协定》（TPP）就已出现苗头，只是没有特朗普政府那么直接，也没有引起我们的警觉。现在回过头来细思量，我们可能不得不下一个结论，即中美关系现在恐怕已经有一只脚踏入了“修昔底德陷阱”。

从经济实力的角度来看，中国发展势头迅猛，“中国崩溃论”显然已破产，班农的“要么现在，要么永远也不”（遏制中国）的想法大概率已成美国精英阶层共识。过去 20 年中，每隔三五年，在国际上“中国崩溃论”都会来一次，言辞灼灼，不少人深信中国经济必将迎来 20 世纪 90 年代日本泡沫破灭后的境地，日本的今天或许是中国能够争取到的“最理想”的明天。但出乎他们意料的是，中国经济挺过了一劫又一劫，到现在仍然在以较快的速度增长，而且新兴行业（如高端装备制造业、新一代信息技术、新能源汽车、医疗等）的发展势头也不错。展望未来，中国总体经济实力超过美国似乎只是时间问题。以美元现价计算，我国 GDP 在 2018 年占全球的比重达到 15.8%，比美国只少 8.4 个百分点；而以购买力平价国际元价格计算，我国 GDP 在 2014 年就超过了美国，现在占全球的比重达 18.7%，比美国还多 3.5 个百分点（见图 4–1）。未来 10 年无疑是中国经济总量全面赶超美国的时期，在此背景下，美国精英阶层对中国实力深深的焦虑感和遏制中国的紧迫感也就不足为奇了。

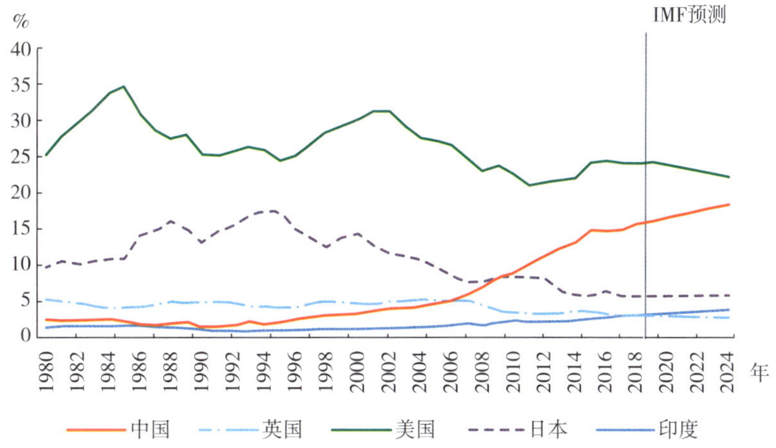

（a）基于现价GDP（当期汇率）计算的份额

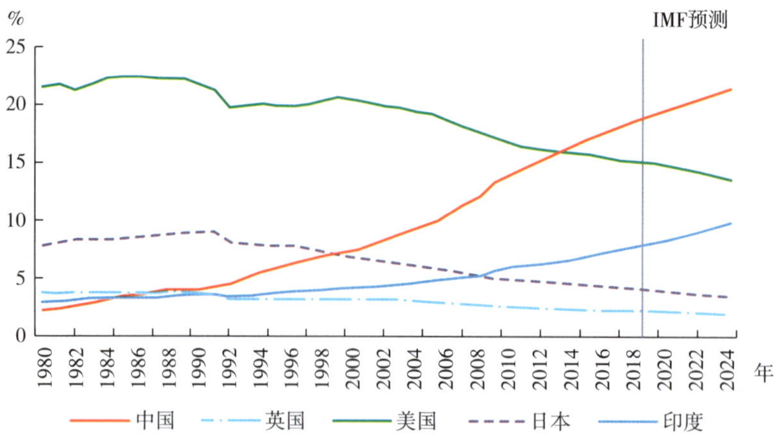

（b）基于购买力平价国际元价格计算的份额

图4-1　中国占世界经济份额显著提升

（资料来源：IMF，国泰君安证券研究所）

美国精英阶层的焦虑可能在很大程度上源于这么一个思考："美国第一"的实力和信仰一旦动摇，美国国际地位的下降可能是非线性的。第二次世界大战后，尤其是布雷顿森林体系解体后，全球建立了以美元为中心的货币金融体系——美元是全球贸易、投资的主要计价、结算货币，也是全球主要大宗商品计价货币，更是全球主要储备货币。该体系下，全球对美元的需求和追逐，在一定程度上容易使得美元币值被高估。虽然这会影响美国商品出口，但同样也给美国带来了廉价成本的贸易逆差以及低成本的全球资本——这些实际上也是广义铸币税的一种形式。事实上，美国经济自 20 世纪 70 年代以来，绝大部分时间都出现了"双赤字"（财政赤字和经常账户赤字）情形，而且这种情况愈演愈烈（见图 4-2）。但这一切都不妨碍在美元币值保持坚挺的同时融资成本不断下行，以 10 年期国债收益率为代表的融资成本出现趋势性下降。综合起来，美国整个国家的资产负债表在很大程度上处于一个"软预算"约束，而这一切来源于美国国力全球第一的信仰。因此，若美国综合国力（尤其是经济实力）被挑战，美国未来可能不得不过"紧日子"，当前的生产、生活方式将面临全面调整。美国与中国的竞争，说到底既是综合国力的竞争，也是美元和人民币国际地位的竞争。

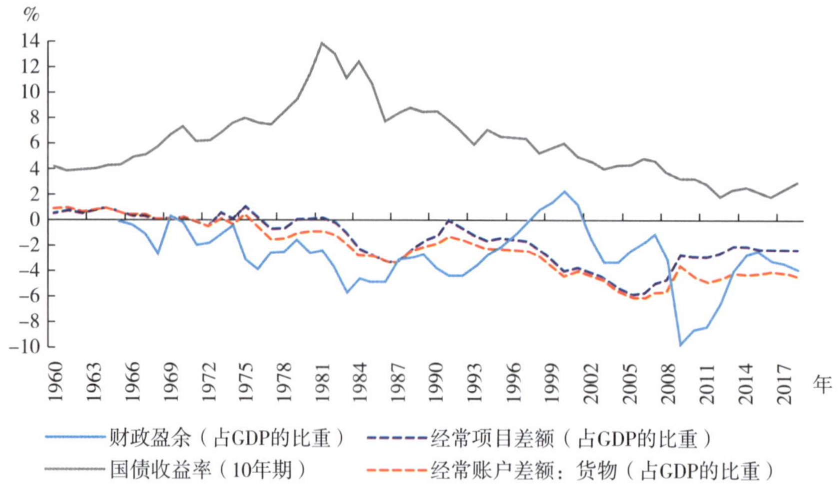

图4-2　20世纪70年代以来，美国经济绝大部分时间都出现"双赤字"情形

（资料来源：IMF，国泰君安证券研究所）

当然，除了上述深层次的原因，美国政府、精英阶层对中国还有着很多抱怨。

首先，最大的抱怨无疑是中国的政治、经济制度没有按照美国设想的那样向西方模式靠拢。美国寄希望于在向中国开放市场的过程中改造中国的种种制度，将中国纳入由其主导的政治、经济体系中。但在融入过程中，中国走出了自己特有的发展模式，即政府和市场并重的模式，被美国政府和精英阶层称为“国家资本主义”。这与美国的价值观相去甚远。对此，美国精英阶层有着深深的挫折感。

其次，美国精英阶层认为中国发展越来越具有进攻性，在地缘政治与军事上展露了更大的“野心”。深信麦金德和布热津斯基关于陆权的理论的美国精英阶层对“一带一路”倡议等表现出极大的担忧，认为很难再将中国限制在美国缔造的国际关系体系中。麦金德的“陆权论”、“心脏地带”理论非常有名，他的三段式警句是大多数人耳熟能详的：“谁统治了东欧便控制了心脏地带；谁统治了心脏地带便控制了世界岛；谁统治了世界岛便控制了世界。”布热津斯基的《大棋局》继承并发扬了麦金德的理论，认为欧亚大陆为“心脏地带”。大多数美国精英阶层仍以“争霸”和地缘政治思维看待连接欧亚大陆“一带一路”的合作共赢的倡议。

最后，美国商界对华也有不少抱怨，如在华营商环境、知识产权保护等问题。近年来，美国商界、企业界对中国的不满明显增多，主要来源于他们认为的在中国遭遇的不友好、不公正对待。根据中国美国商会发布的 2016 年度《中国商务环境调查报告》，81% 的美国公司认为外资企业在中国比以往更不受欢迎，60% 以上的企业认为中国政府在未来三年内不会进一步开放中国市场，55% 的在华美资企业认为受到了不公平待遇。另外，美国对外产权纠纷案件中，涉及中国（包括香港特区）的占一半以上。

三、未来中美经贸领域博弈的三个层次：贸易、技术、经济金融规则

前文所列逻辑和证据使得我们相信 2018 年以来的经贸摩擦、博弈或仅仅是未来一系列挑战的开始。美国政府、精英阶层在对中美关系进行全方位的反思（“清算”）和重新定位的同时，实际上已经开始行动——我们不应再有侥幸心理和幻想，而应该清醒地认识到双方关系将在未来较长时期内面临重大挑战。在经贸领域，美方将在“脱钩”的目标和“难脱钩”的现实之间摇摆，但大方向上遏制中国，至少不能再让中国“占便宜”已成定局。

在这个大逻辑、大趋势下，哪些领域有可能面临来自美国的摩擦和冲突？一般来说，国与国之间的经贸领域至少应该有三个层次的关系（见图 4–3）。

第一个层次是关税贸易方面。这是两个国家之间经贸领域最低层次也是最基本的双边关系。好的双边关系下，双方可以实行优惠税率，减少非关税贸易壁垒（如通关时间）从而增加经贸往来。反之，则会抬高税率、增加壁垒。目前中美摩擦主要就是这个层次，双方互征关税，增添贸易障碍。

第二个层次是科技（知识产权）方面。相比单纯的贸易，国与国之间的科技合作（如转让、买卖、共同开发等）显然需要更多的政治信任，尤其是当涉及关键领域的技术时。中美之间的科技合作本来就相对有限，现在就更不现实了，美国针对“中国制造 2025”和华为技术的围堵或只是开始。比较令人担

心的是这样的围堵会不会变成某些国家集团的协定，类似《瓦森纳协定》① 那样的安排，换句话说，将瓦森纳安排蔓延到民用技术。

第三个层次是全球经济、金融规则方面。两国或多国之间关于国际经济规则（尤其是贸易规则）和国际金融规则方面的某种协调安排、合作一定需要当事国之间非常高的政治信任。而后者只是前者的必要非充分条件，因为这些安排很有可能对主权利益有所削弱，例如，欧盟成员国（尤其是欧元区）为了共同市场而放弃了国内货币政策和大部分财政政策。而两个意识形态不太一致的国家往往会在这块交锋，只不过到目前为止尚未出现严重对立。

这三个层次是我们考虑未来中美经贸摩擦的基准——我们认为中美双方博弈必将贯穿这三个领域。但值得一提的是，这三个层次之间虽然有一定的内在逻辑关系，但短期变动的方向并不见得一致。例如，双方可能在关税贸易层面上有所缓和，但仍然有可能在科技领域、经济与金融规则方面（如人事战）持续冲突。

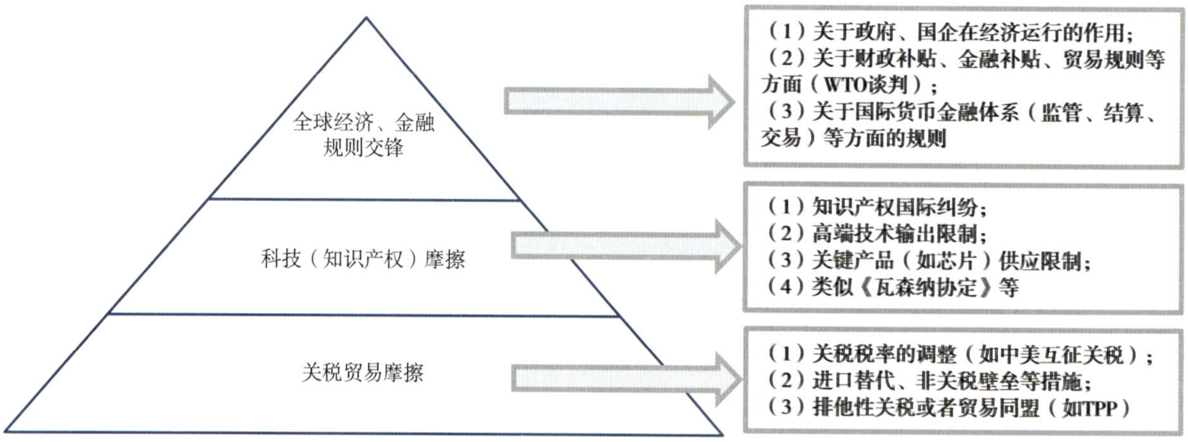

图4-3 国与国之间经贸领域三个层次的冲突

（资料来源：国泰君安证券研究所）

第二节 中美经贸摩擦可估测的金融风险：贸易对经济的压力

经贸领域的摩擦给一国的进出口、产业链迁移所带来的压力及其对相关产出和就业的影响在很大程度上是可以估测的。本部分就当前中美经贸摩擦的关税成本、经济福利损失、产业转移所带来的就业压力等相关影响和风险进行估测。

一、中美经贸摩擦在特朗普政府时期不断升级的三个阶段

自 2017 年美国开启针对中国的“301 调查”至今，中美双方贸易磋商进行了十几轮，两国元首高峰

① 《瓦森纳协定》（The Wassenaar Arrangement on Export Controls for Conventional Arms and Dual-Use Good and Technologies，《关于常规武器和两用物品及技术出口控制的瓦森纳协定》）共有美国、日本、英国、俄罗斯等 40 个成员国，是针对当前社会主义国家限制敏感技术出口的协定。“瓦森纳安排”规定成员国自行决定是否发放敏感产品和技术的出口许可证，并在自愿基础上向其他成员国通报有关信息。但实际上经常受到美国控制，如捷克拟向中国出口“无源雷达设备”时，美国便向捷克施加压力，迫使捷克停止了这项交易。

会晤了两次，但总是反反复复，在希望和恐慌之间轮回。总体说来，可以分为三个阶段，而且是不断升级的三个阶段（见图 4–4）。

第一阶段（2018 年 4 月至 7 月），美国结束“301 调查”后，开启针对来自中国的第一批商品（价值 500 亿美元）加征 25% 的关税，并对中兴通讯公司进行制裁。首批商品大部分是中国向美国出口的强项商品，尤其是与“中国制造 2025”相关的行业。

第二阶段（2018 年 8 月至 2019 年 4 月），关税战开始升级，蔓延到额外 2000 亿美元商品，但 G20 阿根廷峰会后两国休战 90 天，而且谈判不断传来好消息，按官方口径，至少 90% 的双方贸易协议已经谈成。

第三阶段（2019 年 5 月至 2020 年 1 月），这是美国对华摩擦全面升级的阶段，关税战开始向全部商品蔓延，不仅如此，双边摩擦也开始由关税向技术、金融领域恶化。美国以国家安全为由，开始对华为海外市场和关键技术、软件供应进行制裁。除此之外，美方似乎对中方银行开始了调查，并在人民币对美元汇率破 7 之时，宣布中国为“汇率操纵国”，大有冲突全面升级之势。不过，中美经贸摩擦在第十三轮谈判中再次暂缓升级，并于 2019 年 12 月 13 日表示经过中美两国经贸团队的共同努力，双方在平等和相互尊重原则的基础上，已就中美第一阶段经贸协议文本达成一致。双方于 2020 年 1 月 15 日正式签署第一阶段经贸协议，但所加征关税没有任何迹象表明会取消。

图4–4　中美经贸摩擦三阶段升级（2017年8月至2019年10月）

（资料来源：国泰君安证券研究所整理）

二、关税承担的微观证据：90%以上由美方承担，制约后续美方行动

关税到底是哪方在承担呢？这个问题有别于经济福利损失，但仍然有意义，因为回答这个问题有助于我们理解后续美方最终能把关税提到多高的水平。我们利用美国国际贸易委员会（USITC）公布的 HS 八位码上万种商品数据发现：美方承担了绝大部分关税，2500 亿美元商品新征关税约 90% 由美方负担，剩余 3000 亿美元商品恐怕美方负担的比例会更高，因此，美国后续继续加征中国商品的空间相对有限，因为这会对美国通胀和成本影响越来越大。

我们用两种测量方法来研究这一问题：（1）利用双重差分法（difference-in-difference）来计算美国进口中来自中国和其他国家的商品的“不含税价”“含税价”在加征关税前后的变化；（2）利用计量模型测算美国相关进口商品的“不含税价”“含税价”和进口数量相对于关税实际税率的弹性。数据样本区间是 2017 年 1 月至 2019 年 6 月。另外，测算中用到以下基本概念：

不含税单价 = 不含税的到岸金额（CIF Import Value）/ 数量（Quantity）

含税价格 = 进口完税总金额（Landed Duty-Paid Value）/ 数量（Quantity）

实际关税税率 = 应缴关税（Calculated Duties）/ 进口到岸金额（CIF Import Value）

（一）不同清单下商品价格的变动（双重差分法测算）

我们按照美国加征关税的顺序把美国全部进口分成 4 批商品（340 亿美元清单、160 亿美元清单、2000 亿美元清单和剩余 3000 多亿美元清单）进行测算，并按原产地把这些商品分为中国商品和其他国家商品来做对比研究（详细对比结果见本章附录）。

附录清晰地展示了以下内容：

- 不含税价（美元价）：中国企业因为美国关税而降价了吗？虽然在微观调研中，有些企业表明愿和美方分担部分关税，但在商品数据中我们没有发现系统性降价。美国加征关税后，美国从中国进口商品的不含税价格变动趋势与其他国家的趋势没有差异（见图F1至图F6）。甚至，有些清单还显示，美国从其他国家进口商品的不含税价格变动还低于来自中国商品的不含税价格变动。
- 含税价（美元价）：若中国企业没有降价，那中国商品的含税价格是否显著上升？结果是的。加收关税的商品，美国从其他国家进口的含税价格变动确实显著低于从中国进口的含税价格变动。而没有加收关税的商品（或者加收关税的商品在加征关税之前），美国从中国进口的含税价格增速与从全球其他地区进口的含税价格增速没有显著差异：
  - √ 在加收关税之后，美国从中国进口的含税价格增速与从全球其他地区进口的增速显著拉开（见图F7至图F9）；
  - √ 对于暂时还没有加收关税的商品，美国从中国进口的价格增速和从其他国家进口的价格增速目前仍保持一致（见图F10至图F11）。

（二）价格和数量变动弹性（计量弹性测算法）

在上述双重差分法的基础上，我们可以进行更加系统的计量以测算各种价格和进口数量对关税的弹性。在控制商品所在大类行业后，我们的测量结果是：

- 对于不含税价格，关税税率每变化1个百分点，对不含税价格有-0.03个百分点的影响，但统计上不显著；
- 对于含税价格，关税税率每变化1个百分点，对含税价格的影响是1.1个百分点，且统计上显著；
- 对于进口量，关税税率每变化1个百分点，美国进口数量将下降2.2个百分点，进口金额（不含税）同样下降约2.2个百分点。统计上都显著。

（三）已征关税清单中，美方承担90%以上的税收成本

在我们测算的2500亿美元清单中，美国厂商承担了近90%的关税。过去一年中，我国部分行业（主要是农业、家具、部分金属类行业、汽车零配件等）的确调低了价格，但这些商品的范围相对比较小。我们通过比较美国从中国与从其他地方进口某一类商品的价格变化（近6个月）来衡量从中国进口价格受关税影响程度。以第15类贱金属及其制品为例，近6个月中，我国商品价格变动相较于美国从其他国家进口价格增速低约3.35个百分点，如果按照10%的关税税率，则我国承担了约33.5%的关税成本；如果按照25%的关税税率，则承担约13.5%的关税成本。在这个基础上，我们以2018年进口的金额作为权重，加权计算整体关税承担情况（见表4-1）。这种方法有个严格的假设，即在过去6个月中，该行业在中国和其他国家技术、成本变动情况大体一致。

我们认为剩余3000多亿美元商品的价格可能更多由美方负担，除非人民币汇率明显贬值。目前剩余3000多亿美元商品主要是消费品，替代弹性比较低，而且中国企业的利润率更低，降价空间更小。

表4-1　各个大类行业中我国关税潜在承担情况

编号	分类	340亿美元清单2018年的进口金额	160亿美元清单2018年的进口金额	2000亿美元清单2018年的进口金额	3000亿美元清单2018年的进口金额	降价比例r（%）	关税承担下限（%）	关税承担上限（%）
1	第1类　活动物；动物产品	0.00	0.00	26.07	2.96	3.50	14.00	35.00
2	第2类　植物产品	0.00	0.00	10.56	6.44	11.10	44.40	100.00
3	第3类　动、植物油、脂、蜡；精制食用油脂	0.00	0.00	0.16	0.47	25.03	100.00	100.00
4	第4类　食品；饮料、酒及醋；烟草及制品	0.00	0.00	31.47	4.60	3.75	15.00	37.50
5	第5类　矿产品	0.01	0.01	14.11	1.61	3.67	14.68	36.70
6	第6类　化学工业及其相关工业的产品	0.03	0.11	128.47	36.96	0.00	0.00	0.00
7	第7类　塑料及其制品；橡胶及其制品	0.00	25.60	127.79	106.99	0.00	0.00	0.00
8	第8类　革、毛皮及制品；箱包；肠线制品	0.00	0.00	79.13	0.00	0.00	0.00	0.00
9	第9类　木及制品；木炭；软木；编结品	0.00	0.00	36.78	10.11	0.00	0.00	0.00
10	第10类　木浆等；废纸；纸、纸板及其制品	0.00	0.00	39.56	112.60	0.00	0.00	0.00
11	第11类　纺织原料及纺织制品	0.00	0.00	45.44	380.40	0.00	0.00	0.00

续表

编号	分类	340亿美元清单2018年的进口金额	160亿美元清单2018年的进口金额	2000亿美元清单2018年的进口金额	3000亿美元清单2018年的进口金额	降价比例r（%）	关税承担下限（%）	关税承担上限（%）
12	第12类　鞋帽伞等；已加工的羽毛及其制品；人造花；人发制品	0.00	0.00	17.32	174.96	0.00	0.00	0.00
13	第13类　矿物材料制品；陶瓷品；玻璃及制品	0.00	0.17	62.28	28.42	29.88	100.00	100.00
14	第14类　珠宝、贵金属及制品；仿首饰；硬币	0.00	0.00	1.02	30.66	17.76	71.04	100.00
15	第15类　贱金属及其制品	0.00	10.05	159.48	62.91	3.35	13.40	33.50
16	第16类　机电、音像设备及其零件、附件	245.80	102.64	1000.93	1654.77	0.00	0.00	0.00
17	第17类　车辆、航空器、船舶及运输设备	31.50	13.19	147.46	7.36	23.87	95.48	100.00
18	第18类　光学、医疗等仪器；钟表；乐器	44.36	6.64	17.70	45.78	0.00	0.00	0.00
19	第19类　武器、弹药及其零件、附件	0.00	0.00	0.00	1.60	0.00	0.00	0.00
20	第20类　杂项制品（主要是家具、玩具等）	0.00	0.00	348.50	511.50	0.00	0.00	0.00
21	第21类　艺术品、收藏品及古物	0.00	0.00	2.90	2.90	0.00	0.00	0.00
合计		321.70	158.42	2297.13	3184.00			
2500亿美元下，利用进口金额加权，我国总体关税承担比例上限为12.6%，下限为10.2%，美国承担近90%。								

资料来源：USITC，USTR，国泰君安证券研究所。

三、中国因关税而生产、投资和就业中长期受损，影响金融稳定

经济福利损失与关税承担并不是一回事，关税承担的涉及的是哪方支付关税，而经济福利损失涉及因关税而引起经济主体行为变化所带来的影响。关税承担的是加征关税后非常直接、短期的行为变化，往往受该类商品的短期替代弹性、受影响国的企业盈利能力等因素影响；而经济福利损失更加复杂，需要考虑关税对各类经济主体生产、消费行为的影响，在国际贸易里面则要考察贸易和全球产业链的受影响程度，因此关键是看中长期影响。从中长期来看，考虑到生产在全球范围内配置，很难找到一个制造业产品是不可替代的，因此贸易摩擦的最终结局往往是出口方受损更大。

（一）美国加征关税后，中国对美出口因被替代或主动转口贸易而明显减少

自中美经贸摩擦开启以来，中国对美出口以及整体出口增速不断回落，给出口链条上的制造业带来很大压力。虽然美国海关数据显示关税主要由美方承担，但中国对美国相关产品出口出现大幅下降：前期先行加征关税的500亿美元清单商品出口已经下降40%左右，后期的2000亿美元商品也下降了30%左右（见图4-5）。而同期其他国家对美国相关产品出口却没有出现如此幅度的下降（见附录）。相应地，

出口相关的产业链景气度大幅回落：劳动密集型行业（如家具类、纺织业等）拖累化学纤维、化学原料等中游工业品（见图 4–6）；计算机 / 光学设备类、电气设备类等高技术型商品的出口压力拖累通用设备、金属制品（见图 4–7）。

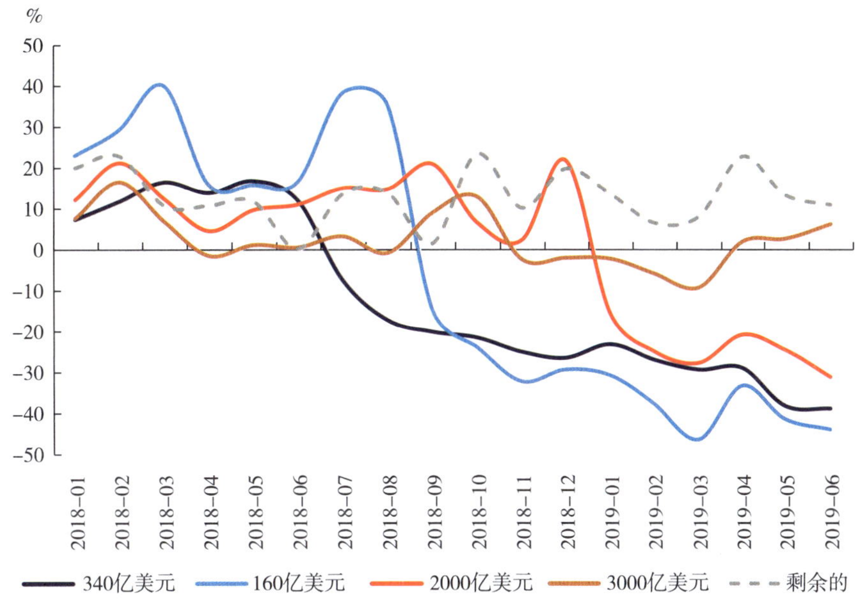

图4–5　不同加税清单商品美国从我国进口增速变化

（资料来源：USITC，USTR，国泰君安证券研究所）

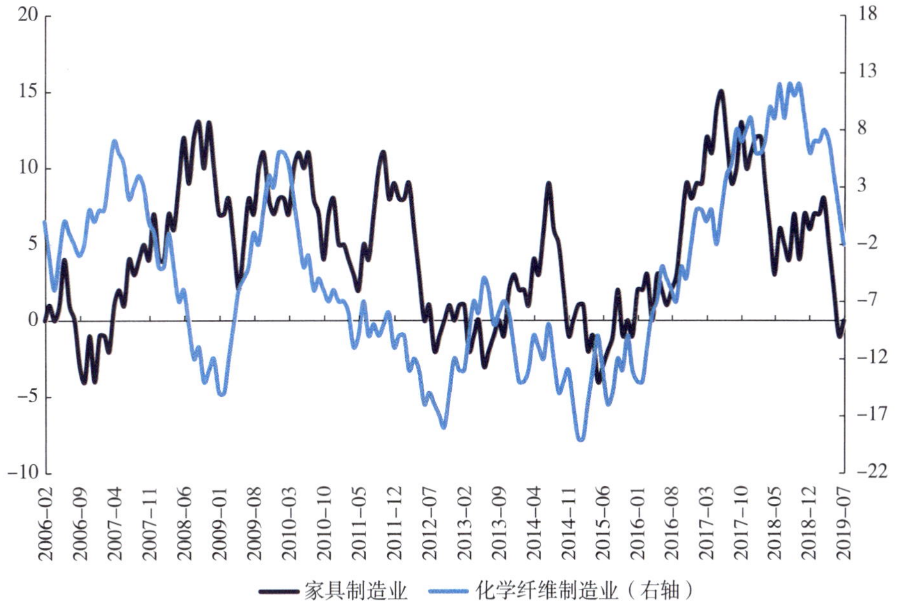

注：我们用量、价来共同衡量一个行业的景气度，我们将量的上升或下降记为+2或–2，将价的上升或下降记为+1或–1，则从行业层面可以得到+1（量升价跌）、+3（量价齐升）、–1（量跌价升）和–3（量价齐跌）四种情况。我们将2006年1~2月记为基期，景气度为零（因为分行业工业增加值增速数据从该时点开始），在后续每期加上当期的景气度变动情况进行累加。

图4–6　家具及化学纤维行业景气度快速下滑

（资料来源：Wind，国泰君安证券研究所）

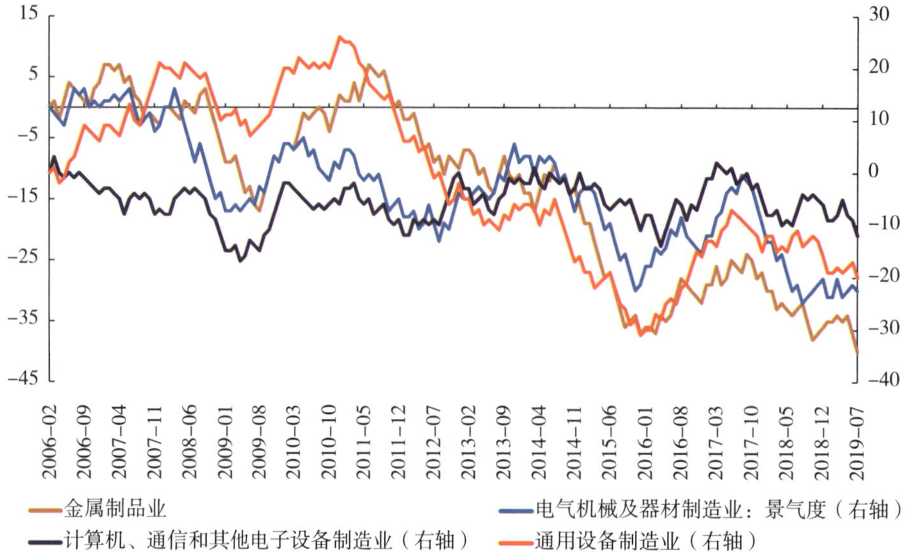

注：我们用量、价来共同衡量一个行业的景气度，我们将量的上升或下降记为+2或-2，将价的上升或下降记为+1或-1，则从行业层面可以得到+1（量升价跌）、+3（量价齐升）、-1（量跌价升）和-3（量价齐跌）四种情况。我们将2006年1~2月记为基期，景气度为零（因为分行业工业增加值增速数据从该时点开始），在后续每期加上当期的景气度变动情况进行累加。

图4-7　出口的电气设备等相关产业链景气度下滑

（资料来源：Wind，国泰君安证券研究所）

那美国进口中减少了的中国部分分流到了什么地方呢？从数据上来看，中国对美国部分出口正在被越南、泰国、日本、韩国、中国台湾、印度等国家和地区所替代。一些技术水平相对偏低的劳动密集型产品正在被一些新型市场所替代，如越南、印度、泰国等地。以男式、男童套装为例，来自中国进口的在2019年上半年同比下降了50%多，而同期来自印度的则上升近60%（见表4-2）。而一些技术水平相对较高的或资本密集型产品被日本、韩国和中国台湾取代，如一些电子产品、机电设备等。

表4-2　不同加税清单商品美国从我国进口增速变化（2019年1~6月）

产品	中国	印度	泰国	越南	韩国	中国台湾	日本	印度尼西亚	马来西亚
合成纤维制男式或男童套装	-51.4%	58.9%							
婴儿服装及服装辅料	-41.4%	25.0%	17.1%						
人造纤维制女式或女童套装，针织或钩编	-28.5%	7.0%		29.5%					
ADP磁盘驱动器存储单元	-39.5%		31.8%		6.3%	11.7%			
用于造纸或纸板的压延机或类似的压延机	-25.3%				1.3%		17.7%		
印刷电路	-25.1%		0.5%	0.4%	2.5%	15.7%	0.1%		1.4%
一种电信用导体	-24.7%		0.1%	12.4%	1.4%	10.0%			0.3%
无线电接收器	-18.4%			6.0%		1.5%	0.2%		14.2%
家具部件	-40.0%	0.3%	0.2%	35.3%		0.2%			3.6%
蜂窝橡胶或塑料制床垫	-26.6%		0.5%	11.1%		0.8%		3.8%	3.5%
椅子（木制框架）	-10.6%			6.4%				0.2%	0.7%

资料来源：USITC，USTR，国泰君安证券研究所。

这些分流是中国商品被别国替代了还是中国企业自己主动通过转口贸易来规避美国关税？我们认为兼而有之。如果是通过转口贸易，我们会看到中国对被分流国家的出口明显超过基本面的上行；如果是被替代的，则中国对被分流国的出口并不会明显上行。过去一年中，中国向美国出口明显下降，对日本、印度等国的出口也比较低迷，但对欧洲有些反弹（近期也在走弱），对东盟的出口则在持续反弹（见图 4–8）。结合中国出口国别数据和美国进口国别数据，我们可以看出中国向美国出口的减少部分，有一部分是被替代的（尤其是日本、韩国、中国台湾、印度等），也有一部分是通过东南亚（尤其是越南、泰国）进行转口贸易的。虽然转口贸易短期内对我国影响不大，但长期下去这些转口贸易企业可能会直接在海外生产，而且美国也不太可能允许这种规避关税的方式永远存在下去。因此，美国关税对全球产业链变迁以及我国在全球产业链中的作用必将产生深远影响。

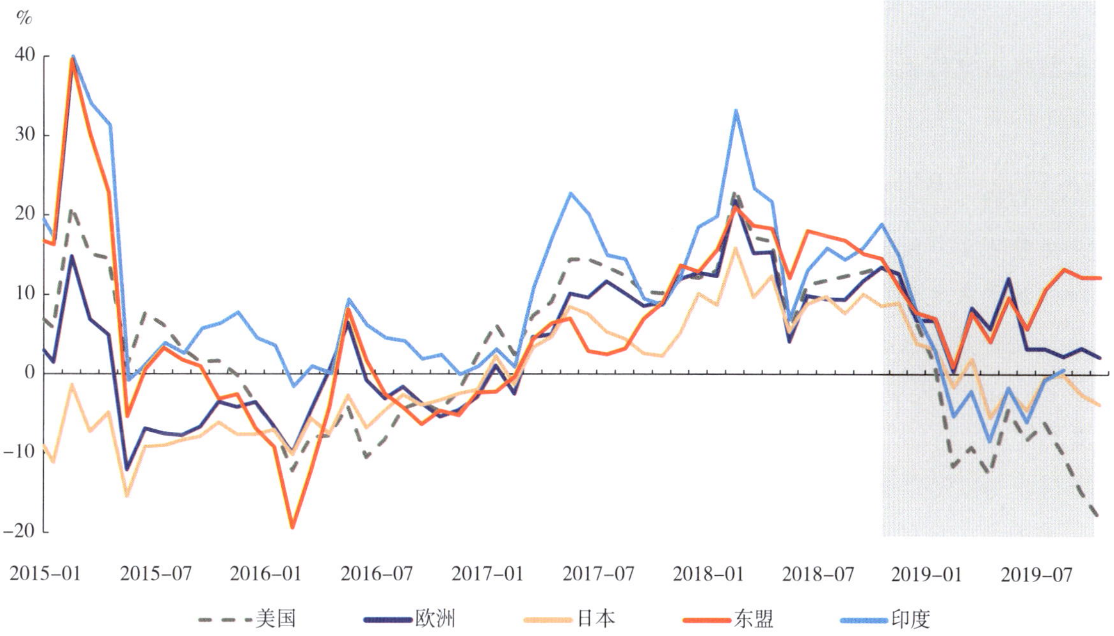

图4–8　中国向主要经济体的出口增速变化情况（3个月移动平均）

（资料来源：CEIC，国泰君安证券研究所）

（二）中美经贸摩擦或拖累我国GDP增速2020年累计达0.6个百分点，长期1.3个百分点

当前中美经贸谈判面临着比较大的不确定性，最稳妥的测算方法就是以当前美国加征关税的方案为基准情形，即前两批共 2500 亿美元商品加征 25% 的关税和剩余 3000 多亿美元商品加征 10% 的关税。

估算美国关税对中国出口及 GDP 增速影响的方法大体上可以分为两种：（1）比较直接的弹性法，计算美国各种进口产品的替代弹性、中国商品整体在美国的价格弹性；（2）比较系统性的大型 CGE、DSGE 模型（如 IMF 使用较多的 GIMF 模型）。两种方法各有优劣，前者比较直观明了，容易理解，市场用得比较多；后者更注重全面系统性的传导和影响，IMF、中央银行等机构用得比较多。

测算美国关税对中国出口的影响时，我们主要参考弹性法来计算，先测算中国对美国整体出口的价格弹性，然后再使用具体商品的替代弹性来补充整体价格弹性。

1. 中国对美国整体出口的价格弹性、收入弹性和东南亚对我国的替代弹性

借鉴 Willem Thorbecke（2006）的计量方法[①]，我们利用误差修正模型（ECM）估算 log（CN_{EXP}）、log（$\frac{RMB}{USD}$RER）、log（$\frac{ASEAN4}{USD}$ RER）、log（US GDP）之间的长期协整关系，并在这个框架下估算局部均衡下的中国对美国出口的长期价格弹性、收入弹性和别国对我国的替代弹性。加征关税，和人民币实际汇率升值结果类似，抬升了中国商品的成本，降低中国商品在美国市场甚至国际市场上的竞争力，可能使得一部分中国对美国的出口流失，被其他国家商品所替代，因此在价格方面，我们主要用的是双边实际汇率指数。数据样本是中美经贸摩擦开启之前的 2001 年第一季度至 2017 年第四季度的时间序列。测算发现：

- log（$\frac{RMB}{USD}$RER）是我们主要关心的人民币对美元实际汇率，协整关系中该变量系数反映的是中国对美国整体出口的长期价格弹性，测算的结果是2.08（5%的统计显著性水平），即中长期下，中国商品整体价格下降1%，中国对美出口增加2.08%；
- log（$\frac{ASEAN4}{USD}$ RER）是东盟四国（印度尼西亚、马来西亚、菲律宾和泰国）货币对美元的实际汇率，协整关系中该变量系数反映的是东南亚价格水平对我国出口的长期影响（长期替代弹性）——之所以加进来主要是考虑到东南亚与中国在美国市场的替代性、竞争性关系。测算的结果是−1.97（1%的统计显著性水平），即中长期下，东南亚商品价格上升1%，中国对美出口增加1.97%；
- log（US GDP）是美国名义GDP水平，反映了美国收入对其进口的影响（长期收入弹性），测算的结果是4.64（1%的统计显著性水平），即美国GDP上升1%，中长期下可以拉动中国对美出口达4.64%。

2. 分行业的替代弹性

由于美国所加征的关税是按照不同批次不同税率来的，因此分行业的替代弹性有助于我们判断其对经济形势的影响。不过，要计算中国商品在美国市场对其他国家的替代弹性实际上非常困难，数据也有限。但在国际贸易学术文献中，分析美国贸易政策时，经常用到的是美国学界估测的进口替代弹性（Armington 替代弹性），该弹性经常被用于分析“边界效应”以及为大型一般均衡模型提供参数。Gallaway et al.（2003）测算了 309 个制造业行业短期和长期的 Armington 替代弹性。[②] 平均来说，美国短期 Armington 替代弹性不足 1，而长期替代弹性比短期替代弹性高约 2 倍（见图 4-9）。我们大体上可以利用这个弹性作为中国商品被替代的弹性的下限。

① Willem Thorbecke. How Would An Appreciation of the Renminbi Affect the US Trade Deficit with China? [J]. Topics in Macroeconomics, 2006, 6（3）:1454—1471. 用向量误差矫正模型（Vector Error Correction Model）和动态最小二乘法模型（Dynamic OLS）来估测协整关系和长期弹性。

② M. P. Gallaway, C. A. McDaniel, S. A. Rivera. Short-run and long-run industry-level estimates of U.S. Armington elasticities [J]. *North American Journal of Economics and Finance*, 2003（14）: 49–68.

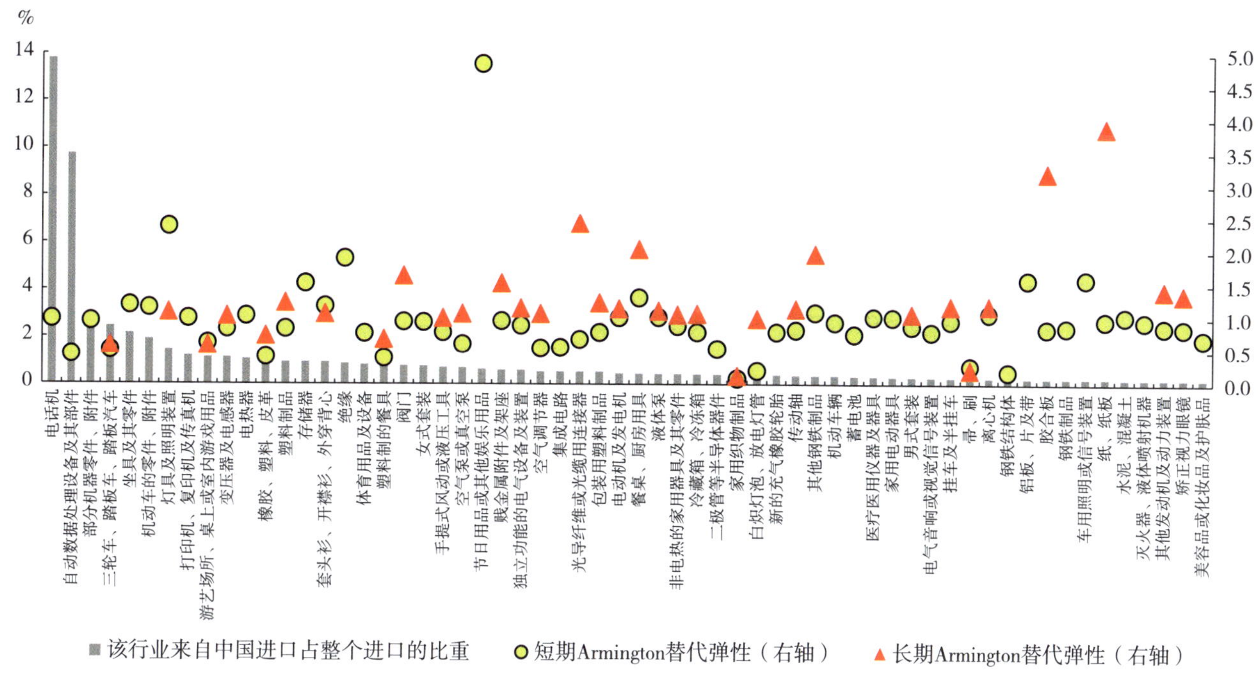

注：（1）行业为HS-2位码分类。（2）UN Comtrade数据库2017年数据。（3）三角形点和圆圈分别代表美国相应行业的Armington替代长期、短期弹性。部分行业的长期替代弹性缺失。（4）图中所列行业为占比0.2%及以上的行业，加总共占美国从中国进口约95%的比例。

图4-9 美国长期、短期Armington替代弹性（按照中国对美出口主要商品来排序）

（资料来源：Gallaway et al.（2003），UN Comtrade，国泰君安证券研究所）

3. 出口对 GDP 的贡献

参照王俊杰（2012）[①] 等的研究，我们用自回归分布滞后模型（Autoregressive Distributed Lag Model）来测算中国 GDP 增速和中国出口增速的弹性，结果大多稳定在四个季度累计弹性为 0.163（统计显著性水平为 1%），即出口增速提高 1 个百分点，一年以后能够累计对 GDP 贡献 0.163 个百分点。我们测算的结果略低于王俊杰（2012）等的测算结果（0.18），可能主要是因为近年来出口对经济的贡献度有所回落。

4. 美国关税对中国经济影响概况

综合以上三组弹性的测算，目前美国对我国加征关税的方案（2500 亿美元商品 25% 的关税，3000 亿美元商品 10% 的关税）对我国经济的影响是：

- 短期来看（主要影响在2020年）：当前美国关税方案或影响我国对美出口达17个百分点，影响我国总出口4个百分点，拖累我国GDP增速累计达0.6个百分点；[②]
- 中长期来看（2020—2025年）：当前美国关税方案或影响我国对美出口达35个百分点，影响总出口8个百分点，拖累我国GDP增速累计达1.3个百分点。

我们也测算了当前美国关税方案在中长期或降低我国工业增加值 2.2 个百分点，并影响 1 个百分点的制造业工人就业。按照上述各行业出口的测算结果（中长期情形），并参照商务部公布的各行业出口值、工业增加值和就业水平的对应表，我们可以计算这些关税对我国受影响行业的产值和就业影响。总共将有 420 多万产业工人需要重新就业，其中机电和音像设备等（88 万人）、木材加工品和家具（58 万人），

① 王俊杰 . 论出口对中国经济增长的贡献 [J]. 当代经济，2012（7）. 该研究估算的 GDP 对出口的弹性是 0.18。

② IMF 利用其大型模型最新测算中美经贸摩擦影响 2020 年 GDP 增速达 0.8 个点。

以及服装鞋帽皮革（56 万人）为就业人数受影响最多的行业。

表4-3 美国对我国2500亿美元商品加征25%的关税，3000亿美元商品加征10%的关税，或短期影响我国GDP达0.6个百分点，中长期影响我国GDP达1.3个百分点

规模	征收税率	Thorbecke估计方法（长期）		Gallaway估计方法（短期）		Gallaway估计方法（长期）	
		总体出口下降（%）	GDP增速下降（个百分点）	总体出口下降（%）	GDP增速下降（个百分点）	总体出口下降（%）	GDP增速下降（个百分点）
500亿美元	25%	1.05	0.17	1.0−	0.16−	1.0+	0.16+
2000亿美元	25%	4.20	0.68	1.3~2.0	0.21~0.33	1.7~3.4	0.28~0.55
3000亿美元	10%	2.52	0.41	0.7~1.0	0.11~0.16	1.5~3.0	0.24~0.48
合计		7.77	1.27	3.0~4.0	0.4~0.6	3.2~7.4	1.10

资料来源：国泰君安证券研究所。

表4-4 美国关税或降低我国工业增加值达2.2个百分点、就业1个百分点

行业	2500亿美元商品加征25%的关税		2500亿美元商品加征25%的关税，3000亿美元商品加征10%的关税	
	增加值影响（万美元）	就业影响（万人）	增加值影响（万美元）	就业影响（万人）
农林牧渔产品制造	108145.7	2.9	121172.1	3.3
矿产品	42918.0	1.3	42918.2	1.3
食品；饮料、酒及醋；烟草及制品	120261.1	17.6	125719.9	18.4
纺织原料及纺织制品	177159.8	4.8	832356.6	22.8
服装鞋帽皮革羽绒及其制品	227975.5	39.0	327907.1	56.1
木材加工品和家具	91847.9	35.4	110805.3	42.7
造纸印刷和文教体育用品	92103.6	45.7	115879.8	57.5
化学产品	320523.0	37.8	383990.1	45.3
非金属矿物制品	639053.2	9.8	737995.7	11.3
贱金属及其制品	659998.2	33.7	783052.6	40.0
机电、音像设备及其零件、附件	2467929.2	71.8	3226740.9	88.2
车辆、航空器、船舶及运输设备	643718.1	22.8	658263.8	23.4
仪器仪表	167070.1	5.2	219470.4	6.8
其他制造产品	1018505.7	3.0	1462619.6	4.4
合计	6777208.9	335.8	9148892.1	424.4
导致工业增加值受损比例和失业率增加情况	1.6%	0.8%	2.2%	1.0%

资料来源：Gallaway et al.（2003），商务部，国泰君安证券研究所。

第三节 中美经贸摩擦下我国外迁路径、规模及其金融风险

在微观调研中我们和企业家交流时，大部分企业家（无论有没有直接受到中美经贸摩擦的影响）都表示自己的企业有多元化生产的需求：目前在中国经营，环保成本、劳动力成本不断上升，外围不确定性又不断加剧，企业生产多元化是必然的选择。一些韩资、日资企业（如三星、夏普等）把主要生产基

地搬到越南，一些台资企业选择回我国台湾生产。国内企业家也在积极调研，准备在海外投产。许多国内企业家都提到了“与其让美国在海外培育我们的竞争对手，不如我们自己走出去”，这样的理念似乎正成为企业家们的共识。因此，此次经贸摩擦远比直接对生产、投资所带来的冲击要持久和深远，因为它刺激了新一轮全球产业链迁移，即部分制造业搬离中国去往东南亚、墨西哥、印度等地。

那么到底哪些行业可能搬离中国？最终转移规模有多大？这些转移会产生多大的就业压力？这些是政府、企业和市场都非常关心的产业空心化课题，但坦率地讲，影响产业转移的因素很多，不确定性较大，经济学只能做部分估测。这里我们也是进行一些初步探讨。

一、中国参与全球产业链、价值链的现状

我们先从全球投入—产出表（WIOD）出发探讨下在产业链上与我国紧密联系的经济体和相关行业。

在进口及其上游相关产业链方面，我们以国内进口额较高以及中间品外部依赖度较高为依据，发现主要行业有计算机、电子、光学设备；机械；汽车；电气设备；食品饮料烟草；焦炭和成品油制造。我们对行业上游国家及投入占比进行了汇总额分析，发现从行业直接进口的角度看，日本、韩国、中国台湾、德国、美国等基本位居各行业前列，中国的主要贸易伙伴无论是从直接消费进口角度还是上游中间品投入角度都保持了相对重要的位置（见图 4–10）。

在出口及其主要相关产业链方面，我们以对外出口额以及中间品外部需求较高为标准，梳理出计算机、电子、光学设备；机械；纺织服装；化工等几个主要行业。无论是成品还是中间品，主要去向都是美国、德国、日本、韩国、中国台湾等（见图 4–11）。

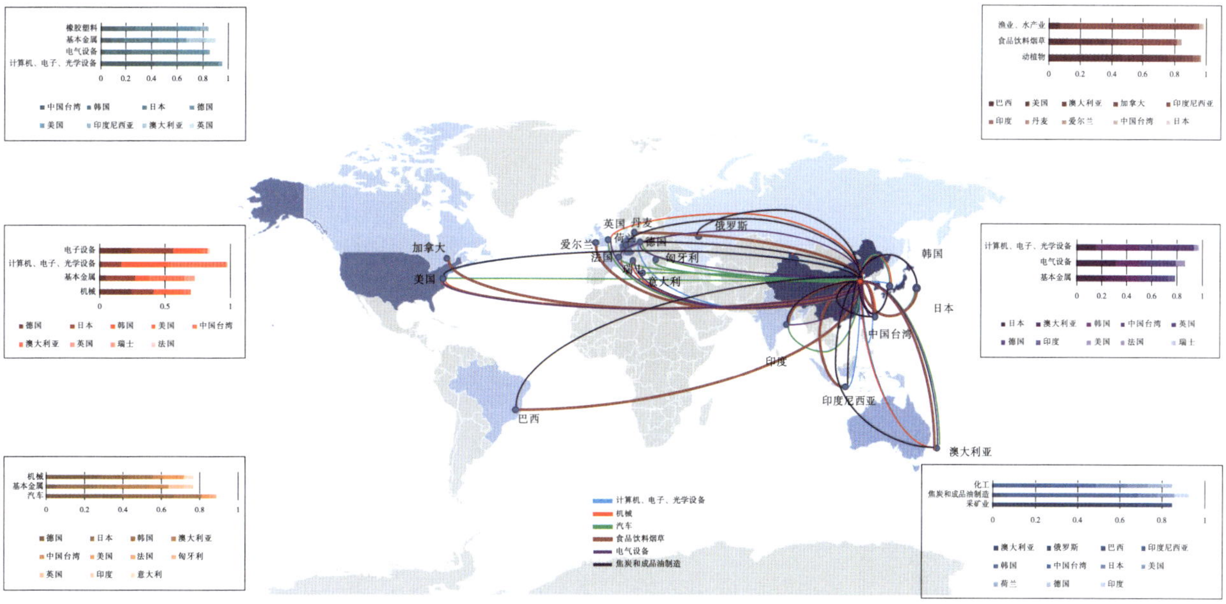

注：柱状图显示的是主要进口行业拉动的上游行业（按重点国家、区域分）。

图4–10　中国主要进口国家/地区及相关行业对上游的拉动

（资料来源：Wind，国泰君安证券研究所）

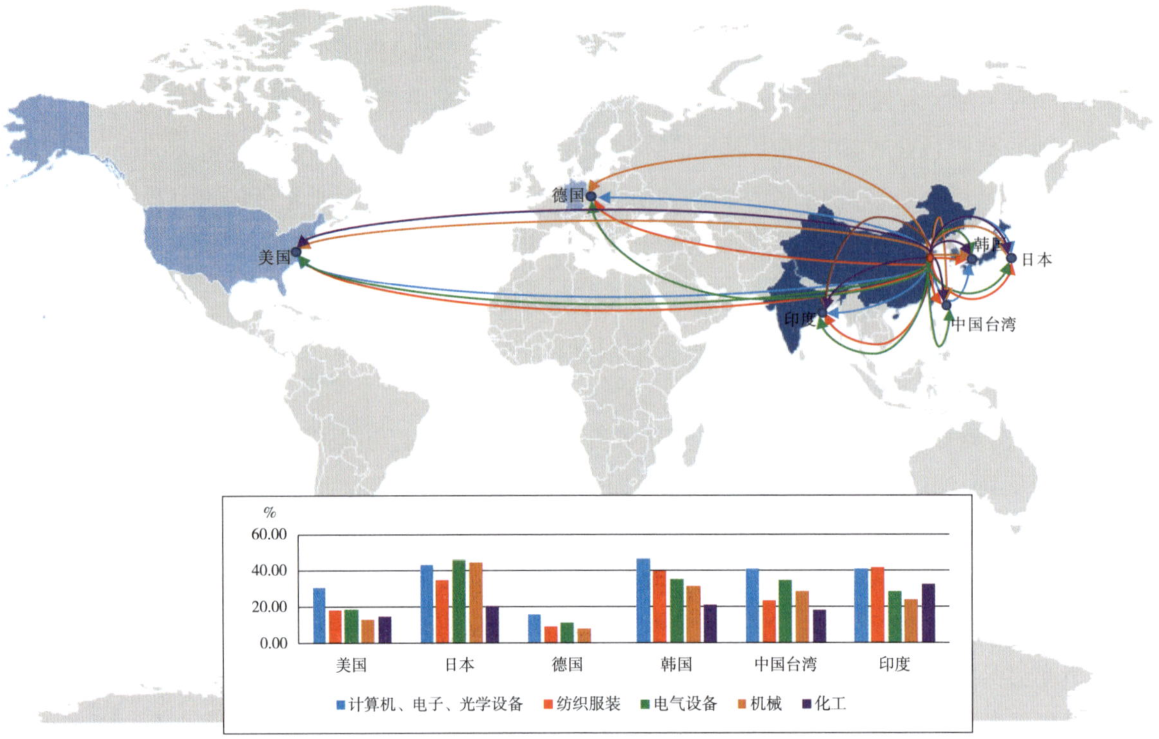

注：柱状图部分是中国对该国/地区出口部分占该国/地区进口的比重。

图4–11　中国主要出口市场及下游行业占对方整个进口的比重

（资料来源：Wind，国泰君安证券研究所）

我们进一步利用 Koopman 全球价值嵌套或者参与指数（GVC Participation Index）及其 GVC 位置指数（GVC Position Index）来评估中国在全球价值链中的位置：[①]

$$\text{GVC 参与指数}=\frac{i\,\text{行业中间品出口的国内增加值}}{i\,\text{行业出口额}}+\frac{i\,\text{行业出口的国外增加值}}{i\,\text{行业出口额}}$$

$$\text{GVC 位置指数}=\text{in}（1+FP）-\text{in}（1+BP）$$

GVC 全球价值嵌套或参与指数的第一项也被称作前向参与度（FP），第二项表达出口中国之外贡献的成分占比，被称为后向参与度（BP）。参与指数越高，代表该行业在全球价值链中的参与程度越高。GVC 位置指数是基于前向参与度与后向参与度构建的，描绘了行业在全球价值链中相对的上下游位置。如果某行业前向参与度极高，同时国外贡献又相对较小，那么位置指数则呈现出较高的水平，表明该行业处于全球偏上游位置。

与之前我国与主要贸易伙伴之间的产业链联系一致，Koopman GVC 参与指数显示，我国制造业在全球价值链中参与度较高的行业包括化工品制造、汽车制造、造纸等。食品饮料和机电设备次之，农副产品以及成衣制造全球价值链参与度有限（见表 4–5）。

① Koopman, R., W. Powers, Z. Wang, S. J. Wei. Give Credit Where Credit is Due: Tracing Value Added in Global Production Chains [R]. NBER Working Paper Series No. 16246, 2010.

表4-5　Koopman GVC参与指数和位置指数：中国产业链

行业	参与指数	行业	位置指数
化工品制造	118.7	化工品制造	72.1
焦炭和成品油制造	85.6	汽车、挂车、半挂车的制造	52.2
汽车、挂车、半挂车的制造	84	焦炭和成品油制造	48.6
造纸、印刷	64.3	造纸、印刷	43.3
基础金属制造	61.1	非金属矿物制造	41.3
非金属矿物制造	60.7	基础金属制造	33.3
金属制品制造（除机械设备）	48	金属制品制造（除机械设备）	29.5
食品、饮料、烟草制造	43.2	基础药品和制剂制造	23.7
机械设备制造	39.1	橡胶和塑料制品制造	20.5
其他交通设备制造	38.2	机械设备制造	20.4
计算机、电子、光学产品制造	37.1	食品、饮料、烟草制造	16.8
基础药品和制剂制造	36.8	其他交通设备制造	16.7
木材加工及家具制造业	35.9	电气设备制造	13.3
电气设备制造	31.9	木材加工及家具制造业	9.2
橡胶和塑料制品制造	31.3	农林牧渔业	8.1
纺织、服装、皮革制品制造	11.9	计算机、电子、光学产品制造	4.4
农林牧渔业	9.3	纺织、服装、皮革制品制造	−3.1

注：因为利用的是投入—产出表，将我国与每个国家的产业链参与度都计算出来不太现实，这里我们以全球最大的两个经济体（中国和美国）之间的产业链为例来计算中国制造业在全球产业链中的参与度和位置。

资料来源：Wind、商务部、UIBE GVC 指标体系、国泰君安证券研究所。

同时，Koopman GVC 位置指数显示，我国多数行业在全球价值链中处于偏下游的位置（偏向成品装备环节），包括

- 资本密集型行业：计算机、电子与光学设备行业；电气设备行业；交通设备行业；机械设备行业等明显处于下游位置。这些行业偏向成品装备环节，但在出口中，这些行业的国内增加值占比并不高（见图4-12），说明这些行业的技术仍然存在很大制约。
- 劳动密集型行业：纺服和家具制造处在下游位置。这些行业出口中国内增加值占比较高，但技术复杂程度偏低，行业壁垒较少。

通过上述分析，我们可以总结如下：虽然我国参与全球产业链比较深，但一个明显的缺陷是大多行业处于下游（接近成品装备位置），技术程度稍高的行业（如电子、计算机、电气设备等）国内增加值占比又偏低，而国内增加值占比较高的行业往往是劳动密集型行业和资源型行业。

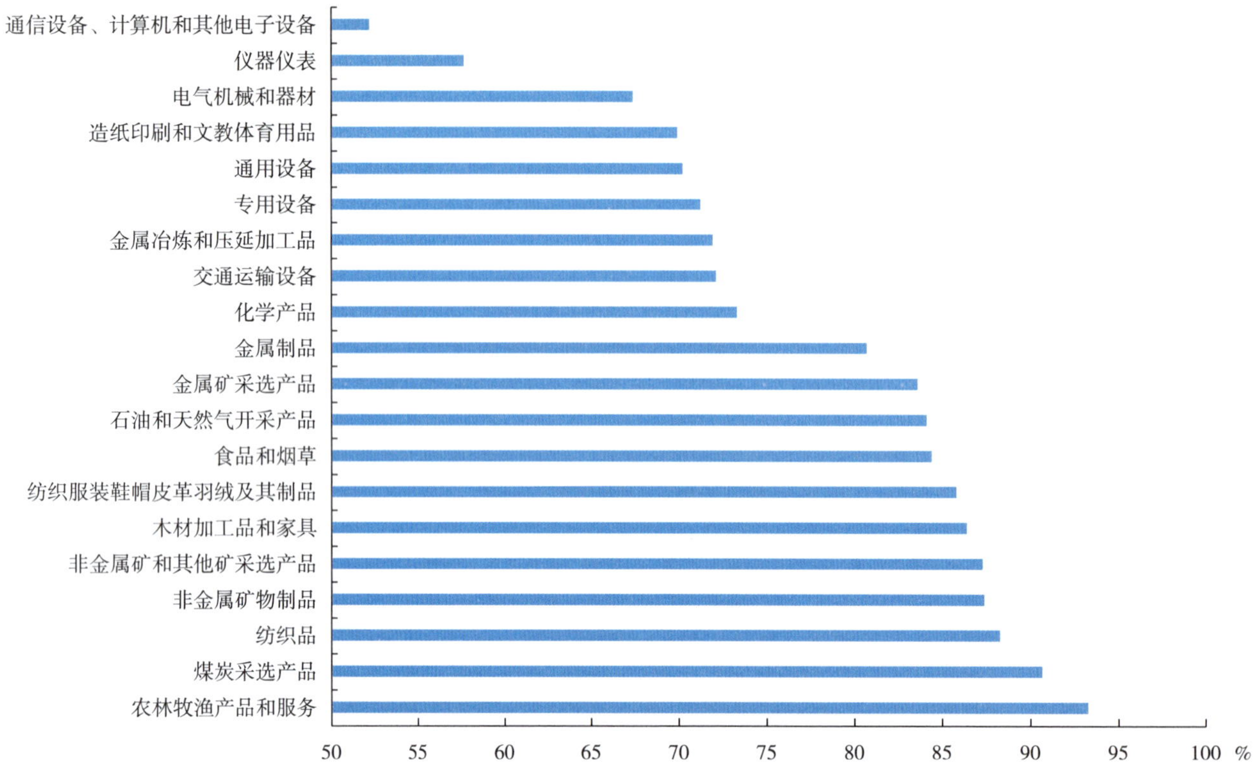

图4-12　部分制造业出口中国内增加值占比

（资料来源：商务部全球价值链与中国贸易增加值核算数据库，国泰君安证券研究所）

二、产业链中易受压力转移行业的特征

基于价值链分析，一般来说外需依存度较高（出口占终端需求比重高）且国外增加值占比较高的行业容易受到产业转移的冲击，如家具制造、纺服、计算机、电子、电气设备等行业。外需依存度较高意味着行业受外需影响更大，因此在外需转向时产业更容易受到影响。而出口最终品所包含的国内增加值比例较小的该部分行业，相较于其他行业更容易受到产业转移的冲击（见图 4–13），原因主要有三点：

首先，该类行业出口的国内增加值占比相对于国外增加值占比要低，从价值链角度单位产品的国内贡献程度有限，产业转移不会对产品整个价值创造带来严重打击，因此转移难度较低。

其次，从内部来看，这些行业出口的总增加值相对较高，主要源于劳动力相关投入（纺服成衣制造、计算机、电子和机电设备装配组装等），加工贸易占比集中也反映出增加值贡献中相当一部分来源于劳动力供应，因此在成本提升的情况下，产业转移压力、诉求较高。

最后，对于这些行业，中国在全球价值链中的位置相对偏下，且部分行业分布在全球产业链下游终端（纺服、家具），由于全球产业链参与程度有限和价值链位置偏下，产业转移相对较为容易，因此国内所受冲击可能较大。

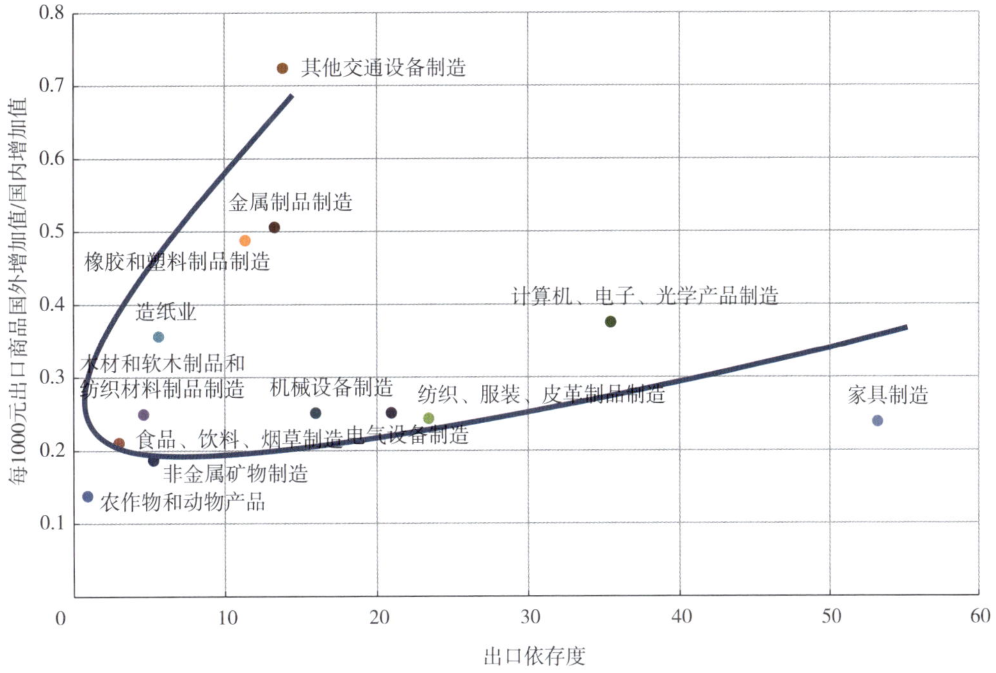

图4-13　易受到转移影响的行业集中于出口最终品国内增加值占比较小且外需依存度较高的行业

（资料来源：商务部全球价值链与中国贸易增加值核算数据库，国泰君安证券研究所）

三、我国产业外迁的可能路径、周期和规模及其金融风险

一般来说，一个行业跨国转移的过程是比较漫长而又复杂的，需要3~5年方能有个清晰的概念。不过，通过研究东北亚地区的日本、韩国、我国台湾在过去40~50年中产业转移方面的经历，可以得出一些基本判断：

（1）转移路径：东北亚地区的产业转移基本遵循着劳动密集—资本密集—技术密集行业的顺序。

（2）转移环节：产业转移并非全产业链的迁移，而是产业链中本国处于相对劣势环节的转移（多数为劳动密集环节）。劳动密集型产业转移规模较大（集中在纺织、木制品行业），高技术密集型行业中存在劳动密集环节转移的现象。

（3）转移周期：产业转移周期较长，无论是日美贸易战还是经济周期扰动，短期大面积集中转移的现象都没有在东北亚地区发生，例如，日本和中国台湾的产业转移都持续了20~30年。

东北亚地区的经验告诉我们，劳动密集型行业或者环节容易受冲击而转移，那么当前哪些行业出现了比较优势压力？

我们参照Balassa（1965）[①]提出的相对比较优势指数（$RCA=\frac{X_{ik}/X_{iw}}{X_k/X_w}$）来研判，其中，$X_{ik}$为$k$国$i$产业出口，$X_{iw}$为区域内$i$产业总出口，$X_k$为$k$国整体出口，$X_w$为区域总体出口。该指标衡量了$k$国在区域内

① Balassa, B. Trade Liberalisation and “Revealed” Comparative Advantage [J]. The Manchester School, 1965, 33（2）: 99-123. 该指标暗含的逻辑是在各国对产品偏好一致的背景下，一国相对比较优势较高的行业将使该行业在区域内的出口表现优于其他国家，相应的指标数据也将更高。

i 行业出口的相对优势或实力，该指标减少意味着该行业的优势减弱。我们综合联合国、世界银行、IMF关于发达国家的标准并考虑数据可得性，共选取了19个发达国家和4个发展中国家。①2015—2017年中国的RCA变动情况显示在表4-6中。总体上，中国多数行业的产业转移压力比较有限，RCA并未出现持续下行或大面积转负的情况，但纺织、木材以及光学设备行业的RCA变动已经开始体现出一定的转移压力。

表4-6　中国RCA变动情况与压力集中行业

行业	2015年	2016年	2017年
第1类：活动物；动物产品	-0.1%	6.8%	-8.3%
第2类：植物产品	0.2%	20.2%	3.0%
第3类：动、植物油、脂及其分解产品	3.5%	-2.0%	23.2%
第4类：食品；饮料；烟草	-1.5%	3.4%	6.5%
第5类：矿产品	5.8%	25.0%	0.2%
第6类：化学工业及其相关工业产品	2.4%	-4.9%	6.8%
第7类：塑料及其制品；橡胶及其制品	2.2%	-2.0%	7.1%
第8类：生皮、皮革、毛皮及其制品	-11.0%	13.2%	1.4%
第9类：木及木制品；木炭；软木及软木制品	-2.3%	-0.1%	-3.0%
第10类：木浆及其他纤维状纤维素浆	9.6%	-1.3%	-2.9%
第11类：纺织原料及纺织制品	-11.3%	9.3%	-1.4%
第12类：鞋帽类	-12.9%	7.3%	-2.3%
第13类：陶瓷产品、玻璃及其制品等	2.7%	-7.4%	0.5%
第15类：贱金属及其制品	3.5%	-2.6%	-3.9%
第16类：机器、机械器具、电气设备机器零件	-3.9%	2.4%	0.9%
第17类：车辆、航空器、船舶及有关运输设备	10.8%	-19.7%	10.0%
第18类：光学、医疗仪器、精密仪器及设备等	-0.1%	-2.1%	-2.7%
第19类：武器、弹药及其零件、附件	-28.6%	8.7%	-9.8%
第20类：杂项制品	-5.8%	5.5%	1.1%

资料来源：UNcomtrade，国泰君安证券研究所。

东北亚地区的经历、GVC位置指数、RCA行业指数显示，我国劳动密集型产业（纺织服装、家具加工）以及计算机、电子行业中的劳动密集型环节存在一定的转移压力。

如果我们以东北亚地区做参考，则转移规模会有多大？未来10~30年中，劳动密集型产业的产出转移规模有可能达到2万亿元。以中国台湾、日本的产业转移规模为参考，转移前后相关行业在工业增加值中的权重有着明显的下降（见图4-14），大体上为转移之前权重的60%~80%。若以此为参考，以2018年各行业工业增加值权重（见图4-15）为基础，中国在纺织行业的权重或将减少3个百分点（对应的规模为9000亿元）；服装服饰业的权重或将减少1.6个百分点（对应的规模为5000亿元）；木材加工及制品行业的权重或将下降1个百分点（对应的规模为3000亿元）；皮革及制品相关行业的权重或将减少1个百分点（对应的规模为3000亿元），上述劳动密集型行业产业的产出转移总量或将达到2万亿元。

除了劳动密集型行业，高技术行业（如计算机、通信、电子设备行业）的劳动密集环节也将发生转

① 分别为澳大利亚、加拿大、丹麦、芬兰、德国、冰岛、爱尔兰、日本、荷兰、新西兰、挪威、葡萄牙、韩国、新加坡、西班牙、瑞典、瑞士、英国、美国、中国、印度尼西亚、泰国、马来西亚。

移，但该部分的迁出体量更难估测。总体上，产出外迁对经济有很大的不确定性，伴随这个过程可能会对金融市场和机构产生较大的风险。

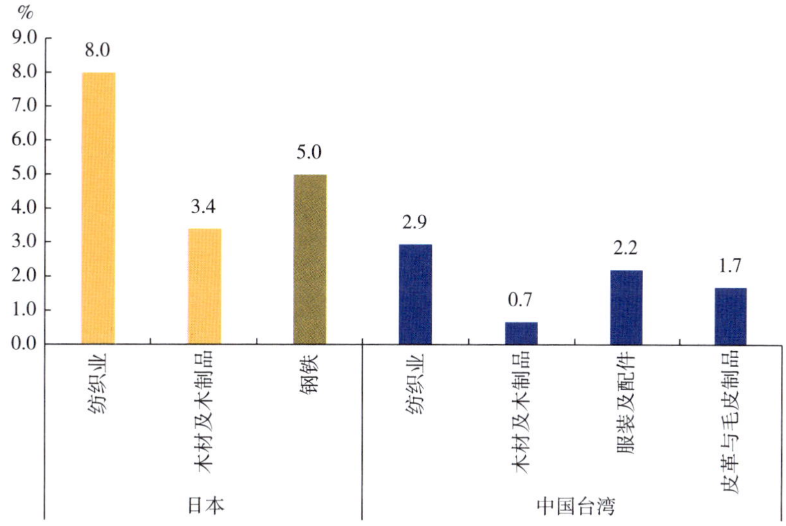

注：我们依据产业增加值的权重变化以及对产业转移历程的梳理，对部分行业转移前后的权重进行了对比。需要强调的是，依照日本和中国台湾的相关经验，每个行业都有自己的不同时段，如日本的纺织业（20世纪50~60年代）、钢铁行业（20世纪60年代至70年代中期）、木材及木制品（20世纪50~80年代）；而中国台湾方面，纺织业、服装及配件（20世纪80年代至2000年初），皮革与毛皮制品（20世纪80年代中期至2000年初），木材及木制品（20世纪80年代末至2000年初）。

图4–14 中国台湾和日本转移前后相关行业在工业增加值中的权重下降

（资料来源：Wind，国泰君安证券研究所）

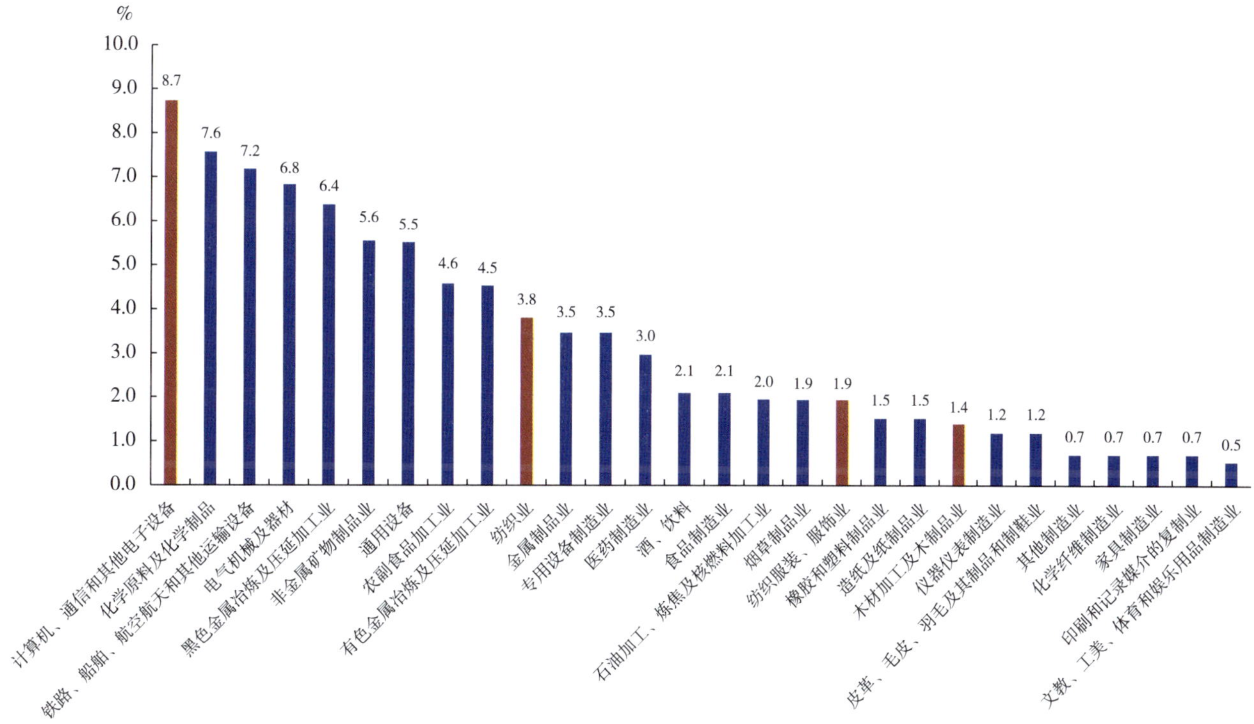

图4–15 测算的各行业工业增加值权重（2018年）

（资料来源：Wind，国泰君安证券研究所）

第四节　未来难以估测的金融风险：全球技术、资本的割裂

人类社会自20世纪60年代以来，总体上走向融合，但中美战略竞争恐把全球带入一个未知的领域，高度不确定性或成为常态。无论是贸易下滑引起的生产、投资方面的直接负面影响还是摩擦间接导致的我国产业向外转移，总体上还是有迹可循的，所带来的金融风险总体可控。但有些摩擦所带来的后果难以估量，比如技术战、金融战所导致的全球技术、资本割裂。虽然这些在目前看来仍然是尾部风险，但不可否认的是其发生的概率在提高。

在技术领域的摩擦方面，美国遏制“中国制造2025”的目标比较明确，短期的突出表现在华为所代表的5G技术。未来全球有没有可能因为5G技术而分为两大“阵营”？比如说，某些国家主张用华为的5G技术，而另一些国家则坚决反对华为的5G技术。更令人担忧的是，美国是否有可能以“国家安全”为借口，将类似《瓦森纳协定》的安排蔓延到民用技术。

另一个领域的摩擦（金融领域的摩擦）也若隐若现。2019年6月24日，《华盛顿邮报》报道，三家中国大型银行拒绝执行美国法院关于违反朝鲜制裁调查的传票，将面临被切断美元清算渠道的风险。这使得我们不得不正视美国发动金融摩擦甚至金融战的风险。美国媒体也在报道美国政府有意限制中国企业在美国上市融资。

从近年来美国对外制裁的做法来看，单纯的贸易制裁被认为作用有限而更倾向于“贸易＋金融”的组合拳。美国彼得森国际经济研究所的报告显示，在近几年40个单独实施贸易制裁的案例中，只有10个收到了良好效果，占比为25%。而与单独贸易制裁结果产生鲜明对比的是，在53个单独实施金融制裁的案例中，有19产生了积极效果（36%）；在101个贸易制裁与金融制裁相结合的案例中，有32个是成功的（32%）；在21个以资产冻结作为制裁手段的案例中，有8个取得了理想的效果（38%）。金融制裁正逐渐代替贸易制裁，成为美国经济制裁最重要的形式。

因此，未来10年美国对中国金融领域发起摩擦的可能性几乎是100%，当然，是否会上升到严重的冲突和金融战则有待观察。金融市场之间存在广泛的传染性，信用、信心和预期至关重要，美国政府若发起严重的金融领域冲突，大概率也会反噬美国市场本身。

美国财政部是美国实施金融摩擦和制裁的关键部门，所依据的法律基础是其制定的“长臂管辖原则”。美国财政部2004年成立的“恐怖主义和金融情报办公室”是实施金融制裁的主要责任部门，辖有“恐怖主义融资与金融犯罪办公室”（负责政策制定）、“情报分析办公室”（负责搜集情报）、“海外资产控制办公室”（负责管理制裁项目）、“金融犯罪与执法网络办公室”（负责银行保密法与反洗钱的相关监管）、“财政部没收资产行政办公室”（管理着从“犯罪分子”手中没收来的资产）。

总结美国实施金融制裁的做法，其在金融领域对我国发起的摩擦大概有以下六种形式：

（1）对中国的金融机构发起反洗钱、支持恐怖势力等的调查和惩罚；

（2）冻结我国机构或个人在美资产，包括禁止提取银行存款、禁止买卖股票和债券等；①

（3）拒绝中国企业（包括金融企业）在美的一切融资、投资行为，以合规、国家安全等理由要求已经上市企业退市；

（4）阻止中国的金融机构使用纽约清算所同业支付系统（CHIPS）、环球同业银行金融电报和结算系

① 2014年，美国指责俄罗斯破坏乌克兰地区的和平与稳定，于当年3月17日实施第一轮制裁，冻结包括俄罗斯副总理罗戈津、总统普京的助理弗拉基斯拉夫·苏尔科夫和俄罗斯联邦委员会主席瓦莲京娜·马特维延科等在内的7名俄政府高官在美资产。

统（SWIFT）；[①]

（5）禁止中国的金融机构从事任何跟美元有关的交易；

（6）定义中国为“汇率操纵国”，动用各种工具干预人民币汇率。

利用反洗钱等借口对金融机构进行调查和惩罚、冻结他国资产——方式（1）和方式（2）——是美国常用的。方式（1）可能经常被用到，方式（2）可能被用来威胁中国，但方式（3）到方式（5）可能会被用于少数企业和金融机构，大面积制裁是明显带有敌对性质的，可能性相对较小。但一旦发生，则可能在全球形成资本的割裂，即美元和人民币割裂的两种资本形态，其所引起的金融风险是我们没有办法估测的。

附　录　不同清单下，美国关税税率变化前后美国进口商品价格变动对比

一、不含税价，商品数量在加征关税前后的变化

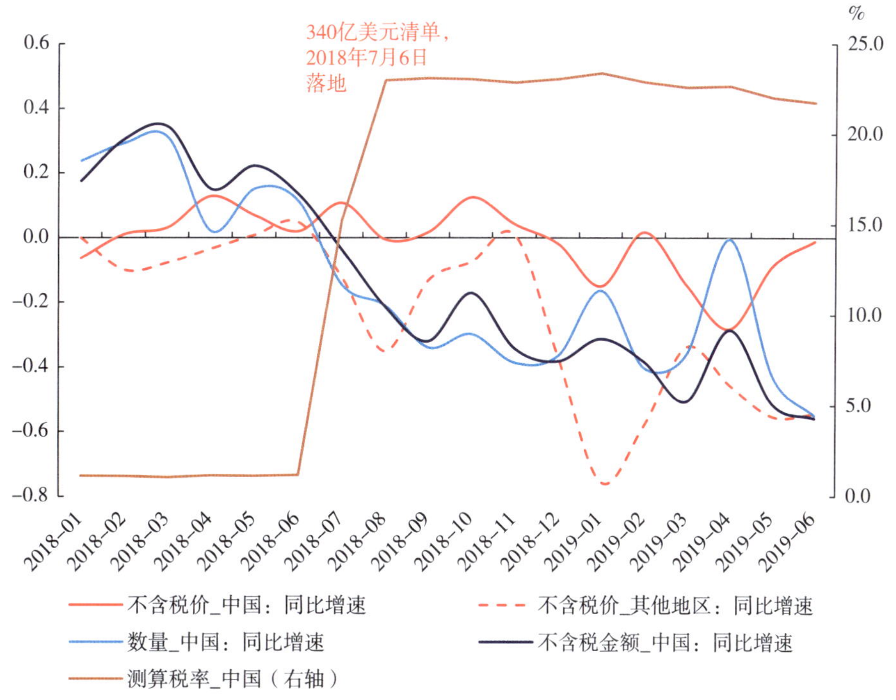

注：上述各个变量的同比增速是用log（V）-log（V_[t-12]）计算的，并取对数；税率是绝对值。

图F1　340亿美元清单，美国从我国进口商品的数量增速显著放缓，但不含税价格增速并未低于从其他地区进口

（资料来源：USITC，USTR，国泰君安证券研究所）

① 2008年，美国对伊朗的金融制裁主要是通过CHIPS中止了对伊朗的石油交易清算；2012年，美国迫使SWIFT停止了对伊朗所有金融机构的跨境服务，伊朗使用其他国家的货币实现石油贸易的结算也出现了困难。

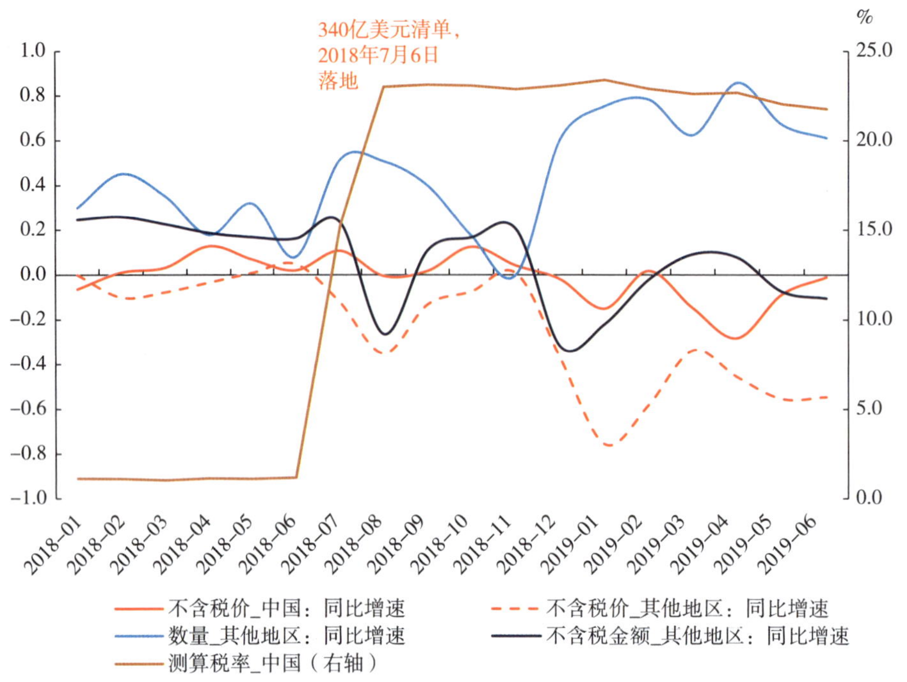

注：上述各个变量的同比增速是用log（V）-log（V_[t-12]）计算的，并取对数；税率是绝对值。

图F2　340亿美元清单，美国从其他地区进口商品的数量增速显著提高

（资料来源：USITC，USTR，国泰君安证券研究所）

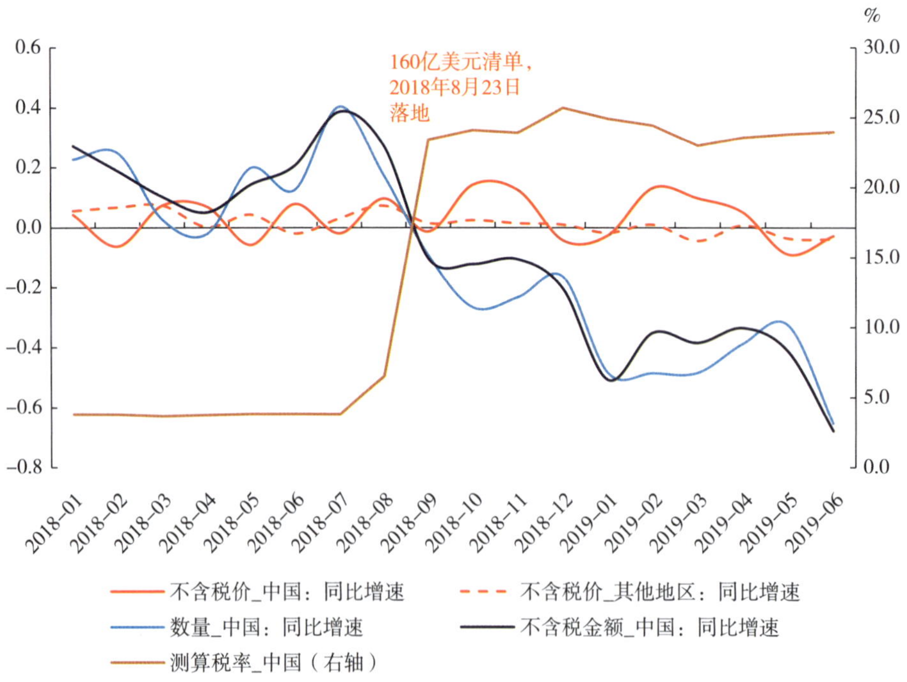

注：上述各个变量的同比增速是用log（V）-log（V_[t-12]）计算的，并取对数；税率是绝对值。

图F3　160亿美元清单，美国从我国进口商品的数量增速显著放缓，但不含税价格增速并未低于从其他国家进口

（资料来源：USITC，USTR，国泰君安证券研究所）

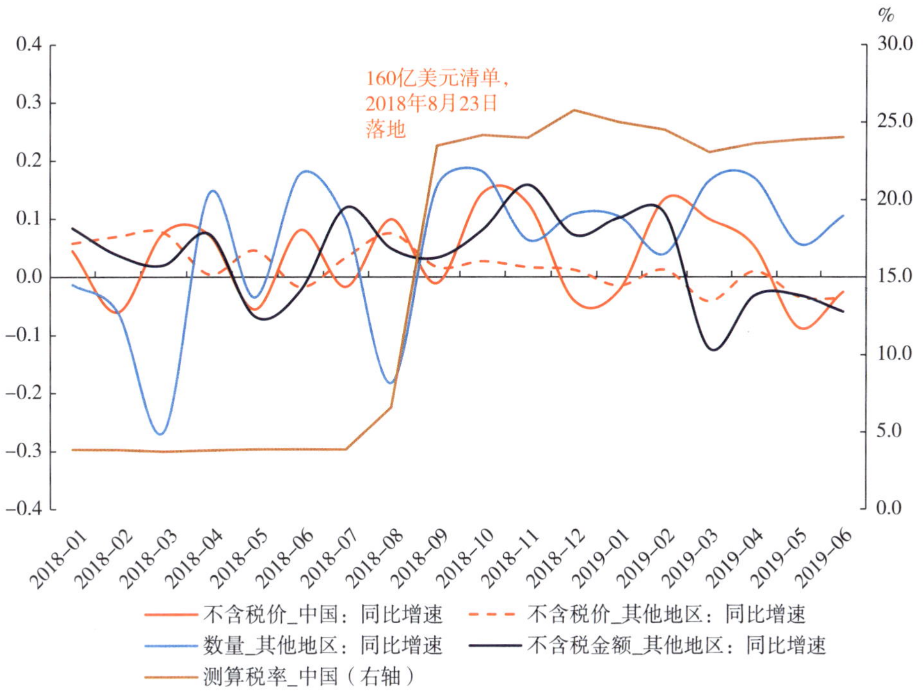

注：上述各个变量的同比增速是用log（V）-log（V_[t-12]）计算的，并取对数；税率是绝对值。

图F4　160亿美元清单，美国从其他地区进口商品的数量增速显著提高

（资料来源：USITC，USTR，国泰君安证券研究所）

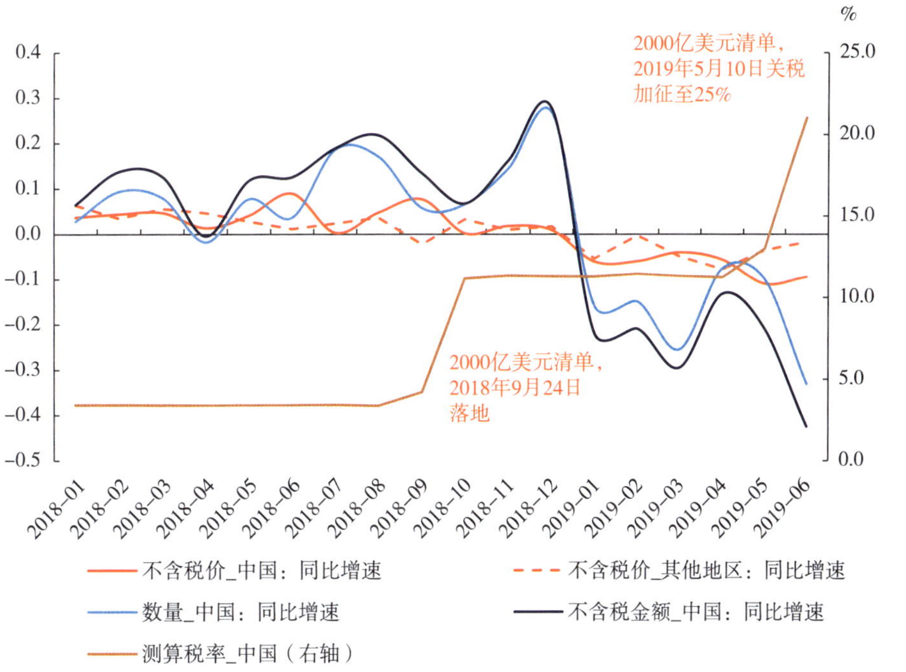

注：上述各个变量的同比增速是用log（V）-log（V_[t-12]）计算的，并取对数；税率是绝对值。

图F5　2000亿美元清单，美国从我国进口商品的数量增速显著放缓，但不含税价格增速并未低于从其他国家进口

（资料来源：USITC，USTR，国泰君安证券研究所）

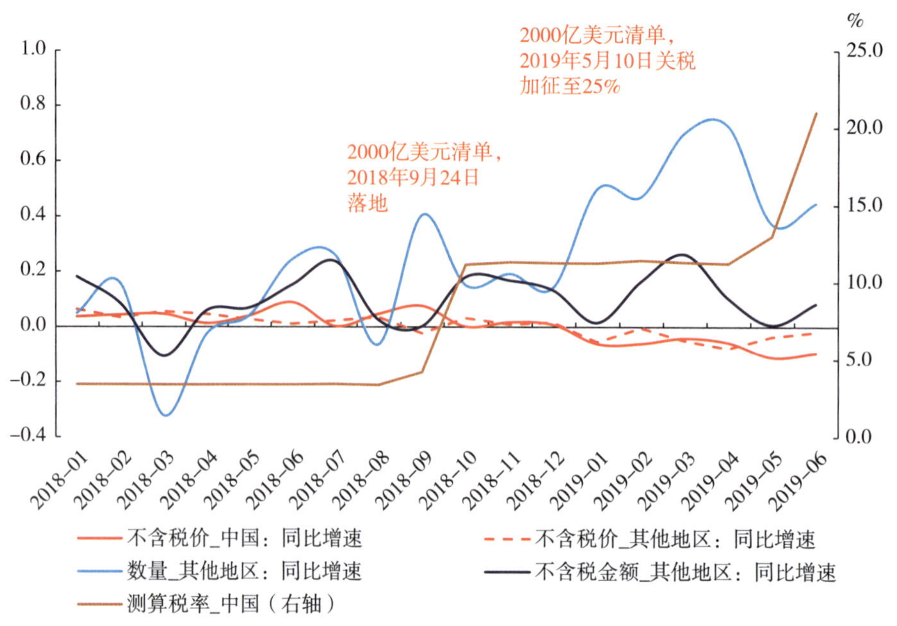

注：上述各个变量的同比增速是用log（V）-log（V_[t-12]）计算的，并取对数；税率是绝对值。

图F6　2000亿美元清单，美国从其他地区进口商品的数量增速显著提高

（资料来源：USITC，USTR，国泰君安证券研究所）

二、含税价在加征关税前后的变化

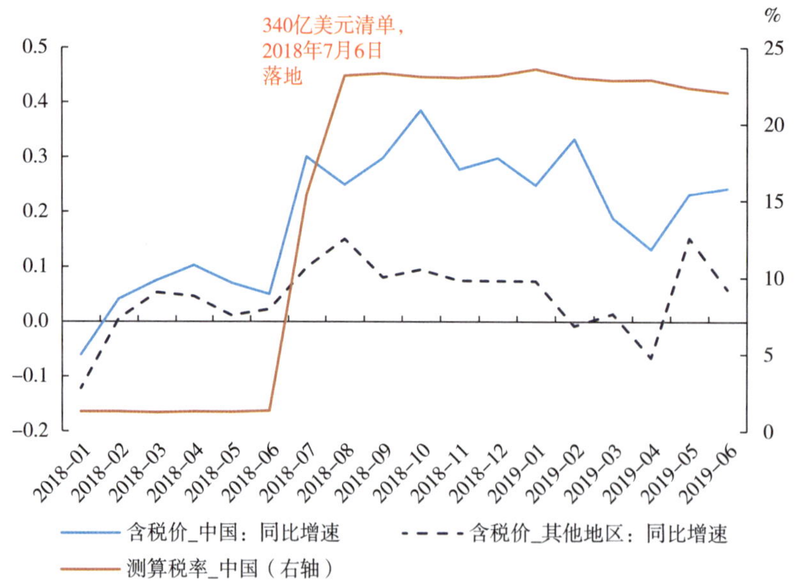

注：上述各个变量的同比增速是用log（V）-log（V_[t-12]）计算的，并取对数；税率是绝对值。

图F7　340亿美元清单落地后，含税价变动分化

（资料来源：USITC，USTR，国泰君安证券研究所）

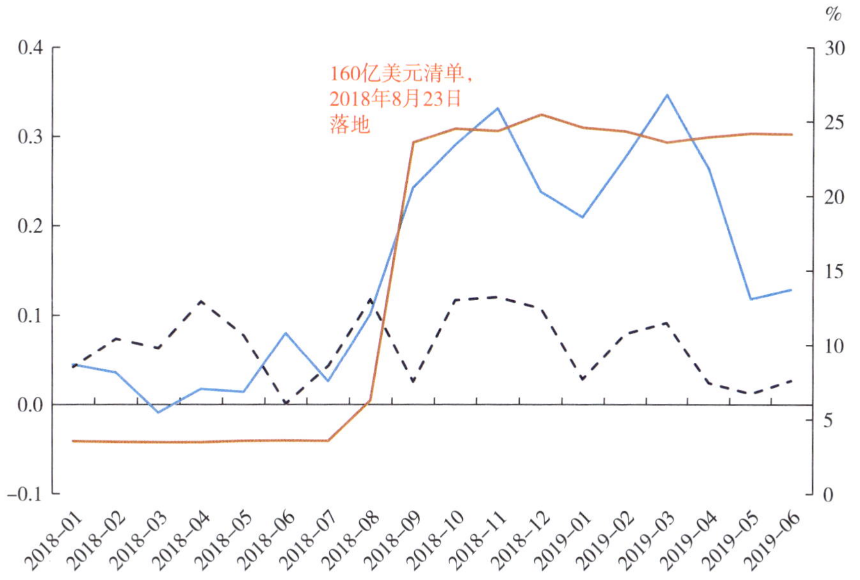

注：上述各个变量的同比增速是用log（V）–log（V_[t–12]）计算的，并取对数；税率是绝对值。

图F8　160亿美元清单落地后，含税价变动分化

（资料来源：USITC，USTR，国泰君安证券研究所）

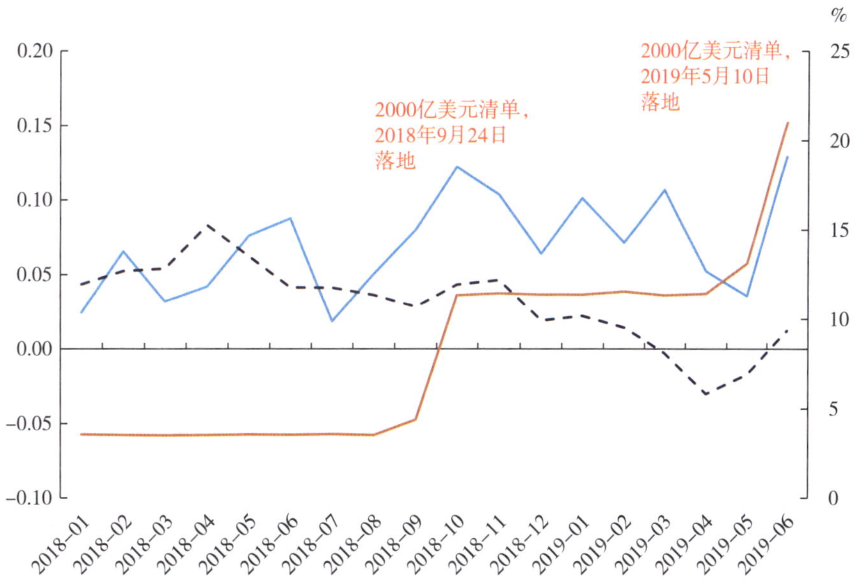

注：上述各个变量的同比增速是用log（V）–log（V_[t–12]）计算的，并取对数；税率是绝对值。

图F9　2000亿美元清单落地后，含税价变动分化

（资料来源：USITC，USTR，国泰君安证券研究所）

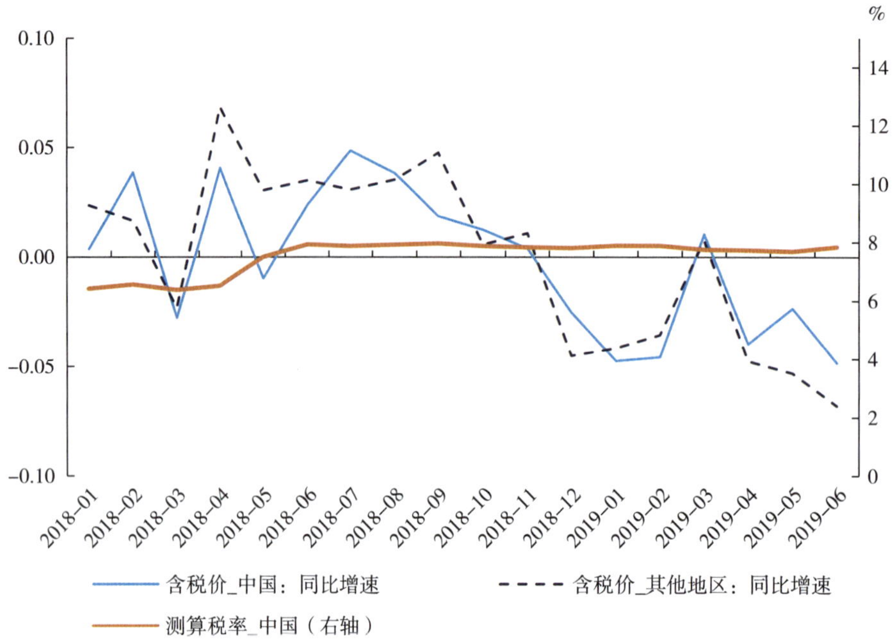

注：上述各个变量的同比增速是用log（V）–log（V_[t–12]）计算的，并取对数；税率是绝对值。

图F10　3000亿美元清单，中国与其他地区的含税价变动未现分化

（资料来源：USITC，USTR，国泰君安证券研究所）

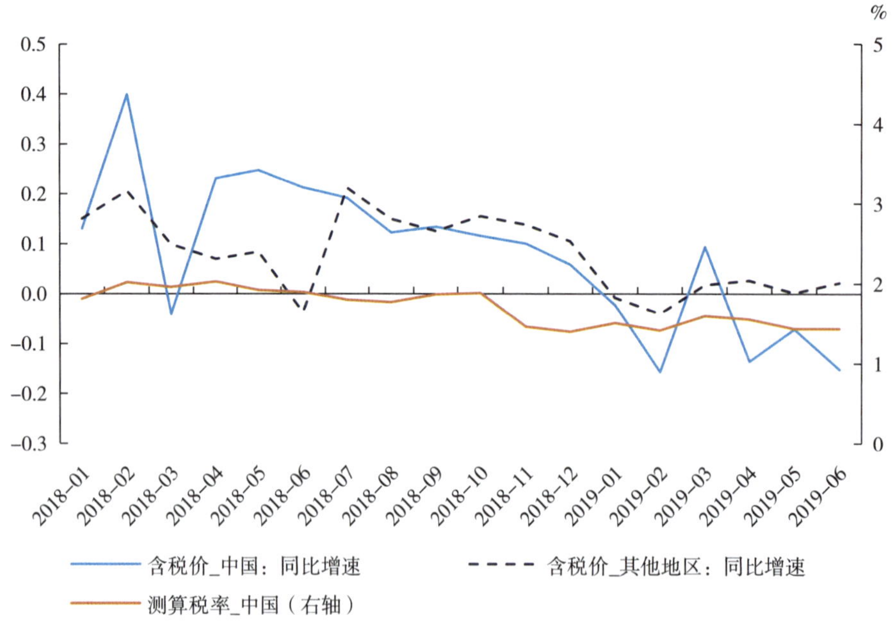

注：上述各个变量的同比增速是用log（V）–log（V_[t–12]）计算的，并取对数；税率是绝对值。

图F11　不征收关税的商品，中国与其他地区含税价变动未现分化

（资料来源：USITC，USTR，国泰君安证券研究所）

第五章　人民币汇率与跨境资本流动

■ 管　涛

2018 年中美经贸摩擦逐步升级，关税冲突是其主要表现形式，并有向科技、金融领域演变的发展态势。在此情况下，人民币对美元汇率双向波动更加明显，不到一年时间，就已经多次跌至重要心理关口附近，并于 2019 年 8 月初一举“破 7”。然而，中国外汇市场和跨境资本流动经受住了考验，汇率的“自动稳定器”作用正常发挥，外汇市场保持平稳运行，国际收支基本平衡。未来，为应对复杂多变的外部环境，中国将继续坚持高水平对外开放，在扩大开放尤其是扩大金融开放的过程中，有效防范涉外金融风险的任务将更加突出。

第一节　中国外汇市场经受了汇率大起大落的考验

2018 年下半年以来，中美经贸摩擦不断升级，在国内经济下行、美元阶段性走强等因素的共同作用下，人民币对美元汇率总体由涨转跌，并且在 2019 年 8 月初冲破重要心理关口。但因为市场主体对汇率双向浮动的适应性有所增强，外汇供求保持了基本平衡，中国政府也基本信守了汇率政策和监管政策中性，显示出中国外汇市场更趋成熟。

一、经贸摩擦升级背景下的人民币汇率双向波动明显加大

中美经贸摩擦开始前，人民币汇率快速升至 2015 年“8・11”汇改后的高点。2015 年“8・11”汇改以后，人民币对美元汇率出现了一波单边下跌行情，到 2016 年底跌至 7 附近。2017 年，在国内经济企稳、外部美元走弱、外汇管理改进的背景下，通过引进逆周期因子、完善中间价报价机制，全年人民币汇率不仅没有“破 7”，反而升值 6% 以上，扭转了市场单边预期。进入 2018 年后，人民币汇率继续惯性冲高，1 月中间价升值 3.2%；2 月、3 月高位盘整，升破 6.3；4 月 2 日升至 6.2764（“8・11”汇改当天为 6.2298），年内最多升值 4.1%。直到 4 月下旬，美元指数反弹，人民币汇率重新走低，到 6 月 15 日跌破了 6.40。但在 6 月中旬以前，市场情绪偏多，收盘价相对于中间价总体偏强（见图 5–1）。截至 2018 年 6

月 15 日，人民币对美元汇率中间价较上年末小幅下跌 1.6%，CFETS（中国外汇交易中心）人民币汇率指数上涨 3.2%。

注：收盘价相对于当日中间价偏离为正，意味着收盘价相对于中间价贬值；为负，意味着收盘价相对于中间价升值。

图5-1　人民币汇率收盘价相对于中间价的偏离

（资料来源：中国外汇交易中心，Wind）

自 2018 年 6 月中旬开始人民币快速贬值，当年年底曾再度跌至 7 附近。以北京时间 6 月 15 日晚美方公布第一批中国进口商品加税清单为标志，中美经贸摩擦全面升级，市场避险情绪上升，对中国外汇市场产生了较大的心理冲击。叠加美联储加息、美元走强和国内经济下行，人民币对美元汇率收盘价相对于中间价转为总体偏弱（见图 5-1 和图 5-2），人民币汇率加速下行，6 月 26 日、29 日，7 月 19 日、25 日，中间价分别跌破 6.50 至 6.80 四个整数关口。10 月 9 日，中间价跌破 6.90；11 月 13 日，中间价最低跌至 6.9629，低于 2016 年 12 月 16 日的低点 6.9508。12 月 4 日之后，受阿根廷 G20 峰会上中美两国元首会晤达成共识影响，人民币汇率中间价反弹至 6.90 左右。截至 2018 年末，中间价收在 6.8628，较 6 月 15 日下跌 6.3%，CFETS 人民币汇率指数下跌 4.7%。

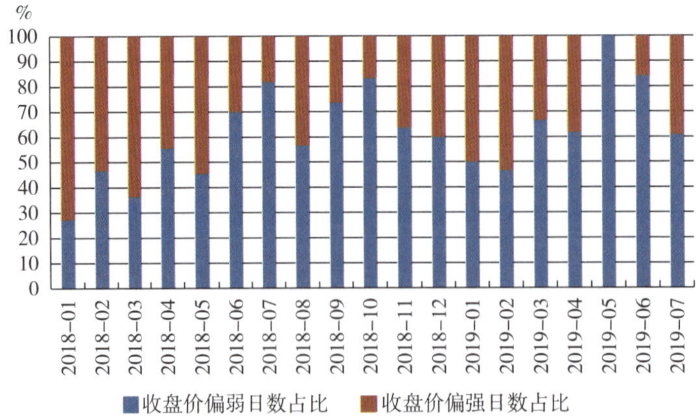

图5-2　人民币对美元汇率收盘价相对于中间价偏强或偏弱的交易日占比

（资料来源：Wind）

2019 年以来中美经贸摩擦先缓和后升级，5 月起人民币汇率由升转贬并于 8 月初“破 7”。前 4 个月，中美经贸磋商相对顺利，在美元升值 1.5% 的情况下，人民币对美元汇率中间价升值 2.0%，显示了中美经贸摩擦缓和对人民币的支撑作用。5 月起，人民币随着经贸摩擦升级而再度走贬；受中美两国元首通话和在日本大阪会晤影响，6 月、7 月人民币汇率暂时趋稳，但 8 月美方宣布将进一步提升对中国输美产品加征关税的水平，市场情绪波动推动人民币对美元的离岸、在岸交易价以及中间价相继“破 7”，这是 2008 年 6 月以来首次。5 月以来，经贸摩擦升级对市场情绪接连形成较大冲击，汇率预期由双向、多元转为偏贬值方向，并且再次呈现由离岸向在岸传导的趋势。前 4 个月，境内人民币汇率收盘价相对于当日中间价时强时弱，其中，收盘价偏强的天数占到所有交易日的 43%，高于 2018 年第四季度 32% 的水平；5 月全月收盘价均较当日中间价偏弱，6 月以来持续以收盘价偏弱为主（见图 5–2）。从 CNY 与 CNH 的价差看，前 4 个月 CNH 相对于 CNY 更强的交易日占全部交易日的 36.7%，5 月后 CNH 相对于 CNY 更强的交易日急剧下降，5~7 月占比只有 17.1%（见图 5–3），说明在人民币贬值预期上升后，境外市场贬值情绪表现得相对突出。

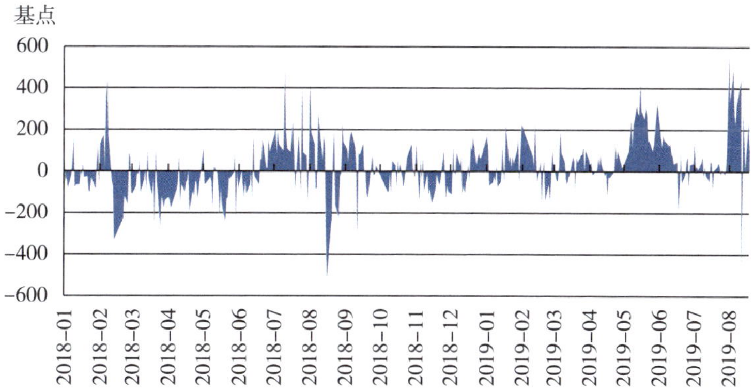

图5–3　CNH与CNY的价差

（资料来源：Wind）

总体来看，近一段时期人民币汇率波幅明显扩大，朝着更加成熟的货币迈进。2018 年全年，人民币汇率中间价年内低点相对于年内高点的最大跌幅为 9.9%，远高于 2015—2017 年的水平（分别为 5.9%、7.1% 和 6.5%）。在国际货币基金组织公布的八大主要储备货币中，2018 年人民币汇率的最大波幅排第五位，甚至超过了美元指数（见图 5–4）。从近年来的汇率走势看，人民币汇率双向波动明显增强，并且已经完成了较为完整的波动周期，初步具备了成熟货币随机游走的特征。2019 年以来，人民币汇率继续呈现双向波动，并且最高跌破 7，更是在波幅上突破重要心理关口，浮动的空间得到进一步拓宽。

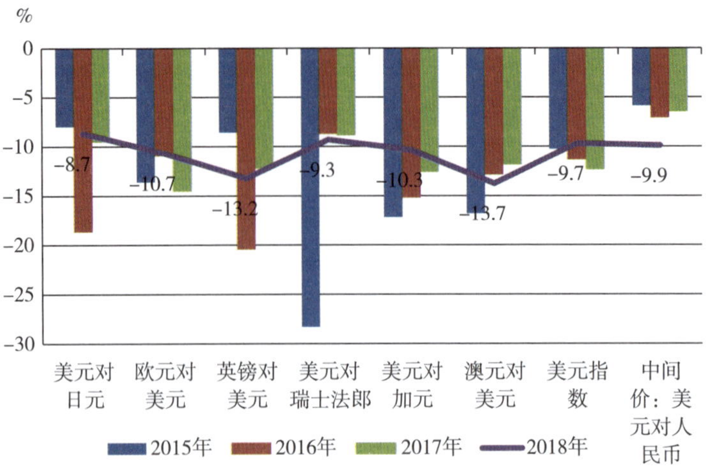

注：年内最大波幅为主要储备货币对美元汇率的年内低点相对于年内高点的偏离。

图5-4　八大主要储备货币汇率的年内最大波幅

（资料来源：中国外汇交易中心，Wind）

二、境内市场主体适应汇率双向波动的能力进一步增强

汇率的“自动稳定器”作用正常发挥。2018 年，人民币汇率中间价下跌约 5%，但市场呈现低（升值）买高（贬值）卖的特点。全年，个人和企业分别减少境内外汇存款 33 亿美元和 667 亿美元，收汇结汇率为 65.1%，较上年上升了 3.0 个百分点，付汇购汇率为 65.4%，与上年基本持平。2019 年以来，结售汇相关数据继续反映出汇率的正常调节作用。前 4 个月，银行代客收汇结汇率月均 61.9%，较上年同期低 2.3 个百分点，企业、个人等主体的结汇意愿并未随人民币升值而明显增强。5 月人民币贬值后，结汇意愿反而增强，收汇结汇率为 70.4%，6 月、7 月回稳到月均 64.5%（见图 5-5），市场主体逢高结汇现象明显。1~7 月，付汇购汇率月均 67.1%，与 2018 年下半年月均水平基本相当。2019 年 6 月末，我国非金融企业、住户的境内外汇存款余额合计较 2018 年末下降 68 亿美元（见图 5-6），总体表现都比较稳定。

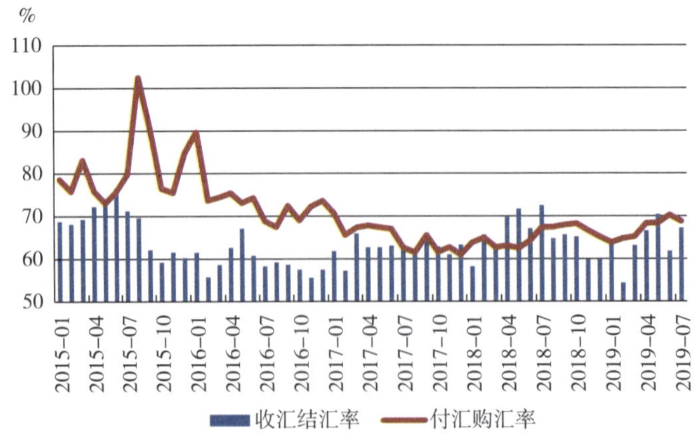

注：（1）银行代客收汇结汇率=银行代客结汇/银行代客涉外外汇收入；（2）银行代客付汇购汇率=银行代客售汇/银行代客涉外外汇支出。

图5-5　市场主体的结售汇动机变化

（资料来源：国家外汇管理局）

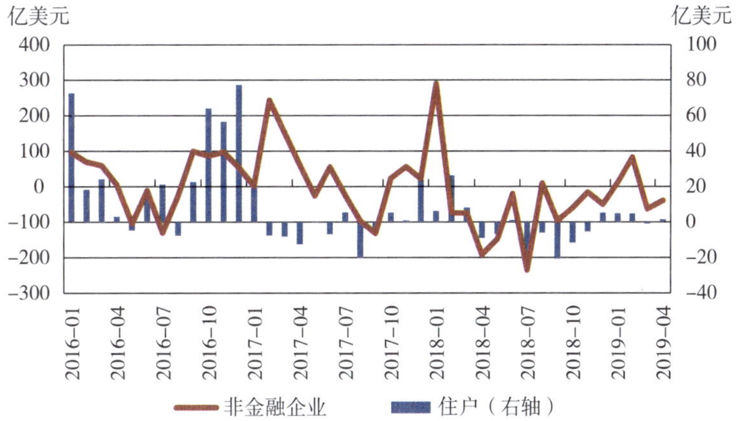

图5–6　住户和非金融企业境内外汇存款变动

（资料来源：中国人民银行）

三、人民币汇率有贬值压力却无市场恐慌

境内外汇供求关系基本平衡。2018 年下半年，人民币汇率一路下跌至 7 附近，又引起了市场关于要不要守 7 的讨论。但是，在同样的心理关口前，中国没有重现 2015 年和 2016 年的跨境资本流动冲击风险。全年，反映境内主要外汇供求关系的银行即远期结售汇逆差 298 亿美元，比上年减少 67%。其中，前 5 个月，银行即远期结售汇顺逆差交替出现，累计顺差 213 亿美元；6~12 月累计逆差 511 亿美元，远低于 2015 年和 2016 年月均逆差动辄成百上千亿美元的水平。加入外汇期权交易后，境内外汇供不应求的缺口为 119 亿美元，比上年减少 86%，市场供求状况更为平衡。2019 年上半年，银行即远期结售汇（含期权）顺差合计 233 亿美元（见图 5–7）。其中，即期结售汇逆差 332 亿美元；6 月末银行代客远期净购汇未到期额为 128 亿美元，较上年末下降 632 亿美元，银行代客未到期期权 Delta 敞口为净购汇 319 亿美元，较上年末上升了 67 亿美元，二者合计增加了即期市场外汇需求。

逆周期调控措施效果显现。从 2018 年 8 月初恢复征收外汇风险准备金到 2019 年 6 月末，银行代客未到期远期净购汇额累计下降了 992 亿美元，未到期期权 Delta 净购汇敞口增加了 198 亿美元，二者轧差以后累计减少净购汇头寸 794 亿美元，这增加了即期外汇供给。同期，银行即期结售汇逆差累计达 935 亿美元，加上这部分新增外汇供给后，含期权的银行即远期结售汇逆差累计额降至 141 亿美元。

跨境资金流出压力有所增加但总体可控。2018 年，银行代客涉外收付逆差合计 858 亿美元，同比下降 31%，其中涉外外汇收付逆差 106 亿美元，减少 48%。从银行代客结售汇差额相对于涉外外汇收付差额的偏离看，2018 年累计负偏离 43 亿美元，2017 年为负偏离 487 亿美元，说明 2018 年跨境资金总体小幅偏流出，但与 2017 年全年相比仍有较大改善。其中，前 7 个月累计正偏离 389 亿美元，后 5 个月累计负偏离 432 亿美元。进入 2019 年后，1~7 月银行代客涉外收付顺差 292 亿美元，上年同期为逆差 241 亿美元，其中涉外外汇收付顺差 246 亿美元，增长 6.5 倍。从银行代客结售汇差额相对于涉外外汇收付差额的偏离看，1~7 月负偏离 535 亿美元，相比 2018 年后 5 个月的月均偏离水平略有减少。而 2015 年 8 月至 2017 年 6 月，该缺口持续为较大负值（见图 5–8）。

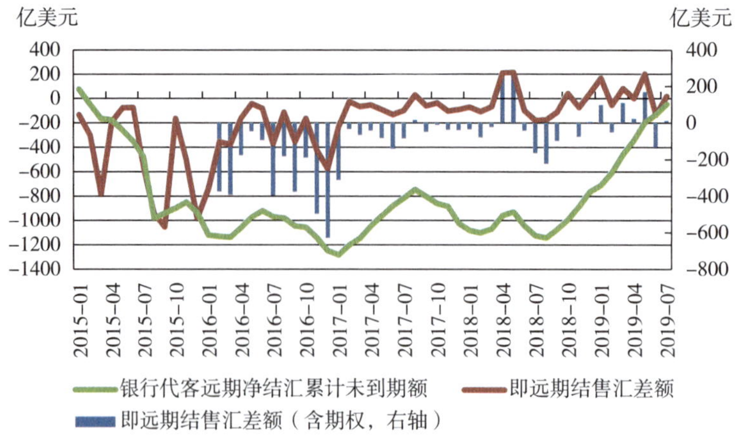

注：（1）银行即远期结售汇差额=银行即期结售汇差额+（期末银行代客远期净结汇累计未到期额–期初银行代客远期净结汇累计未到期额）；（2）银行即远期（含期权）结售汇差额=银行即远期结售汇差额+（期末未到期期权Delta净敞口–期初未到期期权Delta净敞口）。

图5–7　境内外汇供求状况

（资料来源：国家外汇管理局；Wind）

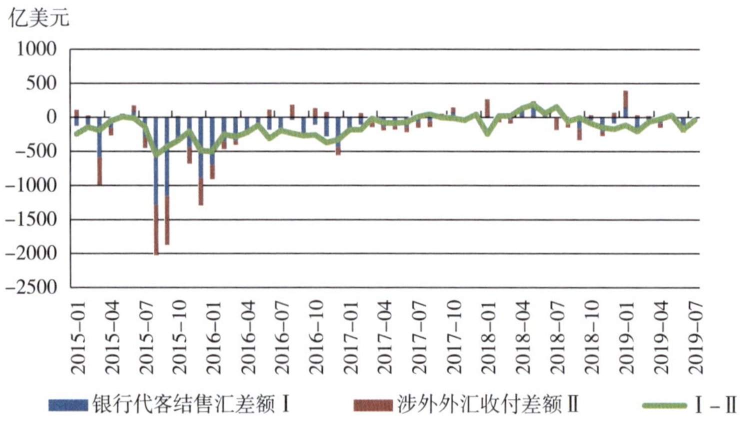

注：银行代客结售汇差额与涉外外汇收付差额的偏离为正，表明跨境资金偏流入；偏离为负，表明跨境资金偏流出。

图5–8　银行代客结售汇差额、涉外外汇收付差额及其差距

（资料来源：国家外汇管理局）

四、政府基本信守了汇率政策和监管政策中性

政府对汇率波动的容忍度明显增强。2018 年 4 月以前，人民币汇率较快升值，甚至在 6 月中旬后人民币汇率下跌而汇率指数继续升值时，央行都没有干预，这是因为同期尽管外贸顺差有所下降，但中国出口价格和出口数量均保持了较快增长，2018 年中国出口价格和出口数量月均分别增长 3.1% 和 5.5%（见图 5–9），显示出自 2017 年以来的升值无损出口竞争力。进入 4 月以后，人民币汇率转跌，乃至在 6 月中旬中美经贸摩擦全面爆发后加速下跌，央行继续恪守汇率政策中性。2019 年 5 月人民币汇率再度贬值后，央行更是提高了汇率波动容忍度。在市场力量的推动下，人民币对美元汇率最终于 8 月初突破 7 的心理关口。

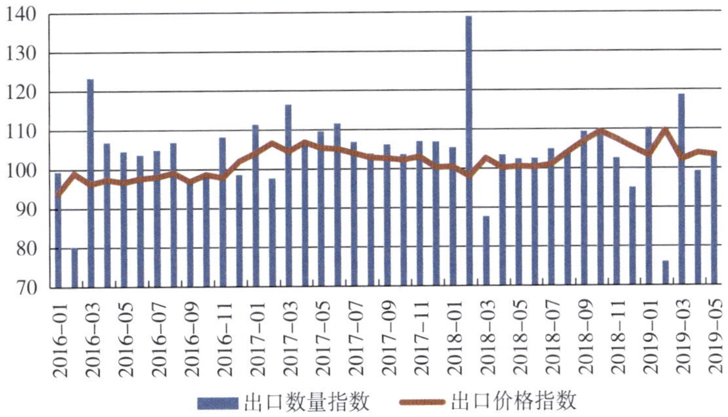

图5-9 中国出口价格指数和数量指数（上年同月=100）

（资料来源：中国海关总署；Wind）

宏观审慎的跨境资本流动调节措施主要是为了应对外部冲击带来的不确定性。2018 年 8 月 3 日晚，针对美方 7 月 10 日宣布的第二批 2000 亿美元中国进口商品加税清单，中方宣布了关税报复措施。稍早于此消息发布，为预防对外汇市场产生负面冲击，央行宣布自 8 月 6 日起恢复征收外汇风险准备金。2018 年 8 月底，外汇市场自律机制秘书处又重启了逆周期因子。但迄今为止，虽然人民币汇率屡次冲击重要的心理关口并于 8 月实现突破，有关部门除恢复了部分宏观审慎措施外，没有采取新的资本管制措施。现行外汇管理，都是老政策的延续而非新举措，并且在面对美国的“汇率操纵国”指控时，更加强调保持外汇管理政策的稳定性、连续性。

第二节 中国国际收支运行经受了新一轮外部冲击的考验

2015 年和 2016 年人民币汇率持续单边下跌时，伴随着资本外流、储备下降，跨境资本流动冲击风险近在咫尺。但今时不同往日，2018 年以来人民币汇率相对于年内高点总体出现较大幅度下跌，却未引发大规模资本外流。我国国际收支运行总体稳定，跨境资金流动形势较为平稳，国际收支自主平衡格局进一步巩固。

一、经常项目收支保持基本平衡

在 2018 年第一季度经常项目暂时出现逆差后，经常项目差额逐季改善。2018 年各季度经常项目分别逆差 341 亿美元、顺差 53 亿美元、233 亿美元和 546 亿美元。在中美经贸摩擦升温的前三个季度，小幅逆差曾一度引发了市场担忧，但逆差主要出现在人民币强势的第一季度，第二、第三季度人民币弱势时皆为顺差。而且，第一季度中国经常项目逆差与国内生产总值（GDP）之比为 -1.1%，第二至第四季度这一比例分别回升至 0.2%、0.7% 和 1.5%，全年为 0.4%，我国经常项目收支仍属基本平衡（见图 5-10）。2018 年，国际收支口径的货物贸易顺差下降 17%，贡献了经常项目差额降幅的一半以上。2019 年上半年，经常项目顺差 1060 亿美元（初步数），与当期 GDP 之比为 1.6%，继续保持在合理的顺差区间。其中，国际收支口径的货物贸易顺差 2228 亿美元，同比增长 43%；服务贸易逆差 1293 亿美元，同比收窄 12%。

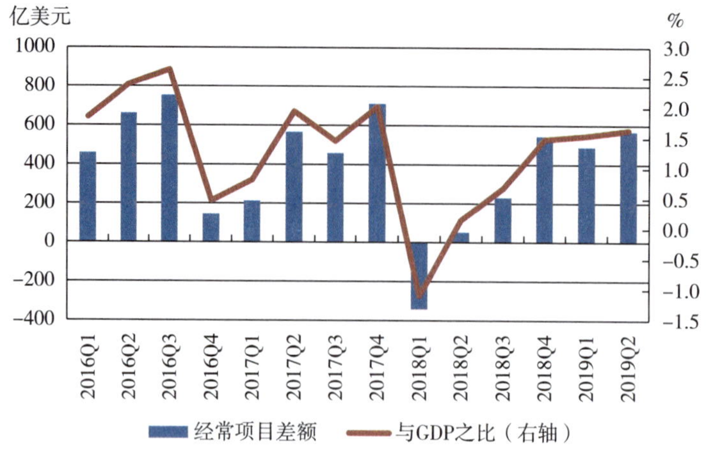

图5-10　中国经常项目差额及其与GDP之比

（资料来源：国家外汇管理局；国家统计局）

二、跨境资本流动依然具备稳定的基础

直接投资保持顺差，有助于夯实抗风险能力。在中美经贸关系紧张的形势下，市场关于外资跑路、内资迁厂的传闻不绝于耳。然而，2018 年全年，国际收支口径的对外直接投资净流出较上年下降 30%，境外来华直接投资增长 23%，直接投资顺差扩大 2.9 倍（见图 5-11）。2019 年上半年，国际收支口径的直接投资净流入 336 亿美元，其中外国来华直接投资净流入 803 亿美元，我国对外直接投资净流出 467 亿美元，直接投资净流入 336 亿美元。

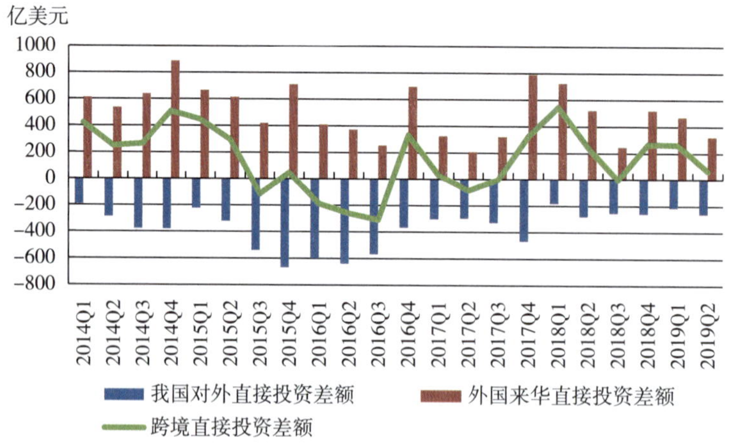

图5-11　跨境直接投资差额情况

（资料来源：国家外汇管理局）

境外投资者配置人民币资产明显增多。受益于中国债券市场以及股票市场对外开放步伐的加快，以及国内市场纳入国际主流指数等国际化程度的提升，境外投资者对人民币资产投资的热情增加、便利性提高。2018 年，我国证券投资顺差 1067 亿美元，增长 2.6 倍。其中，外国来华证券投资净流入 1602 亿美元，增长 29%。分类型看，债券项下净流入 995 亿美元，增长 13%；股权项下净流入 607 亿美元，增长

68%。2019 年以来，境外投资者的这种资产配置依然持续，尤其是债券市场中的境外资本流入保持稳健，股票市场中的境外资本流入虽有波动但总体为增加投资。第一季度，证券投资顺差 195 亿美元，其中，外国来华证券投资净流入 357 亿美元，债券和股权项下分别净流入 153 亿美元和 204 亿美元（图 5–12）。根据国家外汇管理局披露的信息，2019 年上半年，境外投资者继续净增持国内债券和上市股票合计 493 亿美元，其中，净增持国内债券和上市股票分别为 416 亿美元和 78 亿美元。

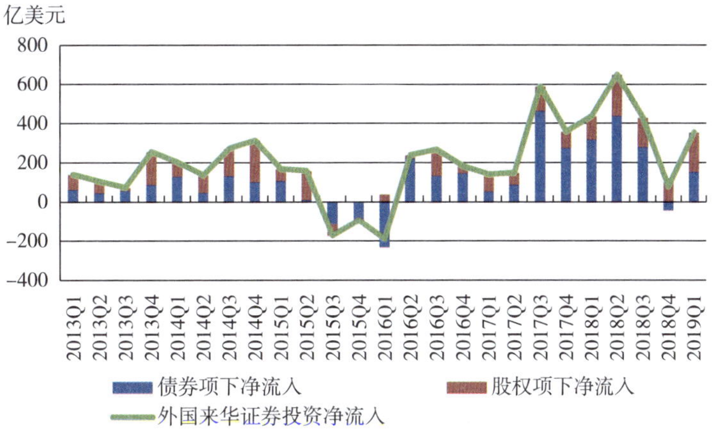

图5–12　证券投资项下境外资本净流入情况

（资料来源：国家外汇管理局）

民间部门货币错配问题有较大改善。我国虽然总体上为对外净债权国，但由于对外金融资产以外汇储备为主，剔除官方外汇储备后的民间部门对外金融资产持续低于负债。2019 年 3 月末，非储备性质的对外净负债为 1.25 万亿美元，较 2015 年 6 月末下降 1.13 万亿美元，与 GDP 之比回落了 12.7 个百分点（见图 5–13）。民间部门净负债总体呈下降态势，说明其对外资产和负债结构更趋稳定，有助于降低资本大幅波动的风险，减轻汇率贬值恐慌。

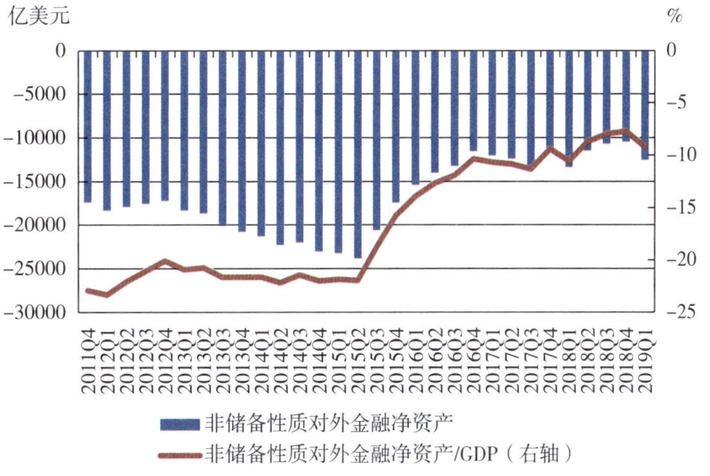

注：（1）非储备性质对外金融净资产=对外金融净资产–储备资产；（2）分母（年化）GDP为往前滚动4个季度的累计值；（3）如果为正，表明为对外净资产；如果为负，表明为对外净负债。

图5–13　民间部门对外金融净资产情况

（资料来源：国家外汇管理局，国家统计局）

三、国际收支自主平衡格局进一步形成

近一段时期经常项目和资本项目的差额形成互补，外汇储备基本稳定。国际收支无论是“双顺差”抑或“双逆差”都属于经济对外失衡。1994 年汇率并轨以来，除个别年份外，中国国际收支基本是经常项目与资本项目（含净误差与遗漏，下同）“双顺差”，2014 年以后才出现了经常项目顺差、资本项目逆差的国际收支格局。2018 年各季度，经常项目与资本项目顺逆差交替出现，外汇储备资产（剔除估值影响，下同）的增减规模均不大。全年，经常项目顺差 491 亿美元，较上年减少 70%，资本和金融项目逆差 302 亿美元，下降 59%；外汇储备资产增加 182 亿美元。2019 年上半年，经常项目顺差 1060 亿美元，资本和金融项目逆差 1036 亿美元，外汇储备资产小幅增加 25 亿美元，国际收支总体上保持基本平衡（见图 5–14）。

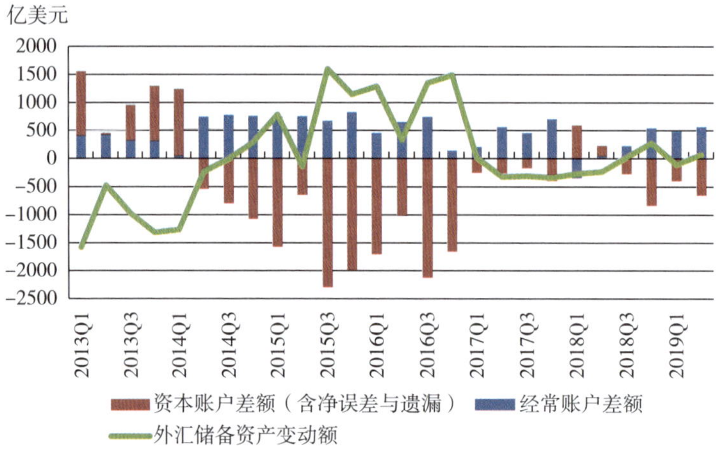

注：外汇储备资产增加为负值，减少为正值。

图5–14　中国国际收支自主平衡下的主要项目表现

（资料来源：国家外汇管理局）

短期资本流动的波动性低于 2015 年和 2016 年。2018 年，基础国际收支顺差（经常项目与直接投资差额合计）1561 亿美元，短期资本净流出（证券投资、其他投资和净误差与遗漏合计）1367 亿美元，短期资本净流出额与基础国际收支顺差之比为 88%，2019 年上半年这一比例为 98%，虽高于 2017 年的 60%，却远低于 2015 年和 2016 年的水平（分别为 192% 和 376%）（见图 5–15）。由此可见，在人民币汇率大幅震荡的情况下，市场预期基本稳定，汇率调节宏观经济和国际收支的“自动稳定器”作用增强。

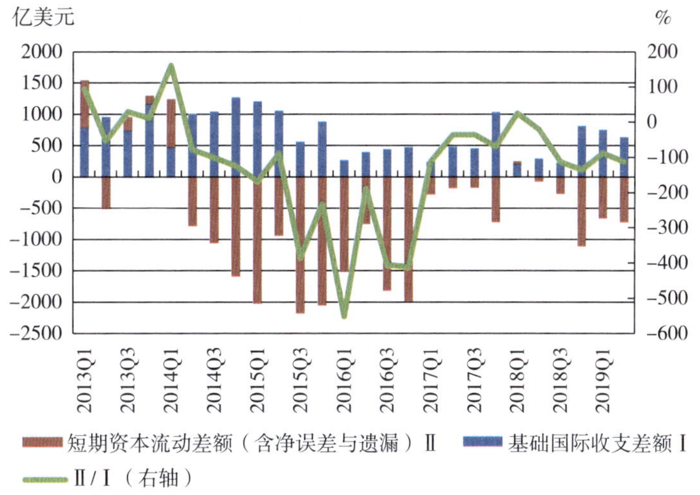

注：（1）短期资本流动差额=证券投资差额+金融衍生品交易差额+其他投资差额+净误差与遗漏额；（2）基础国际收支差额=经常项目差额+直接投资差额。

图5-15　基础国际收支差额与短期资本流动

（资料来源：国家外汇管理局）

第三节　人民币汇率走势与中国跨境资本流动状况展望

未来一段时期，中国国际收支形势具有平稳运行的条件，但也存在更大挑战，需要坚持改革开放，化解外部冲击；坚持底线思维，防范相关风险。

一、影响人民币汇率和资本流动的三大风险因素

（一）中美经贸摩擦仍是最主要的不确定因素

近年来，全球贸易保护主义持续升温，美国与许多经济体发生了贸易摩擦，尤其是在世界经济格局发生深刻变化、中国经济实力迅猛崛起的大背景下，美国出于战略、经济和政治等方面的原因，主动挑起并不断升级中美经贸摩擦。美国于 2017 年 12 月 19 日公布了特朗普任内首份《国家安全战略报告》，重申“美国优先”，将中国列为“战略竞争对手”，把对华经济关系定性为主要的安全威胁之一。2018 年以来，中美贸易关系跌宕起伏（见表 5–1）。

表5–1　2018年以来中美经贸摩擦大事记

日期	事件
2018年	
3月8日	美国决定自3月23日起，对自中国进口的钢铁和铝产品全面征税（“232措施”），税率分别为25%和10%
3月23日	美国发布“301”报告
4月4日	美国公布“301”清单，建议对中国500亿美元进口商品额外征税
4月4日	中国宣布将对美国500亿美元进口商品对等加征25%的关税

续表

日期	事件
5月29日	美国白宫发表声明称将对中国500亿美元商品征收25%的关税
6月16日	美国宣布对500亿美元商品加征25%的进口关税，其中第一部分约340亿美元商品加征关税措施于7月6日实施
6月16日	中国公布500亿美元对等征税商品清单进行反击
6月18日	美国宣称将对2000亿美元商品加征10%的关税
7月6日	美国对中国340亿美元商品开始加征25%的关税
7月6日	中国对美国340亿美元商品开始加征25%的关税
7月10日	美国发布拟征税2000亿美元商品清单
8月1日	美国提议将2000亿美元商品的税率由10%提高至25%
8月8日	美国宣布对第一轮500亿美元商品的剩余部分（160亿美元）加征25%的关税，8月23日生效
8月8日	中国宣布对160亿美元美国商品加征25%的关税，8月23日生效
9月18日	美国正式决定对2000亿美元商品加征关税，自9月24日起关税税率为10%，2019年1月1日起税率提高至25%
9月18日	中国决定对美国约600亿美元商品加征5%或10%的关税，自2018年9月24日起实施
12月14日	美国宣布对2000亿美元商品加征关税（从10%提高至25%）的时间由2019年1月1日改为3月2日
2019年	
3月5日	美国宣布再次推迟对2000亿美元商品提高关税至25%的期限
5月9日	美国宣布将2000亿美元清单商品关税税率由10%提高至25%
5月31日	美国宣布把原定于6月1日起提高关税的时间推迟至6月15日执行
6月29日	中美元首在大阪G20峰会上会晤，双方同意重启经贸磋商，美方表示不再加征新关税
7月9日	美国贸易代表办公室宣布，根据关税排除程序，对之前加征25%关税的110种中国商品取消关税
8月2日	美国总统特朗普发推特称，美国将从9月1日开始对自中国进口的总价值3000亿美元的货物加征不超过10%的关税
8月6日	美国财政部宣布将中国列为“汇率操纵国”
8月23日	中国决定对原产于美国的约750亿美元的进口商品加征10%、5%不等的关税，分两批自2019年9月1日和12月15日起实施
8月24日	美国总统特朗普宣布将之前对2500亿美元中国商品加征关税的税率从25%提高至30%，对另外3000亿美元中国商品加征关税的税率从10%提高至15%

资料来源：作者整理。

在不到两年的时间内，美国对中美经贸问题的态度出现了多次反复，中美经贸摩擦也成为影响全球经济金融和国际贸易的最大不确定、不稳定因素。在此期间，中国秉持着“打，奉陪到底；谈，敞开大门”的原则，一方面为维护正当权益，及时采取了相应的反制措施（见表5-1）；另一方面也一直在强调，双方在经贸领域的分歧和摩擦，最终需要通过对话和磋商来解决。为此，中方与美方进行了密集的高级别磋商（见表5-2）。

表5-2　2018年以来中美高级别贸易磋商历程

时间	事件
第一轮，2018 年2月27日至3月3日	刘鹤副总理访美
第二轮，2018 年5月3日至4日	美国财政部部长姆努钦率团访华
第三轮，2018 年5月15日至19日	刘鹤副总理率团访美
第四轮，2018 年6月2日至4日	美国商务部部长罗斯率团访华
第五轮，2019 年1月30日至31日	刘鹤副总理率团赴美

续表

时间	事件
第六轮，2019 年2月14日至15日	美国贸易代表莱特希泽和财政部部长姆努钦率团访华
第七轮，2019 年2月21日至22日	刘鹤副总理率团访美
第八轮，2019 年3月28日至29日	美国贸易代表莱特希泽和财政部部长姆努钦率团访华
第九轮，2019 年4月3日至4日	刘鹤副总理率团访美
第十轮，2019 年4月30日至5月1日	美国贸易代表莱特希泽和财政部部长姆努钦率团访华
第十一轮，2019 年5月9日至10日	刘鹤副总理率团访美
第十二轮，2019年7月30日至31日	刘鹤副总理与美国贸易代表莱特希泽和财政部部长姆努钦在上海举行高级别磋商

资料来源：作者整理。

经贸摩擦给全球经济带来较大不确定性。贸易摩擦没有赢家，美国单方面挑起并不断升级贸易摩擦，不仅严重威胁中美双边经贸关系，对双方的出口、就业带来冲击，增加双方企业和消费者的生产生活成本，还会冲击全球生产价值链的正常运行，对多边贸易体系带来深远的负面影响。2019 年 4 月，世界贸易组织发布的《全球贸易数据与展望》显示，受经贸摩擦升级等因素影响，2018 年全球贸易增长 3.0%，远低于预期水平，2019 年增长预期也由此前的 3.7% 大幅下调至 2.6%（WTO，2019）。同时，贸易保护主义政策让全球各国疲于应对，也损害了国际政治和经济秩序，给刚有起色的全球经济蒙上了阴影。6 月、7 月，多家国际机构下调全球经济增长预期，其中，世界银行对 2019 年经济增长的预测值由 2.9% 下调至 2.6%（世界银行，2019）；国际货币基金组织将 2019 年全球经济增长预期下调至 3.2%（IMF，2019），比 4 月时的预测值进一步下调 0.1 个百分点，是 2010 年以来的最低增速（见图 5–16）。

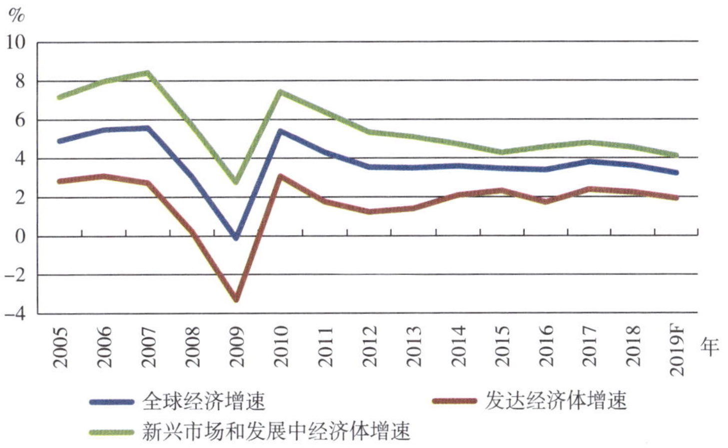

图5–16　全球经济增速

（资料来源：国际货币基金组织）

（二）国际金融市场可能动荡加剧

近一段时期，受世界经济周期可能见顶、国际贸易保护主义升级的影响，国际金融市场波动已有所加大。首先，资本市场尤其是股票市场回调风险加大。2018 年，主要发达经济体的股市出现下跌，美国股市在经历长期上行后开始出现震荡，道琼斯工业平均指数下跌 6.0%。2019 年以来美国股指总体上涨，但受全球贸易局势紧张、美国乃至世界经济前景看淡的影响，股票市场回调的压力也在进一步积聚。其次，国际汇市的波动性和不确定性进一步增加。2018 年美联储加息 4 次，推动美元持续升值，美元指数较 2017 年末上涨 4.4%（见图 5-17）。2019 年以来，虽然美联储停止加息并进行降息，但美元汇率依然在高位震荡。这主要是由于欧洲经济更具不确定性，英国脱欧、法国“黄马甲”运动、德国经济疲弱等问题打压欧元，使得国际汇市更加扑朔迷离。

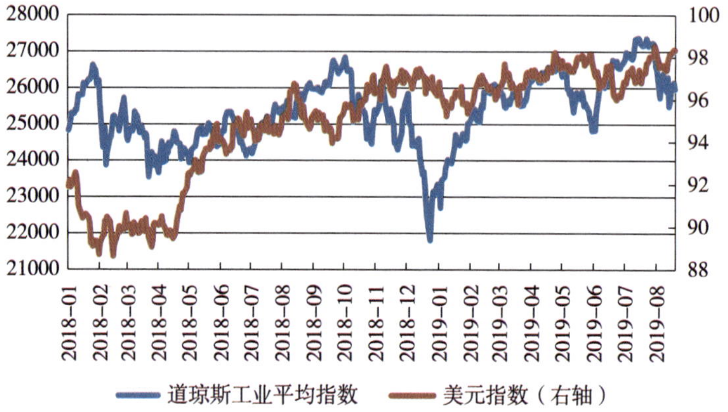

图5-17　美国主要股票指数和美元指数

（资料来源：Wind）

内外部因素触发部分新兴经济体出现金融动荡，主要表现为资本外流、货币贬值、股市下跌。部分新兴经济体的货币贬值幅度较大，阿根廷、土耳其、巴西、南非、俄罗斯、印度 2018 年货币贬值幅度均超过 10%。其中，阿根廷比索累计贬值超过 50%，成为新兴经济体中表现最差的货币，土耳其里拉贬值 30% 左右。JP Morgan 新兴市场货币指数（EMCI）和 MSCI 新兴市场股票指数全年跌幅分别超过 10% 和 16%（见图 5-18）。受金融市场动荡的影响，新兴经济体面临经济增速下滑的风险。土耳其国家统计局 2019 年 3 月的数据显示，2018 年土耳其 GDP 仅增长 2.6%，较 2017 年的 7.4% 出现“断崖式”放缓，第一季度甚至出现负增长；经合组织（OECD）也在 3 月 6 日发布的中期经济展望中下调了 2019 年土耳其经济增长预期，从此前的增长 0.4% 下调至下降 1.8%。另据阿根廷官方统计，2018 年其 GDP 实际下降了 2.5%，其中第四季度更是下降了 6.2%；IMF 预测，2019 年阿根廷经济未能有根本性改观，其 GDP 实际增速可能还是负数，预计负增长 1.6%。

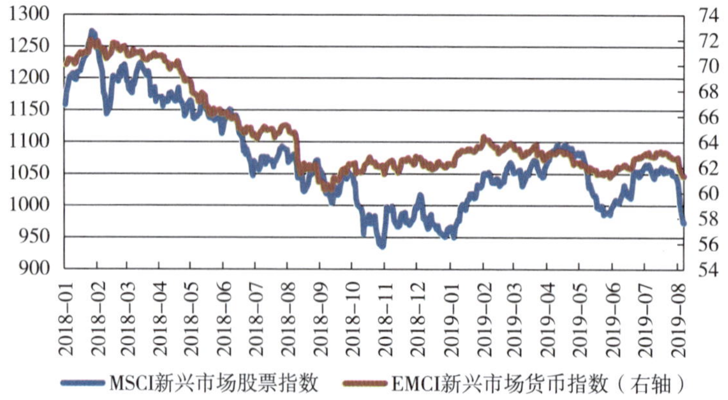

图5-18　新兴市场主要货币指数和股票指数

（资料来源：Wind）

在扩大对外开放的背景下，我国经济金融与国际同向联动增强，外部冲击带来的溢出效应有所增加。历史上看，美股波动往往会引发全球商品、外汇、债券等风险资产有所调整；再加上新兴市场货币动荡进一步恶化全球信心，导致个别经济体的动荡局面向其他新兴市场传染。因此，国际金融市场动荡也会对我国汇市、跨境资本流动等产生影响。未来，在全球经济减速、英国脱欧、美国大选、地缘政治冲突等经济、政治不稳定因素交织下，外部环境波动可能较大，将给我国带来较大的输入性风险。

（三）国内经济下行压力有所增加

近一段时期，国内经济始终笼罩在经贸摩擦的阴霾之下，下行压力加大。2019 年第一季度和第二季度，国内生产总值实际增速分别为 6.4% 和 6.2%，经济放缓迹象有所显现。首先，工业生产和利润状况均有所走弱。2019 年 1~7 月，规模以上工业增加值实际增速为 5.8%，比 2018 年同期增速放慢 0.8 个百分点，比 2019 年第一季度增速放慢 0.7 个百分点。2019 年上半年，全国规模以上工业企业利润同比下降 2.4%，而 2018 年同期为增长 17.2%。其次，内需略显疲态。2019 年 1~7 月，固定资产投资同比增长 5.7%，比 2018 年同期增速略高 0.2 个百分点，但比 2019 年第一季度增速放慢 0.6 个百分点。2019 年 1~7 月，社会消费品零售总额同比增长 8.3%，比 2018 年同期增速放慢 1 个百分点（见图 5-19）。

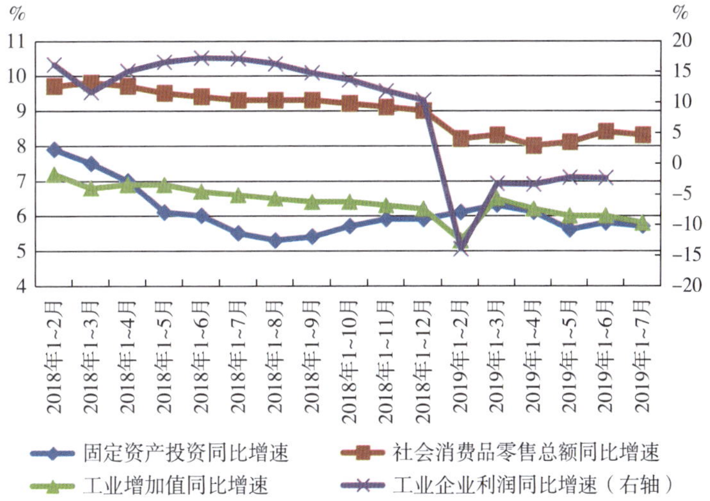

注：图中为累计同比增速。

图5-19 我国工业增加值、工业企业利润、投资和消费指标

（资料来源：国家统计局）

国内经济基本面是人民币汇率和跨境资本流动平稳运行的根本性因素。在经济基本面的支撑下，人民币汇率和资本流动在波动后能够逐步回归到一个相对稳定的状态。经济稳、预期稳，才能够实现汇率稳和国际收支稳。总的来看，当前我国经济虽然面临一些问题，但在全球范围内的表现依然相对良好。经济增速有所放缓，但高质量发展的目标和做法更加深入人心，当前国际市场对我国经济的预期比较平稳。如在国际市场交易的中国国债信用违约掉期（CDS）价格，2019 年年中时降到 40 点左右，而 2018 年底时是 60 点以上，在 2016 年初的时候曾接近 150 点（见图 5-20），但国际上并没有出现强烈看空中国的声音。但在经贸摩擦下，内外部风险因素叠加，将给人民币汇率和我国跨境资本流动带来更大的压力。

注：CDS价格越高说明市场认为其违约风险越大，价格越低说明市场认为其违约风险越小。

图5-20 中国国债信用违约掉期（CDS）价格

（资料来源：路透）

二、未来人民币汇率走势存在三种情形

第一种是“基准情形”，即人民币汇率在双向波动中保持基本稳定。若国内外宏观经济金融环境不再发生较大变化，而且市场相信政府有意愿、有能力维持汇率稳定，则市场不会主动攻击这种货币。首先，中美经贸摩擦延续打打停停、边打边谈的总体走势，市场对经贸谈判的预期保持谨慎，对经贸摩擦的波动有所预判，既不会过度乐观，也不会因剧情反转而感到更加意外和震惊；同时，经贸摩擦对贸易、实体经济的影响逐步显现但又缓慢释放，国内相关政策的对冲作用使得实体经济受到的影响仍在可控范围内。其次，国际金融市场虽时有震荡，但未形成较大范围和较深程度的冲击影响，美元汇率在一定区间内有所波动。最后，国内经济下行幅度总体可接受，全年经济增长目标基本可实现。

第二种是“好的情形”，即人民币汇率震荡升值。如果国内经济企稳、美元指数走弱、经贸摩擦缓解，则人民币汇率稳定有基本面的支持。首先，中美经贸磋商相对顺利，双方不再升级加征关税措施，避免了经贸摩擦的继续恶化，经贸摩擦因素对市场的冲击作用减弱，对国内实体经济的影响总体可控。其次，美国经济增速放缓，欧洲经济政治稳定性有所提高，美元指数进入下行通道，人民币汇率相应受到升值的支撑。最后，国内经济在逆周期宏观调控下进一步趋稳，市场信心逐步增强，经济发展势头更加向好，为人民币汇率保持强势奠定了经济基础。

第三种是“差的情形”，即人民币汇率朝贬值方向进一步下探。如果国内经济下行、美元指数走强、经贸摩擦激化，则人民币汇率稳定缺乏基本面的支持，则要考验政府政策定力。首先，中美经贸摩擦进一步恶化，双方再次升级加征关税措施，经贸摩擦向科技、金融等领域扩散的风险加大，或者是我国香港的政治局势引发中美甚至中国与西方关系更趋紧张，外部压力将明显加大。其次，尽管美国经济增速放缓、美联储降息，但由于欧洲经济更加疲弱，英国脱欧等问题使得欧洲政治不确定性增加，欧元走弱将使得美元指数被动上涨。最后，在中美经贸摩擦升级影响下，国内经济下行压力明显上升，人民币汇率将进一步承压。

当然，在内外部环境复杂多变，经济、政治、市场等各种因素多空交织的背景下，人民币汇率走势的三种情形可能会相互交叉，存在阶段性的短期转换，难以精准地定位和预知。但可以肯定的是，未来

人民币汇率的双向波动将更加常态化，不可能持续升值也难以持续贬值，无论是政府还是市场都需要积极适应这种新常态。

专栏5-1 市场较好吸收了人民币“破7”冲击波

2019年8月5日，境内人民币对美元银行间市场交易价“破7”。从之后几天的市场表现看，境内外汇市场未出现“破7”恐慌，“破7”的溢出效应基本上是一过性的。

人民币汇率短暂震荡后企稳。虽然“破7”后人民币对美元汇率中间价快速小幅下跌，由8月2日的6.8996跌至8月7日的6.9996，累计下跌1000个基点（0.1元），但境内银行间市场交易价振幅逐日收窄。8月5日，美元对人民币汇率收盘价较当日中间价上涨了1.6%（人民币对美元汇率下跌），较上日收盘价上涨1.3%；最高价较当日中间价上涨1.9%。6日，上述三者别为上涨0.92%、下跌0.04%和上涨1.3%；7日分别上涨0.6%、0.1%和0.9%。银行间市场交易价已脱离日波幅上限，意味着人民币汇率贬值压力减弱。

境内外汇市场未出现“破7”恐慌。一是市场预期基本稳定。从境内外汇率差价看，境外CNH相对于境内CNY持续偏弱，但差价并未持续走扩。8月5日，境内外汇率差价由上一交易日的347个基点跳升至633个基点，6日缩至216个基点，7日为413个基点。从1年期无本金交割的人民币远期交易（NDF）看，其隐含的人民币汇率贬值预期各日分别为2.4%、1.8%和1.3%，逐渐趋于收敛。二是外汇市场运行平稳。8月5日至7日，银行间市场询价交易日均成交额为322亿美元，虽高于6月、7月日均270多亿美元的水平，却与2018年8月至2019年5月间每月日均成交300多亿美元的水平基本相当。

“破7”的溢出效应基本上是一过性的。一是全球市场避险情绪大起之后企稳。8月5日，标普500波动率指数（VIX）升至24.6，较上日上升了39.6%，但次日即回落至20.2。二是避险货币及资产出现“一日游”行情。避险货币如日元对美元汇率首日升值0.6%，次日贬值0.5%；瑞士法郎对美元汇率首日升值0.9%，次日贬值0.3%。避险资产如10年期美国国债收益率首日下跌11个基点，次日仅下跌2个基点；伦敦现货黄金价格首日上涨1.6%，次日持平。三是风险资产和新兴市场货币只是短期承压。道琼斯工业平均指数首日下跌2.9%，次日上涨1.2%；伦敦富时100指数各日分别下跌2.5%和0.7%；日经225指数分别下跌1.7%和0.7%；恒生指数分别下跌2.9%和0.7%；伦敦布伦特原油现货价分别下跌2.7%和1.3%；EMCI新兴市场货币指数分别下跌0.9%和0.02%。同期，上证综指分别下跌1.6%和1.6%，但7日跌幅降至0.3%。

人民币汇率剧震不减政策公信力。尽管人民币“破7”后弹性增加，但市场依然相信政府有意愿也有能力保持人民币汇率基本稳定。同时，央行重视和改善汇率政策沟通及预期引导工作，也发挥了积极作用。在叠加美方将中国列为“汇率操纵国”的冲击下，人民币汇率展现出了相当的韧性。虽然此后人民币对美元汇率持续温和贬值，但主要是受美国再次升级贸易争端的影响，与人民币“破7”并无直接关系。

总之，影响人民币汇率稳定的不确定因素依然较多，而不只是一个整数或者心理关口的问题。还需要确立底线思维，在加强国内外形势监测分析的基础上，做好应对预案，从最坏处打算争取最好的结果。

三、2019年国际收支保持自主平衡的可能性较大

（一）经常账户仍可能维持小幅顺差

货物贸易顺差将阶段性扩大。首先，内需回落将对进口增长形成抑制。在投资方面，通过创建公平、开放、透明的市场规则和法治化营商环境，改善民营企业和小微企业融资困境，有助于促进民间投资和制造业投资进一步回升。但从广义货币供应和社会融资总规模低速增长的情况看，提振市场信心、疏通货币政策传导机制恐难一蹴而就。而加大政府基建投资支出，受基数和地方财力影响，不可能扩张太快，而且边际进口倾向较低。在消费方面，近年来家庭债务负担上升较快，加上社会保障机制较弱、居民收入预期较差，消费仍将是经济增长的重要拉动力量但不宜期望过高。例如，尽管2018年下半年国家将整车进口关税由25%降至15%，但当时我国汽车市场呈现出持续扩大的负增长态势，下半年全国乘用车销量同比减少11.8%，汽车和汽车底盘的进口数量下降6.0%，而2017年时为增长14.9%。进入2019年后，1~7月全国乘用车销量同比减少12.8%，汽车和汽车底盘的进口数量下降9.9%（见图5-21）。可见，决定进口多少的是国内需求，而不是进口关税。其次，中美经贸摩擦下，中国对美贸易顺差减少并不意味着中国贸易总顺差等量下降。如果中美短期内难以达成协议，美国追加关税，则可能减少中国对美出口，但中国将会增加对其他国家和地区的出口，并减少与对美出口有关的进口，同时也会减少直接的自美进口。未来即使双方达成协议，中方承诺更多从美国采购产品，以改善中美贸易失衡。但中国能否实质增加自美进口，取决于美方能否输出中方需要的产品。同时，中国国内的需求不会陡然增多，中国自美采购的增加，意味着中方有可能减少自其他国家和地区的进口。

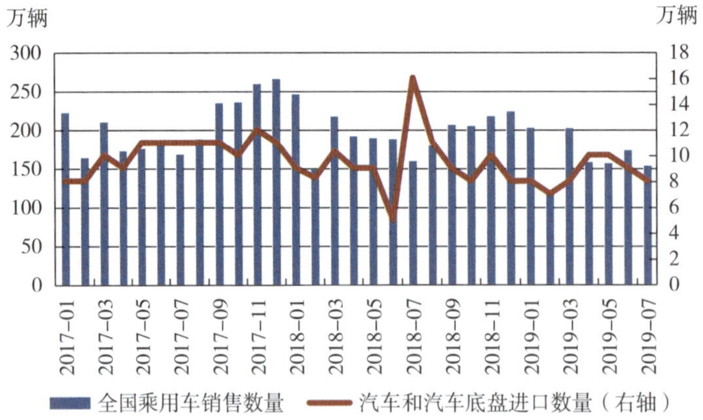

图5-21　全国乘用车销售数量、汽车和汽车底盘进口数量情况

（资料来源：Wind）

服务贸易逆差大幅扩张的可能性较低。近年来，我国服务贸易逆差达到较高规模后增幅相对平稳。2014年，服务贸易逆差首次超过2000亿美元，2018年升至2922亿美元，年均增幅为8.1%。其中，旅行是主要的逆差项目，2014年和2018年分别为1833亿美元和2370亿美元，年均增幅为6.6%。主要反映了近年来在国内居民个人可支配收入上涨、消费升级的背景下，出境旅游、留学和就医等支出的增长。此外，运输是除旅行以外的第二大逆差项目，2018年逆差669亿美元，年均增幅为3.7%，主要反映了进口增长带来的运输支出增加。根据海关统计，出口是离岸价格（FOB），进口是到岸价格（CIF），后者含国际保险和运输（货运）费。按照国际收支的统计口径，保费和运费均属于服务贸易，其中保费通常按

进口额的1%计算，运费按进口额的4%计算。目前，第三大逆差项目是知识产权使用费，2018年为302亿美元，年均增幅为8.3%，主要反映了国内知识产权保护意识和力度的增强，也证明了国外关于中国窃取知识产权、强制知识产权转让的指控是不实之词。2019年服务贸易逆差可能在较高规模下保持相对稳定。从影响最大的旅行项目看，过去几年我国居民收入持续增加，消费需求逐步升级，掀起了国内居民出国旅游、留学的热潮。目前，这种消费升级进入了一个新的阶段，例如，国家统计局在2018年3月就宣布2017年我国城乡居民恩格尔系数为29.3%，首次低于30%，总体进入富足区域。而且，国内居民境外旅游、留学支出已达到较高规模，2019年上半年已出现回落态势（见图5-22），未来持续大幅增长的可能性有所降低。此外，从运输项目看，如果2019年国内需求减弱使得进口增长有限，运输支出也会受到影响。

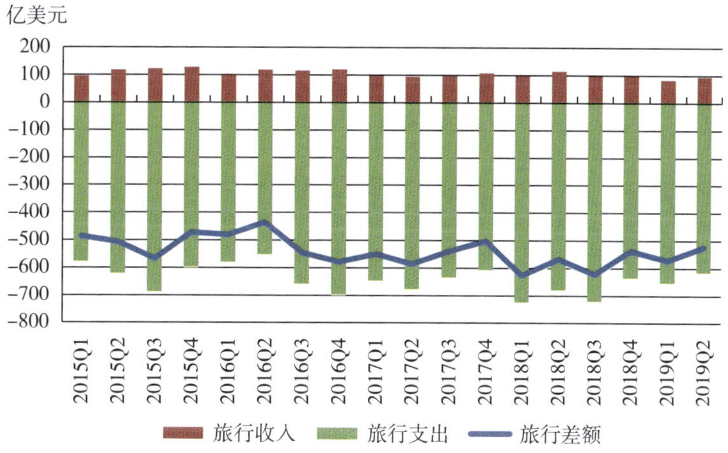

图5-22 旅行收入、支出和差额情况

（资料来源：国家外汇管理局）

（二）资本项下（含净误差与遗漏）将呈现小幅净流出

直接投资有望保持稳定的净流入。一方面，中国按照准入前国民待遇加负面清单管理原则扩大市场准入，实施新的《外商投资法》，有利于进一步扩大对外开放，保护外商投资合法权益，营造稳定、透明、可预期和公平竞争的市场环境，将鼓励外商直接投资流入。但世界经济不景气、国际金融动荡加剧可能抑制全球外商直接投资的活跃度。中美经贸摩擦升级将进一步压低外商来华投资的意愿。另一方面，中国对外直接投资将继续保持平稳增长，甚至为规避贸易壁垒，国内企业将加速对外投资布局。然而，欧美加强对外国投资的安全审查，将抑制中国企业“走出去”。如果经常项目顺差扩大、直接投资净流入规模稳定，则中国基础国际收支顺差规模有望增加，这有助于抵御跨境资本流动冲击。

短期资本流动震荡加剧且总体偏流出方向。2019年影响中国对外经济运行因素众多，其演进方向和影响均不确定。例如，受财政刺激作用减弱，加息、缩表、升值造成金融条件紧缩，以及贸易局势紧张影响，美国乃至全球经济增长有可能减速，这有助于缓解经济周期差异造成的中国资本外流压力，却有可能影响中国外贸出口。再如，经济增长放缓，有可能触发全球风险资产价格调整，这有助于吸引外资配置人民币资产，但也可能因为避险情绪而刺激资本逃离中国。又如，经济增长放缓、金融动荡加剧、美联储坚持不加息，缓解了中国资本外流压力，但外需疲弱、避险情绪又可能加速中国资本外流。在上述诸多变数下，预计中国跨境资本流动会有两种情景：一是全球经济放缓尤其是欧元区经济困境加重，国际金融动荡进一步推高美元指数，叠加国内经济下行，人民币汇率可能继续面临贬值压力，短期资本流动将偏流出方向。二是美联储继续降息、美国经济下行压力加大、欧元区经济金融形势趋稳等推动美元指数回落，加上国内经济企稳，人民币汇率将重新面临升值压力。此时，央行有可能退出外汇市场常态干预，基础国际收支顺差需要短期资本净流出来对冲。

鉴于2019年有可能步入2008年危机应对政策的总清算期，加上中美经贸摩擦前景不明，考验世界经济复苏的可持续性，预计中国跨境资本流动的两种情景将会交替出现。但不论资本流入还是流出，都不意味着人民币汇率必然升值或者贬值。基于中国经济正在震荡筑底、美国经济步入周期尾声的总体判断，中国发生跨境资本集中流出的风险较低。当然，各方仍有必要按照底线思维，对最坏的情形在心理和措施上做好准备。

四、政策建议

（一）以供给侧结构性改革为主线，坚持深化市场化改革

近一段时期，面对复杂的国际环境和艰巨的国内改革任务，中国坚持稳中求进的工作总基调，经济金融运行整体稳健，但面临的不确定因素仍然较多。当前，中国经济处于新旧动能转换的关键时期，应保持战略定力，坚定不移办好自己的事（陈四清，2019），这是防范和化解金融风险的根基。2019年7月中共中央政治局在分析研究当前经济形势和部署当前经济工作时指出，要紧紧围绕“巩固、增强、提升、畅通”八字方针，深化供给侧结构性改革，提升产业基础能力和产业链水平。深挖国内需求潜力，拓展扩大最终需求，有效启动农村市场，多用改革办法扩大消费（新华社，2019）。

具体来说，应加快经济结构调整、国内创新发展和产业转型升级，加大科技投入力度，培育经济增长新动能。提升服务业国际竞争力，增强服务业出口创汇能力，特别是要摆脱关键核心技术被境外“卡脖子”的情况。更加注重加强产权和知识产权保护，创造公平竞争的市场环境，激发各类市场主体特别是民营企业的活力；将逆周期调节措施与补短板、加强长期制度建设结合起来，着力提高对民营企业、小微企业等实体经济的支持力度。坚持结构性去杠杆的基本思路，稳妥处理地方政府债务风险，继续推动产能出清、债务出清、“僵尸企业”出清。继续推进与不同经济体和国家的贸易自由化建设；提高贸易产品科技质量，优化出口外贸产品结构。

（二）资本市场对外开放逐步深化，是我国实施高水平对外开放的应有之义

2018年，中国金融开放提速，市场的开放程度、竞争力和影响力不断提升，得到国际市场的普遍肯定和认可。其中，人民币股票和债券纳入全球指数，境外金融机构加快在中国布局，这些都将带来增量资金流入。未来，应继续贯彻落实习近平总书记关于“无论是完善金融服务，还是防范金融风险，都要深化金融改革开放”的指示精神，稳步推进金融业全面开放，助力金融供给侧结构性改革和金融体系结构调整优化，以更加透明、更符合国际惯例的方式同等对待内外资金融机构，进一步联通境内外资本市场，支持中国经济高质量发展。

其中，资本市场开放是中国资本账户开放的重要内容，具有较强的现实意义。首先，发展资本市场、

提高直接融资比重是优化融资结构和增强金融服务实体经济能力的内在需求。其次，通过多种渠道利用外资，有利于优化我国利用外资的结构，降低利用外资的成本。我国利用外资的成本很高，主要是由于大部分属于直接投资，而股权投资要求的回报较高。但像美国、日本很多都是用于债券投资或者是证券投资，成本相对较低。最后，通过引入境外投资者参与资本市场，有利于改善国内上市公司的治理。引入境外投资者可以学习境外投资者基于基本面长线的、成熟的、先进的投资理念，有利于投资价值的发现，提高上市公司质量，也有助于建立一个规范、透明、开放、有活力、有韧性的资本市场。

但任何事情都有利有弊，我们需要关注跨境证券投资增多有可能诱发的资本流动冲击风险。所有资本流出引发的货币危机、债务危机都是从资本流入开始的。证券投资就属于波动性较大的顺周期的短期资本流动，即所谓的国际游资或热钱。理论上，可以通过保持国内经济金融体系的健康性，尝试把热钱变成冷钱，把短钱变成长钱。但只要国内经济或金融有周期，跨境证券投资就有可能放大周期。因此，资本流动不仅会惩罚政策失败者，还惩罚政策成功者，因为后者在前期吸引了大量的热钱流入。而且，随着外资参与本地金融市场的程度上升，境内外市场的联系将更加紧密，联动性也会进一步加强。跨境证券投资将受到境内市场绝对和相对表现的双重影响，可控性大大降低，波动性大大增强。届时，哪怕相关资本流入或流出的绝对规模不是很大，但在边际上仍可能放大人民币汇率的波动。

（三）进一步完善金融风险防控体系

一是充分发挥国务院金融稳定发展委员会的统筹协调作用，统筹把握各领域出台政策的力度和节奏，形成政策合力（易纲，2019）。二是不断完善跨境资本流动风险管理，建立宏观审慎和微观市场监管的双层管理框架。宏观审慎从维护金融市场稳定大局出发，以防控大规模、不稳定跨境资本流动冲击引发的系统性金融风险为总体目标，主要针对市场顺周期波动，采用必要的逆周期管理工具，调控市场主体交易行为，强化对系统重要性机构的监测监管。微观市场监管保持政策和执法标准跨周期稳定性、一致性和可预期性，坚持功能监管，加强行为监管，分类管理、合理引导对外投资健康有序发展，打击跨境套利、地下钱庄、非法网络炒汇等违法违规活动，强化反洗钱、反恐怖融资、反逃税监管（潘功胜，2019）。三是加强跨境资本流动监测，并在情景分析、压力测试的基础上拟订应对预案，丰富政策工具箱。四是继续有序化解各类金融风险。既要防范化解存量风险，也要防范各种“黑天鹅”事件，阻断跨市场、跨区域、跨境风险传染，保持股市、债市、汇市平稳健康发展。坚持对非法金融机构和非法金融活动打早打小、露头就打。

（四）保持定力，继续推进人民币汇率形成机制改革

人民币汇率的中长期走势取决于经济基本面，短期走势则取决于供求关系和市场情绪。短期内市场汇率不可能自动稳定在均衡水平上，而是处于多重均衡状态，当市场情绪偏空时过度贬值，当市场情绪偏多时过度升值。因此，从市场的角度看，一方面，要认识到在市场汇率制度下，人民币汇率总是有涨有跌的，而不论涨跌都有利有弊，不存在升值绝对好、贬值绝对不好的定论。因此，要克服浮动恐惧。另一方面，要认识到深化市场化汇率改革、增加汇率弹性是大势所趋，同时鉴于外汇市场是有效市场、汇率是随机游走的，不要去赌汇率的方向和政策的取向，而要进一步树立财务中性的意识，逐步培养提高自身控制货币错配敞口、管理汇率风险的能力（管涛，2018；2019）。

从政府的角度讲，关于最优汇率选择（包括汇率制度安排和汇率政策操作）的国际共识是“没有

一种汇率制度适合所有国家以及一个国家的所有时期”（Frankel，1999），而只有政策目标的取舍之别。2019 年 8 月，人民币汇率“破 7”后，外汇市场保持平稳运行，市场预期基本稳定，外汇供求基本平衡。这打开了汇率弹性空间，进一步推进了汇率市场化改革。从我国的实际情况看，在扩大开放过程中防范化解金融风险，创新完善宏观调控的重要体制机制保障，应继续完善汇率形成机制改革，更好地发挥汇率的“自动稳定器”作用。同时，在情景分析、压力测试的基础上做好应对预案。尤其是在最坏的情形下，政策上应该做取舍，需要未雨绸缪、防患于未然。

参考文献

[1] 陈四清 . 全球经济进入分化与博弈新阶段——2018 年全球经济金融回顾与展望 [J]. 国际金融研究，2019（1）.

[2] 国家外汇管理局国际收支分析小组 . 2018 年中国国际收支报告 [R/OL]. [2019-03-29]. http://www.safe.gov.cn/safe/2019/0329/12860.html.

[3] 国际货币基金组织 . 世界经济展望 [R]. 2019.

[4] 管涛 . 人民币汇率走势回顾与展望 [J]. 新金融，2019（2）.

[5] 管涛 . 积极面对不确定环境下的外汇市场 [N]. 证券时报，2018-11-16（A06）.

[6] 潘功胜 . 外汇管理改革发展的实践与思考——纪念外汇管理改革暨国家外汇管理局成立 40 周年 [EB/OL]. http://www.safe.gov.cn/safe/2019/0121/11225.html.

[7] 世界贸易组织 . 全球贸易数据与展望 [R]. 2019.

[8] 世界银行 . 全球经济展望 [R]. 2019.

[9] 中共中央政治局召开会议分析研究当前经济形势和经济工作 [EB/OL]. [2019-07-30]. 新华网，http://www.xinhuanet.com/2019-07/30/c_1124817133.htm.

[10] 易纲 . 继续扩大金融业开放推动经济高质量发展——在中国发展高层论坛上的讲话 [R]. 2019.

[11] 中国人民银行货币政策分析小组 . 2018 年第四季度中国货币政策执行报告 [R/OL]. [2019-02-21]. http://www.pbc.gov.cn/zhengcehuobisi/125207/125227/125957/index.html.

[12] Frankel，J.. No Single Currency Regime is Right for All Countries of at All Time[R]. NBER Working Paper，No.7338, 1999.

第六章　金融基础设施视角下的金融稳定

杨　涛　李　鑫[①]

第一节　金融基础设施与支付清算体系

金融基础设施，广义上讲包括综合的法律体系、交易规则和技术、支付和清算系统、规制与监管制度、透明度原则与会计准则、破产法规与合同强制履行机制等。其中，法律体系、会计基础设施、监管系统和支付清算系统是金融基础设施最主要的组成部分。然而从狭义上讲，特别是从金融稳定的视角来看，则焦点更多地落在支付清算体系上。[②]

在国际金融危机之前，人们就这种狭义的金融基础设施更多关注的是以中央银行为中心的支付清算体系；而在国际金融危机之后，金融市场中的基础设施受重视程度与日俱增。2012 年，国际清算银行支付与结算委员会（CPSS，2014 年 9 月更名为 CPMI）和国际证监会组织（IOSCO）共同发布了《金融市场基础设施原则》（Principles for Financial Market Infrastructures，PFMI），并划分了五类金融市场基础设施：支付系统、中央证券托管系统、证券结算系统、中央对手方、交易数据库。该原则已经成为各国推动金融市场基础设施的“共识”。从中可见，通常我们所说的支付清算体系已被这五类金融市场基础设施（FMIs）所囊括。

从国内来看，作为狭义的金融基础设施，支付清算体系最为核心的组成部分包括由中国人民银行直接和间接主导的体系、第三方支付机构体系和证券清结算体系。

① 杨涛系国家金融与发展实验室副主任、中国社会科学院金融研究所研究员；李鑫系中国社会科学院金融研究所支付清算研究中心副秘书长。

② 其他几个方面的金融基础设施并非与金融稳定无关，只是通常在针对金融稳定的研究中，较少将其放在金融基础设施的范畴中进行讨论，而是作为一些专门的因素被研究，比如建立在公允价值基础上的市值计价原则放大了资产价格周期与信贷周期效应，评级机构无法对风险集聚及时预警而只是进行事后评级和修正反而加剧经济恶化的预期，等等。

一、中央银行支付清算体系

我国的支付系统主要由中国人民银行主导建设，包括大额实时支付系统、小额批量支付系统等子系统，以及其他间接监管的系统。总体来看，自2018年以来我国支付系统稳健运行，2018年共处理支付业务2157.23亿笔，金额6142.97万亿元；2019年上半年共处理支付业务2372.30亿笔，金额3366.70万亿元，在金额保持稳定的情况下笔数增幅明显。

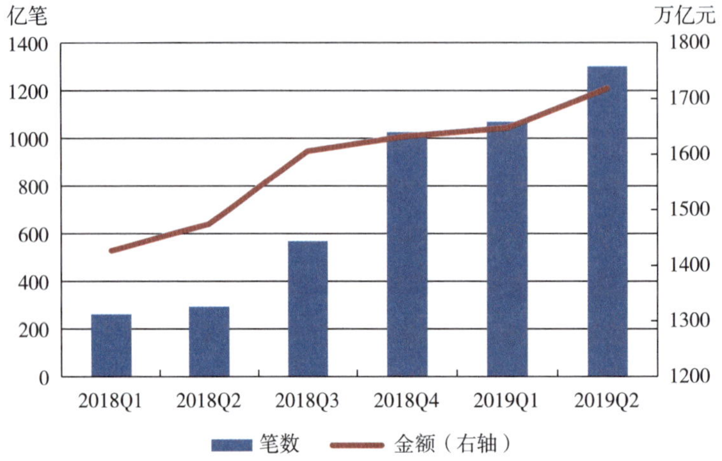

图6-1 2018年以来各季度支付系统处理的支付业务笔数及金额情况

（资料来源：中国人民银行支付结算司）

从各类子系统来看，人民银行支付系统[①]2019年上半年共处理支付业务82.12亿笔，金额2552.21万亿元，同比分别增长13.36%和18.78%，分别占支付系统业务笔数和金额的3.46%和75.81%。其中，大额实时支付系统业务量稳步增长，2019年上半年共处理支付业务5.37亿笔，金额2425.25万亿元，同比分别增长4.88%和19.60%；小额批量支付系统业务金额增幅较大，2019年上半年共处理支付业务11.49亿笔，金额24.96万亿元，同比分别增长12.43%和57.08%；网上支付跨行清算系统业务量保持增长，2019年上半年共处理支付业务63.75亿笔，金额49.57万亿元，同比分别增长14.95%和19.22%；同城清算系统业务金额保持下降趋势，2019年上半年共处理支付业务15015.92万笔，金额48.34万亿元，同比分别下降8.04%和18.69%；境内外币支付系统业务笔数小幅增长，2019年上半年共处理支付业务104.10万笔，金额6023.89亿美元，笔数同比增长0.07%，金额同比下降2.95%。

此外，银行业金融机构行内系统业务量有所下降，2019年上半年共处理支付业务81.11亿笔，金额601.54万亿元，同比分别下降54.66%和11.21%。银行卡跨行支付系统业务笔数保持增长，2019年上半年共处理支付业务571.82亿笔，金额82.95万亿元，同比分别增长314.15%和47.83%。城市商业银行汇票处理系统和支付清算系统业务笔数有所增长，2019年上半年共处理支付业务219.58万笔，金额3310.23亿元，笔数同比下降93.41%，金额同比增长13.72%。农信银支付清算系统业务量有所下降，2019年上半年共处理支付业务5.06亿笔，金额14844.98亿元，同比分别下降83.80%和59.44%。人民币跨境支付系统业务量持续增长，2019年上半年共处理支付业务83.98万笔，金额15.83万亿元，同比分别增长25.74%

① 含大额实时支付系统、小额批量支付系统、网上支付跨行清算系统、境内外币支付系统、同城清算系统。

和 31.92%。网联平台运行平稳，2019 年上半年共处理支付业务 1632.17 亿笔，金额 112.35 万亿元。

二、第三方支付机构体系

易观监测数据显示，2019 年上半年，中国第三方支付综合支付业务的总体交易规模达 1191918.3 亿元，同比增长 16.72%。其中，支付宝、腾讯金融和银联商务分别以 45.85%、33.11% 和 9.07% 的市场份额居前三位。三者市场份额总和达到 88.03%。

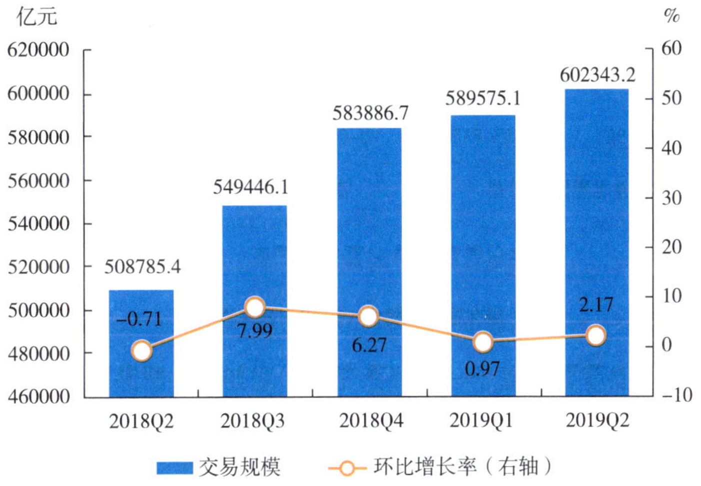

图6-2　2018年第二季度至2019年第二季度中国第三方支付综合支付市场交易规模

（资料来源：Analysys易观）

2019 年上半年，中国第三方支付互联网支付市场交易规模为 60649.4 亿元，同比降低 9.32%。支付宝以 24.78% 的市场占有率保持互联网支付市场第一名，银联支付保持行业第二的位置，市场占有率达到 24.17%；腾讯金融以 10.25% 的市场占有率位列第三，前三家机构共占据互联网支付行业交易份额的 59.20%。

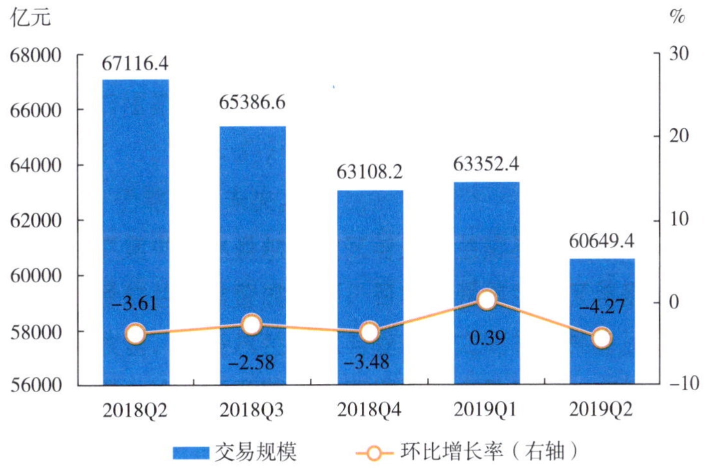

图6-3　2018年第二季度至2019第二季度中国第三方支付互联网支付市场交易规模

（资料来源：Analysys易观）

2019年上半年，中国第三方支付移动支付市场交易规模达967970.9亿元，同比增长21.49%。其中，支付宝以53.29%的市场份额夺得移动支付头名，腾讯金融的市场份额达到39.46%，位列第二。

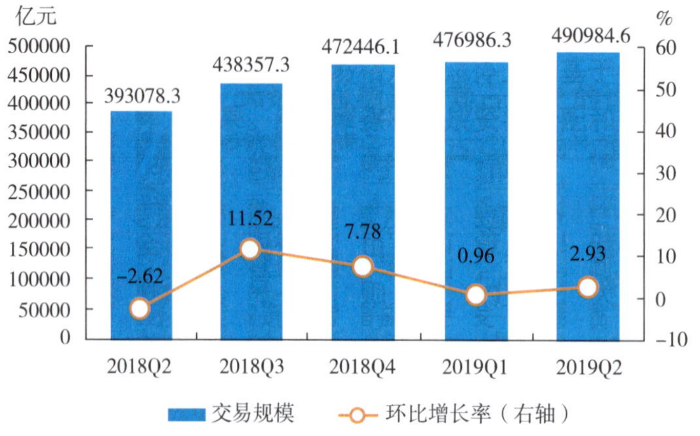

图6-4　2018年第二季度至2019年第二季度中国第三方支付移动支付市场交易规模

（资料来源：Analysys易观）

第三方支付增速的加快主要受益于移动支付的环比快速增长，移动支付整体交易规模增幅较大在一定程度上弥补了互联网支付小幅下跌对整体的影响。线下收单机构继续大力度整合扫码支付和银行卡刷卡支付，更多平台型支付机构对线下市场的深耕也带动了市场需求，作为支付“最后一公里”市场竞争变得更加剧烈，但同时为第三方支付综合支付市场规模保持稳定增长做出贡献。支付宝和腾讯金融继续保持对线下支付市场的投入，但策略略有分化，支付宝沿用对B端商户的扶持政策，利用类似余利宝、小微商户贷款等产品建立商户黏性；腾讯金融更多关注支付市场盈利能力以及对商户的直接触达。电商、航旅、互联网消费金融等行业的发展进一步支撑了综合支付市场的整体交易规模，同时随着费率更加透明，银行卡收单的费率逐渐和扫码支付拉平，令银行卡收单市场交易规模保持稳定。

三、证券清结算体系

从中央债券综合业务系统、中国证券登记结算系统以及银行间市场清算所股份有限公司业务系统①来看，2019年上半年证券清结算体系总体运行平稳。

从中央债券综合业务系统来看，2019年上半年在中央结算公司登记的新发债券面额共计7.89万亿元，同比增加38.09%。截至2019年上半年末，中央结算公司托管债券总量为61.31万亿元，较上年末增加3.69万亿元，同比增长15.39%。2019年上半年，中央结算公司的债券结算量为380.01万亿元，同比增长28.86%，其中现券57.49万亿元，同比增长126.58%；回购320.67万亿元，同比增长19.49%；债券借贷1.85万亿元，同比增长59.77%。

① 正文中分别简称为中央结算公司、中国结算公司和上海清算所。

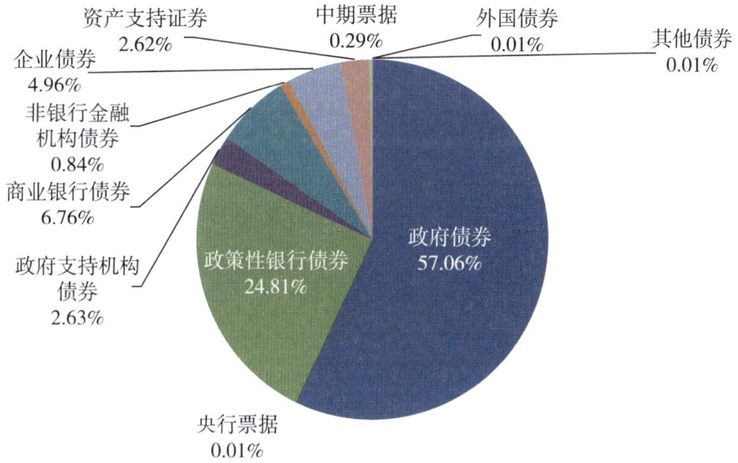

图6-5　中央结算公司2019年上半年末各券种托管量占比

（资料来源：中国债券信息网）

从中国证券登记结算系统来看，截至2019年上半年末，投资者总数为15428.89万，其中自然人15391.94万，非自然人36.95万；中国结算公司登记存管的证券达到18673只，比上年末增加1329只；中国结算公司登记存管证券总市值为656134.72亿元。2019年上半年，中国结算公司人民币资金结算总额为613.36万亿元，同比增加24.69万亿元，增幅为4.19%；美元结算总额为73.75亿美元，同比增加5.10亿美元；港元结算总额为372.70亿港元，同比减少11.09亿港元；中国结算公司人民币资金结算净额为25.93万亿元，同比增加3.02万亿元，增幅为13.17%；美元结算净额为8.12亿美元，同比减少1.01亿美元；港元结算净额为147.67亿美元，同比增加46.83亿港元。

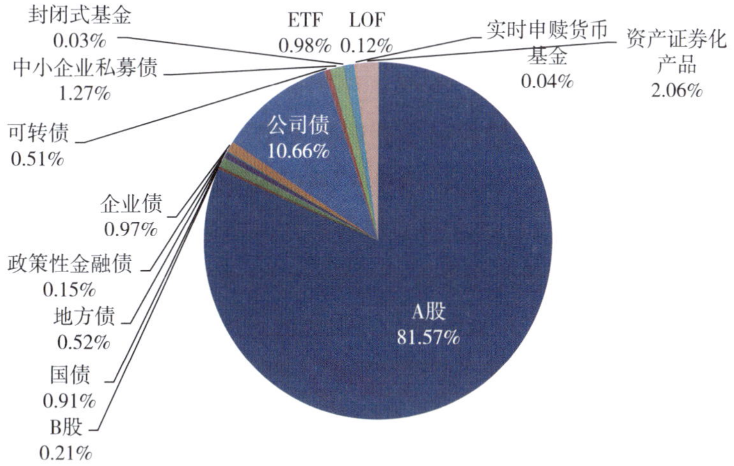

图6-6　中国结算公司2019年上半年末登记存管证券总市值占比

（资料来源：中国结算公司网站）

从银行间市场清算所股份有限公司业务系统来看，2019年上半年在上海清算所登记的新发人民币债券共15781只，较上年同期增加551只，同比增长3.62%，发行量共计11.73万亿元，较上年同期减少1.72万亿元，同比下降12.77%。截至2019年上半年末，在上海清算所托管的人民币债券总量为20.85万亿元，较上年末增加1.13万亿元，同比增长16.34%。2019年上半年，上海清算所累计交易清算量为

128.73 万亿元，同比增长 17.90%，其中现券清算量为 35.98 万亿元，同比增长 14.27%；回购清算量为 92.75 万亿元，同比增长 19.38%。

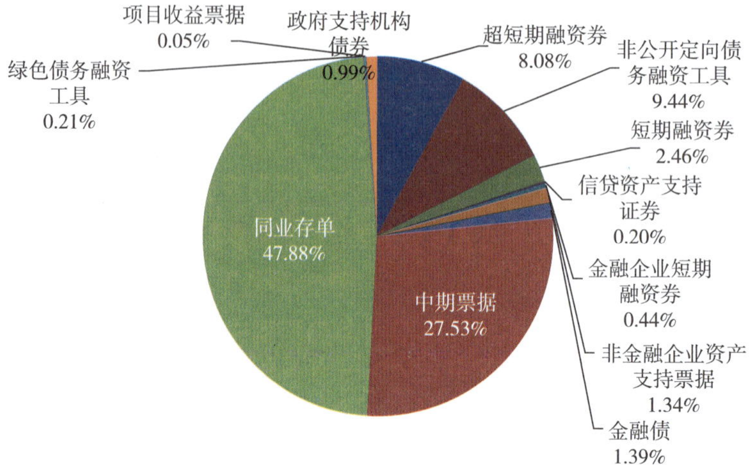

图6-7　上海清算所2019年上半年末各券种托管量占比

（资料来源：上海清算所网站）

第二节　金融基础设施与金融稳定的关系

维护支付体系安全稳健对构建高效的资金流通渠道、畅通货币政策传导机制以及维护经济金融稳定都具有重要意义。国际货币基金组织和世界银行 1999 年 5 月曾推出“金融部门评估规划”（FSAP），对成员国和其他经济体的金融体系进行了全面评估及监测，主要关注金融部门的系统性风险及金融脆弱性问题，其内容之一就是判断金融基础设施和金融部门监管的完善和有效程度。理论界对于支付清算体系与金融稳定之间的关系同样早有认识。Das、Quintyn 和 Chenard（2004）曾提出“金融稳定三根支柱”的概念，即良好的宏观环境、有效的监督和管理、强健的金融基础设施，这对于后来学术界以及监管部门理解金融稳定极富启发性。鉴于支付清算体系在维护金融稳定中发挥着极为重要的作用，保证支付清算体系稳定也就成为各国中央银行的主要职责之一。美联储前主席保罗·沃尔克（Paul Volcker）就认为，建立联邦储备制度的首要原因，就是保证金融和支付系统的稳定运行（钱谱丰，2011）。Schinasi（2003）也认为中央银行在维护金融稳定中扮演着“天然的角色”，负有保持金融总体稳定的职责，其原因之一也是在于中央银行要确保支付清算体系的平稳运行。

现实中，瑞典中央银行就曾提出过自己的确保金融体系稳定的三根支柱：由规章和法令组成的金融监管框架，风险评估与日常监管，以及危机管理。其中，作为最重要的基础性措施的日常监管又包括对单个机构的监管、对整个系统的监管以及对金融基础设施的监管（佩尔松，2004）。中国人民银行于 2005 年首次发布的《中国金融稳定报告》，也提出金融基础设施功能的有效发挥是金融稳定的重要表现之一。2010 年美国出台的《多德—弗兰克华尔街改革与消费者保护法案》的第一章又称“金融稳定法”（Financial Stability Act），其赋予新设的金融稳定监督委员会（Financial Stability Oversight Council, FSOC）的主要职责也包括认定具有系统重要性的支付结算等金融基础设施（秦国楼，2010）。

具体看支付清算体系在维护金融稳定中的作用的话，大体可从危机前和危机中两个方面来分析。

从危机前来看，支付清算体系对于金融稳定的作用更多体现在信息基础建设方面。日本银行原行长白川方明（2010）曾指出，为了分析金融体系的整体风险状况，充分获取市场信息非常重要；对单家金融机构和特定金融产品内在风险的信息披露是其中的关键，而覆盖金融市场的统计数据的重要性也不可低估。支付清算体现了货币的最基本功能，故而其中反映的信息自然能够揭示金融运行、宏观经济运行的一些状态。同时与更可能被人为因素干扰的货币供应量、社会融资规模等指标相比，支付清算相关数据相对而言更为客观。因此，通过整合信贷、外汇、货币等市场以及支付清算体系的监测数据，将有助于建立合理的评价系统，对整个金融体系的抗风险能力进行综合评估研判。在国际金融危机后，人们对此的认识更为清晰，特别是 PFMI 中对场外衍生品的强制集中清算要求以及对于交易数据库（Transactional Database）的监管要求等，都体现出监管者对支付清算体系的信息基础建设功能的重视。

不过与这种危机前的预警作用相比，支付清算体系对于金融稳定的更大作用体现在危机过程中。

第一，对于支付清算功能的支持。金融基础设施是“金融的管道”（financial plumbing），它们通过支持交易、支付、清算和结算实现了金融机构间的相互联系和相互作用（Bernanke, 2009），但在危机发生之时，其自然也可能成为风险传导的通道。Litan（1997）曾对 1930 年经济大萧条之后维护金融稳定的制度架构进行过宏观层面的思考，其中，消除支付清算系统中的时滞被认为是预防和阻止金融危机的重要方面之一。事实上，已有研究者发现，系统性风险甚至完全可能由金融基础设施的功能不当所造成，并且金融基础设施的功能不当也更容易将局部风险进行扩散（如 Berndsen, 2011）。

第二，起到增强市场信心的作用。支付清算体系是货币的载体，支付清算环节发生问题引发支付瓶颈往往又会进一步损害公众对货币的信心。正如纽约联邦储备银行总裁兼首席执行官杜德利所言，金融基础设施是危机期间的力量之源（source of strength），它们成功地履行了为交易者及时结算的义务，稳定了市场参与者继续参与交易的信心，因为参与者知道他们的交易一定会被清算和结算（Dudley, 2012）。

第三，支持中央银行的货币政策以及危机管理。危机期间，中央银行往往需要依赖货币政策甚至是非常规的货币政策来予以应对，以减少危机对金融经济带来的负面影响。然而，货币政策的实施同样依赖于安全高效的支付清算体系——特别是大额支付系统——来分配货币市场的流动性。当然，这一点并非仅在危机过程中起作用，正常时期中央银行同样需要灵活的货币政策来防范化解系统性风险、维护金融稳定。

第三节　基于支付数据的宏观指标预测及稳定评估的探讨

上文曾提到，根据 IMF 经济学家 Das 等人的说法，良好的宏观环境、有效的监督和管理、强健的金融基础设施是“金融稳定三根支柱”；同时也提到，支付清算数据有助于揭示宏观经济运行的状态。这意味着，判断第一根支柱宏观环境是否良好，同样可借助于支付清算体系及其所提供的更为客观的数据。本文接下来便试图基于支付数据对宏观指标预测及稳定评估做初步的探讨。

一、支付清算指标与经济增长的联系

在讨论支付清算指标与经济增长的关系之前，我们先查看支付清算指标内部的趋势变化同步性。从图 6–8 中可以看到，支付清算指标两大板块（非现金支付工具与支付系统业务）的总体走势在 2011 年保

持着较强的同步性，但之后则出现了明显的错位，直至进入 2016 年其同步性才有所恢复，但在 2017 年第四季度又出现了较大幅度的分歧，并且这种差异一直延续到 2018 年。

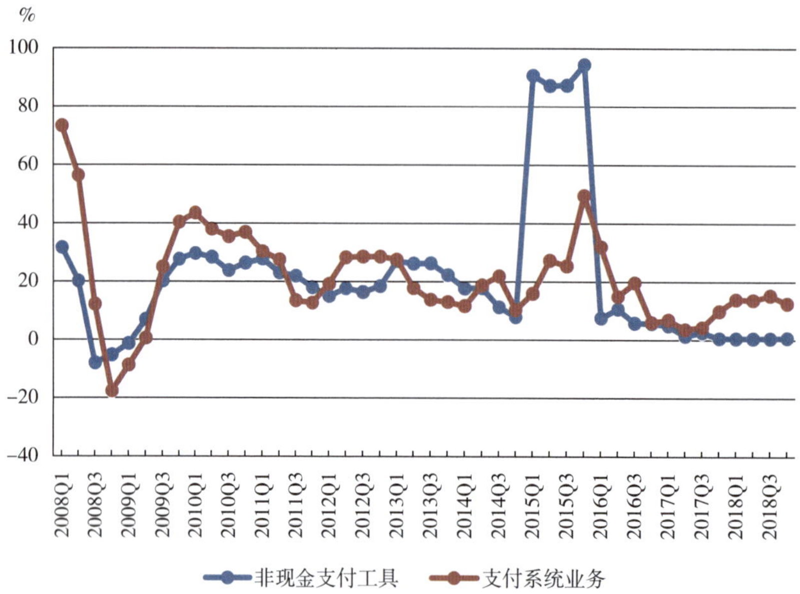

图6-8　支付清算业务季度同比增长率变化情况

基于截至 2018 年的支付数据和最近调整后的 GDP 增长率，在采用宏观变量滞后项和年度虚拟变量[①]对上述假设进行测试之后，我们发现不同的宏观经济指标与支付清算指标之间的关系有着不同的结构动态，其中的一些协整关系显示出很强的显著性与稳定性。

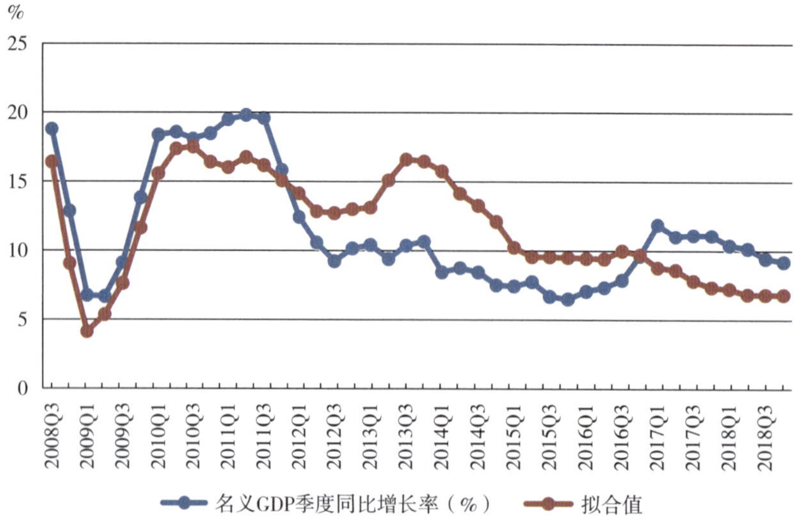

图6-9　基于非现金支付工具的名义GDP季度同比增长率拟合

以名义 GDP 季度增长率为例，它与滞后 1 期的银行卡跨行支付金额增长率有着显著的相关关系，并且其相关性不会被因变量滞后项所破坏。尽管这种协整关系的显著性在 2012 年以后不如之前，但是加入年度虚拟变量无助于提高回归的显著性。

① 以 2012 年为界划分为两个时期。

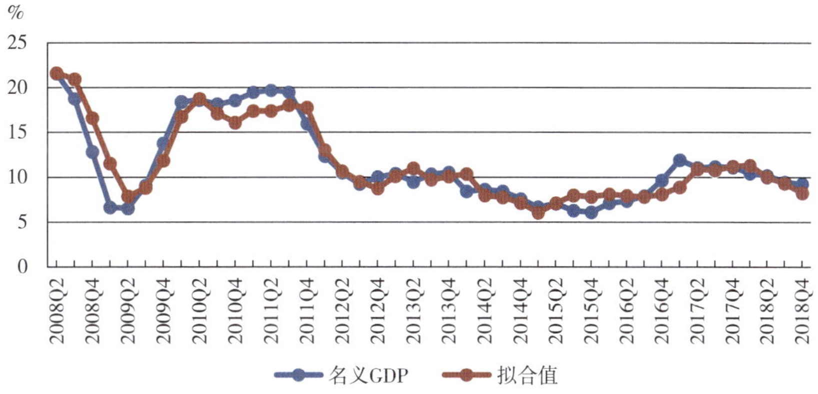

图6-10　基于银行卡跨行支付的名义GDP季度同比增长率拟合

与此相反，滞后1期的单位银行结算账户季度增量与名义GDP之间也存在显著的相关关系，并且其显著性能够通过引入年度虚拟变量加以提升。对比图6-10和图6-11可以发现，后者在2012年之前以及2014—2016年期间的拟合效果更好。同时值得注意的是，尽管两幅图的拟合是基于不同的支付清算指标，但它们在2015年之后的动态非常相似。

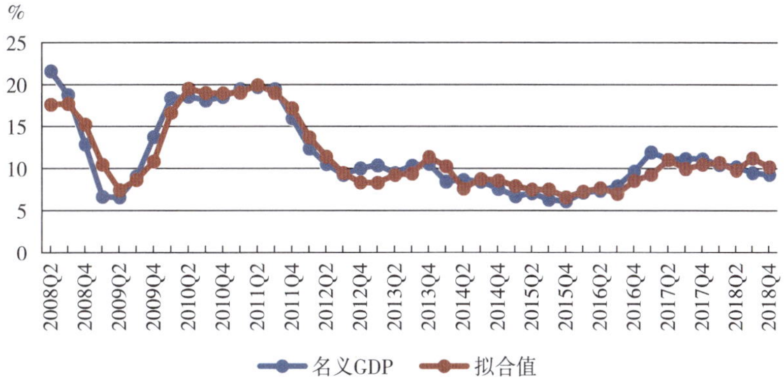

图6-11　基于单位银行结算账户增量的名义GDP季度同比增长率拟合

银行卡跨行支付金额增长率与实际GDP之间也存在显著的相关关系，但与它和名义GDP之间的关系不同，在实际GDP的回归中引入年度虚拟变量可以提高截距项的显著性，尽管对于银行卡跨行支付金额增长率本身的显著性没有什么帮助。

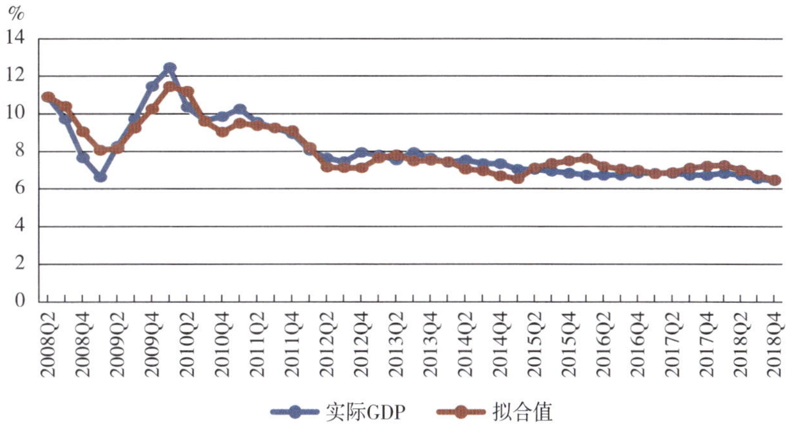

图6-12　基于银行卡跨行支付的实际GDP季度同比增长率拟合

类似地，单位银行结算账户季度增量与实际 GDP 之间也存在相关关系，并且在回归中引入年度虚拟变量能够有效提升自变量和截距项的显著性。

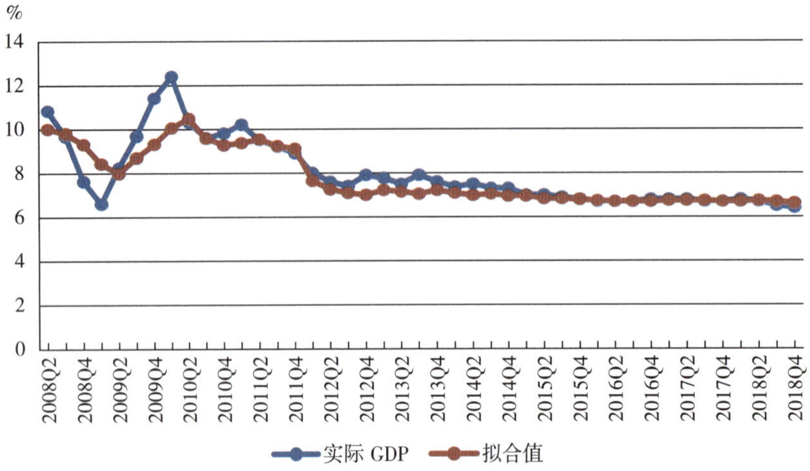

图6-13 基于单位银行结算账户增量的实际GDP季度同比增长率拟合

非现金支付工具和支付系统业务都与 CPI 有着密切的联系，可以较好地拟合下一个季度的 CPI 水平，并且引入年度虚拟变量无助于提高其显著性。

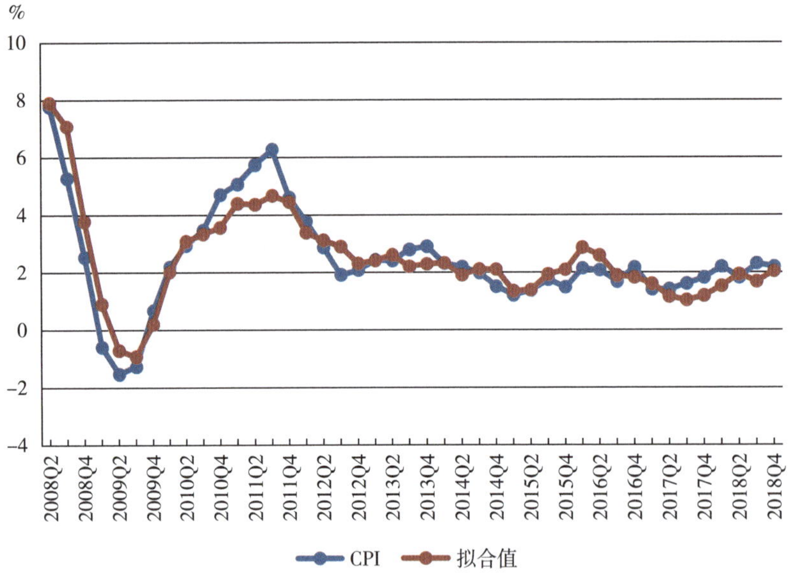

图6-14 基于支付系统业务的CPI同比增长率拟合

类似地，在 CPI 与滞后 1 期的单位银行结算账户增长率之间也存在良好的相关关系，并且其拟合效果似乎要比支付系统业务更好。

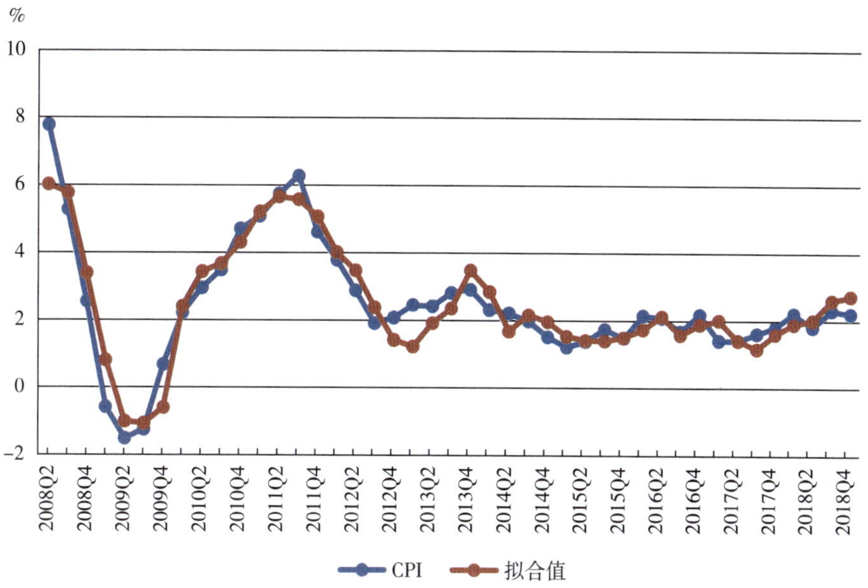

图6-15　基于单位银行结算账户的CPI季度同比增长率拟合

支付系统业务和单位结算账户增长率与 PPI 之间也存在显著的相关关系，但其拟合效果远不如 CPI，这也反映了我国 PPI 具有更大的外生性。

二、支付清算指标与宏观经济稳定

基于支付清算指标与经济增长及总体价格水平之间的协整关系，我们可以较为粗略地对当前和未来的宏观经济运行进行监测，如果实际的宏观经济指标在数值上大幅偏离基于支付清算系统运行情况得到的合理估测值，那么就存在着经济紧缩或过热的风险。与此同时，我们还可以基于支付清算指标的当期值对未来的宏观经济状态进行预测，以提前预判可能出现的风险。按照这一思路，我们首先通过理论与实证分析获得宏观经济指标与支付清算指标之间的协整关系，再由当前支付清算数据生成 GDP 增长率等宏观经济指标的拟合值，然后将拟合值与实际值进行对比，通过对基于支付清算数据拟合的宏观经济指标的残差进行分析，可对特定时期宏观经济运行的健康状况加以判断。

我们采用了以下两个拟合公式：

$$g_{NGDP} = 0.7828014 \times L.g_{NGDP} + 0.0673301 \times L.g_{CARDSYS} + 0.0759917 \times L.g_{DCACCT} - 1.258982 \quad (1)$$

$$g_{RGDP} = 0.3209405 \times L.g_{RGDP} + 0.0295193 \times g_{CARDSYS} + 0.0237592 \times L.g_{DCACCT} + 1.093937 \times DUM + 3.556964 \quad (2)$$

其中，g_{NGDP}、g_{RGDP}、$g_{CARDSYS}$、g_{DCACCT}、DUM 分别表示名义 GDP、实际 GDP、银行卡跨行支付系统业务、单位银行结算账户季度增量的季度同比增长率和虚拟变量，L 为滞后算子。

将 2008 年至今的相关支付清算指标数据代入式（1），可得到名义 GDP 季度同比增长率的拟合残差，如图 6-16 所示。残差的值越大，表明名义 GDP 的拟合值与实际值差异越大，因此存在着金融活动超出实体经济运行的需求并产生泡沫的风险，或者是实体经济运行超出了支付系统的支持能力，可能面临掉头下行的风险。从图 6-16 中可以看到，除了 2017 年第一季度，残差都在 -3% 到 3% 的区间内，并且总体上随着时间的推移而呈现缩减趋势。不过 2017 年第一季度的残差异常说明当期存在着流动性紧缩的可能。

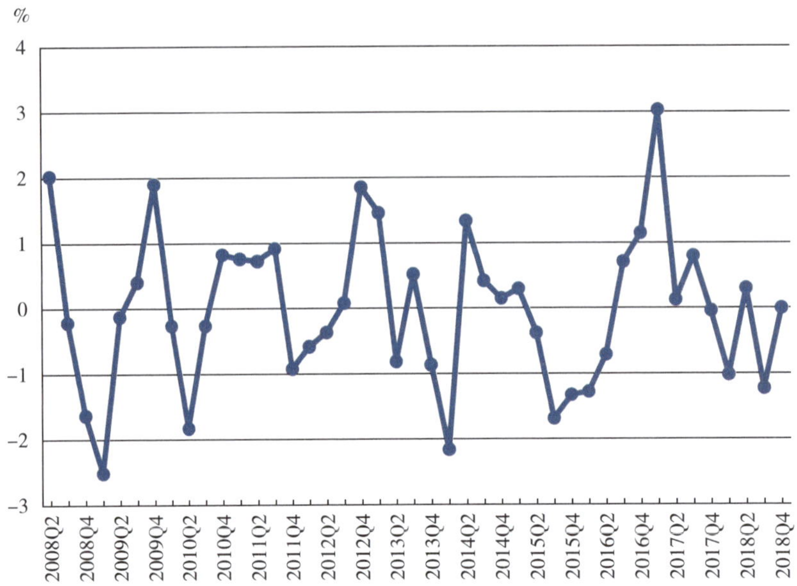

图6–16　名义GDP季度同比增长率拟合残差

类似地，将数据代入式（2）得到实际 GDP 增长率的拟合残差，如图 6–17 所示。可以看到，实际 GDP 增长率拟合的残差范围比名义 GDP 更小，都在 –1.5% 到 1.5% 的区间内，其中 2016 年之前几个残差较大的时期分别为 2009 年第四季度、2010 年第二季度、2012 年第四季度、2016 年第一季度。进入 2017 年之后，残差的波动幅度较小，并且基本都在负向。结合名义 GDP 的残差变化状况来看，当前支付清算体系反映的金融状况与宏观经济运行基本匹配。

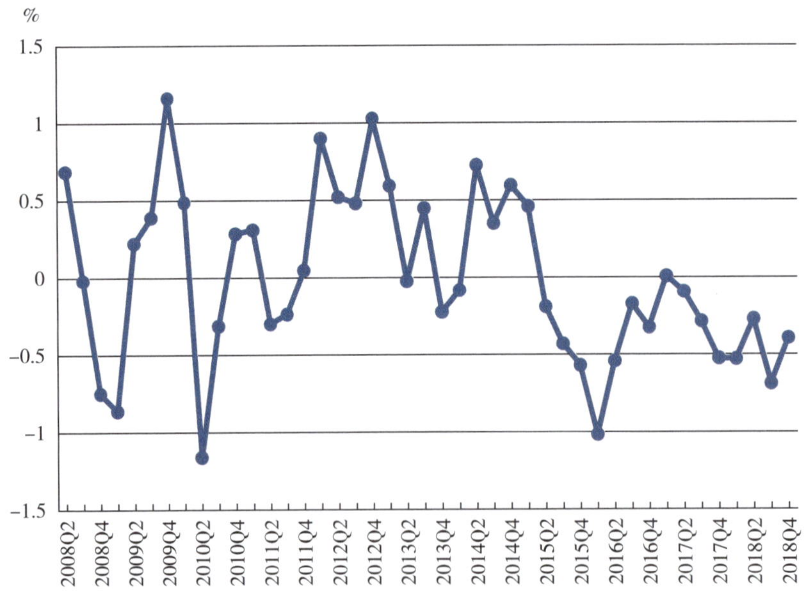

图6–17　实际GDP季度同比增长率拟合残差

第四节　我国支付清算体系存在的问题及完善建议

经过多年的建设与完善，我国的支付清算体系总体发展良好：中央银行支付清算体系稳健运行，非现金支付平稳增长，移动支付保持快速增长势头，社会资金清算更加高效，支付服务普惠性继续提升，支付金融基础设施和基本制度建设取得重要进展；第三方支付市场快速发展，用户习惯逐步养成，同时监管机构持续加强对市场的监管，不断完善行业监管规则，加大行业监管力度，整个行业正向着合规化的方向有序发展；证券清结算体系总体保持运行平稳、业务规模发展迅速的局面，同时证券清结算体系建设全面推进，在各方面不断取得突破性进展，证券清结算体系的效率和安全持续改善，国际化进程稳步推进。然而在认识到成绩的同时，我们也要看到对于处于大变革时期的支付清算体系来说，在如何平衡便捷性和安全性的关系、如何实现支付科技创新规范发展和高水平开放等方面还需要持续探索，一些隐患和问题依然存在，这可能在极端情况下造成金融基础设施出现功能失调，从而有碍于整个金融体系的稳定。目前我国支付清算体系存在的问题集中在以下几个方面。

第一，新兴支付工具发展不充分。新兴支付工具在快速发展的同时，其安全性、合规性有待加强。一是部分支付工具存在安全漏洞，为一些不法分子窃取账户资金和用户信息留下可乘之机。部分用户安全意识不强、对使用新兴支付工具的风险和注意事项缺乏了解，难以有效保障用户安全。二是部分支付服务机构内部管理存在一些漏洞，甚至有员工批量下载、出售客户信息，对行业生态和信誉造成严重的负面影响。三是新兴支付工具容易成为洗钱等犯罪活动的“温床”。不法分子可以利用获取的用户信息实施网络或电信诈骗，利用未严格执行实名制认证或认证手续不完备的支付工具创立假名账户进行洗钱、逃税。

第二，农村支付清算体系有待完善。目前，农村金融机构支付结算仍以现金为主，其他结算支付工具很少被使用，支付手段还停留在传统的方式上，金融服务水平难以提高。制约农村支付清算体系发展的主要原因包括：一是最新设立的村镇银行、民营银行运营时间短，缺少服务农村市场的经验，并受科技、软硬件建设限制，制约了农村支付清算服务水平的提高。二是由于当地经济、基础通信设施比较落后，新兴支付工具在农村地区未普及，农村部分老年人等弱势群体面临“数据鸿沟”问题，成为信息时代的新弱势群体，也给新兴支付工具的推广带来一定阻力。三是农民及农村中小企业对金融知识了解较少，对银行承兑汇票、银行本票等结算工具了解不多。虽然近几年金融机构每年都组织到乡镇开展金融知识宣传活动，但宣传形式单一，宣传半径小，因此效果也不是很明显。

第三，服务高水平改革开放的监管体制亟须完善。支付清算领域正在经历新一轮扩大对外开放，内资外资市场准入和管理要求已经统一。与开放条件的行业管理相适应，需要尽快建立负面清单管理模式，尽快明确外资市场准入的负面清单。负面清单要尽量简短，并符合国际通行实践逻辑。同时，企业账户开设放开后，需要同步强化事中事后监管，在更好服务民营企业、小微企业，优化营商环境的同时，也要切实防止因事前监管放松可能引发的各种风险。同时，支付市场监管手段也有待丰富。现阶段，中央对支付清算系统的监管形式较为单一、手段有限，不能完全适应支付市场快速发展的需要。特别是监管法律层级较低，缺乏权威性和威慑力。

第四，债券市场仍有待完善。一是债券市场分割特别是债券市场金融基础设施的碎片化问题仍然存在，在一定程度上影响债券市场安全与效率，交易所债券市场与银行间债券市场的互联互通效率有待进一步提高，交易所债券市场与银行间债券市场互联互通程度也不够。二是买断式回购没有逐日盯市机制，容易出现不足额的现象，加上传统代持等问题，风险问题不容忽视，此外对违约债券担保品的处置效率也相对较低。债券市场的对冲工具依然有待完善，目前许多对冲工具只能在离岸市场向外国投资者提供，此外，在加速对外开放的情况下，债券市场对内开放尚不充分，中资机构缺乏国际竞争力。

针对上述问题，建议从以下几个方面加以完善，以增强整体支付清算体系的效率及稳健性。

一是加强新兴支付工具建设，加强安全性建设。推广和普及新兴支付工具的便捷性与安全性，杜绝安全漏洞，加强支付账户安全风险提示。规范内部管理，加强用户隐私信息保护。采用更安全的加密技术保护用户隐私，并加大对违法分子的处罚力度，降低犯罪率。加强用户准入管理，严格落实支付账户实名制等监管制度，规范用户注册流程，有效保证支付账户的真实性。

二是推进非现金结算工具的发展。加强相关部门协调，增加经济落后地区的群体使用新兴支付工具的意愿，加大支付科技知识普及，培育支付机构结合老年人等弱势群体的使用习惯，开发出简单易用的支付工具；以农村金融机构为依托，大力提升农村金融机构支付手段，发展银行汇票、商业汇票等支付结算工具，为农民和农村中小企业提供多样化服务。鼓励农村的商店、超市等日常服务点在使用现金收付款的同时也使用非现金结算工具进行收付款。

三是强化各监管部门之间的协调性。支付清算体系涉及多个金融市场和多类金融机构，支付市场监管应在中国人民银行的统筹下，健全跨部门监管协调机制，形成监管合力，防止监管空白、监管套利，有效防范支付清算风险，切实保障消费者权益。监管部门之间应建立信息共享机制，以正确评估支付清算市场的整体风险，有效提高监管效率。尽快制定出台《支付机构条例》，弥补立法空白，为行业健康发展提供法律保障。在深化支付监管“放管服”改革的同时，要强化事中事后监管，转变监管思维，提高监管能力和水平。

四是深化债券市场改革与开放。继续支持建立债券品种在不同市场的交叉挂牌及自主转托管机制，丰富可参与互联互通机制的债券品种；推动托管结算机构信息共享、顺畅连接，提高转托管效率，高效支持跨市场流通，加强债券跨市场互联互通。夯实金融资产登记，深化市场监测分析框架，细化法律保障和执行机制，如设立破产法庭和中央巡回法庭，高效、快速地解决担保品的法律纠纷，及时处置并进一步健全市场化退出机制。完善债券市场的对冲工具，以进一步吸引外国合格投资者，同时使中资机构（包括债券承销、会计师事务所、律师事务所、托管银行等）也能享受主场市场开放的红利。

参考文献

[1] 白川方明 . 宏观审慎监管与金融稳定 [J]. 中国金融，2004（4）.

[2] 佩尔松，克里斯蒂娜 . 瑞典中央银行副行长论金融稳定 [J]. 财经，2004（16）.

[3] 钱谱丰 . 中央银行金融稳定职能的发展 [J]. 中国金融，2011（17）.

[4] 秦国楼 . 以金融稳定为本的美国金融监管改革 [J]. 中国金融，2010（16）.

[5] 杨涛，程炼 . 中国支付清算发展报告（2019）[M]. 北京：社会科学文献出版社，2019.

[6] Bernanke, B.S. Financial Reform to Address Systemic Risk [R/OL]. [2009-03-10]. Speech at the Council on Foreign Relations, http://www.federalreserve.gov.

[7] Berndsen, R. What is Happening in Scrooge Digiduck's Warehouse? [R]. Inaugural address delivered at Tiburg University, February 25, 2011.

[8] Das, U.S., M. Quintyn and K. Chenard. Does Regulatory Governance Matter for Financial System

Stability? An Empirical Analysis [R]. Working Paper, IMF, No. WP/04/89, 2004.

[9] Dudley, W.C.. "Reforming the OTC Derivatives Market [R/OL]. [2012-03-22]. Remarks at the Harvard Law School's Symposium on Building the Financial System on the 21st Century, Armonk, New York, http://www.newyorkfed.org.

[10] Litan, R. Institutions and Policies for Maintaining Financial Stability [R/OL]. paper for a symposium sponsored by the Federal Reserve Bank of Kansas City, August 28-30, 1997, https://www.kansascityfed.org.

[11] Schinasi, G.J.. Responsibility of Central Banks for Stability in Financial Market [R]. Working Paper, IMF, No. WP/03/121, 2003.

第七章　如何监管数字货币——金融稳定视角

■ 杨燕青　林纯洁　马绍之

2009 年 1 月，全球第一个加密货币（crypto currency）——比特币诞生，11 年间加密货币已经在跨境小额贸易中占据重要地位。2019 年 6 月 18 日 Facebook（脸书）公布 Libra（天秤币）白皮书，其作为全球性 Big Tech（科技巨头）投身加密货币实践的高调起步，在全球范围内引起高度关注和激烈辩论。

目前看来，主要国际监管者认为类 Libra 的项目将影响各国货币自主权并对国际货币体系造成影响，"稳定币"及其运营者必须接受最高规格的监管，从而确保不会对金融系统稳定或消费者保护造成影响。但同时，监管者承认类似项目将显著改善全球跨境支付体系，降低使用者的成本。

本章立足于金融稳定的角度，将从两个维度来分析和构建数字货币的监管框架。第一，从加密货币 / 数字货币的定义和分类出发，系统梳理主要国家的监管实践，研判和分析监管框架和环节中存在的"监管逆差"（regulation deficit）；第二，从 BigTech（科技巨头）进军金融业出发，从数据隐私和市场准入的角度提出分析框架，从而构建对未来加密货币 / 数字货币的监管框架，以期为全球和中国的未来监管提供参考。

第一节　货币的分类与定义

在讨论加密货币和数字货币时，人们使用的术语往往存在差异。我们将在目前出现的文献基础上，做出修正调整，给出广义数字货币和狭义数字货币（加密货币）的定义和分类。

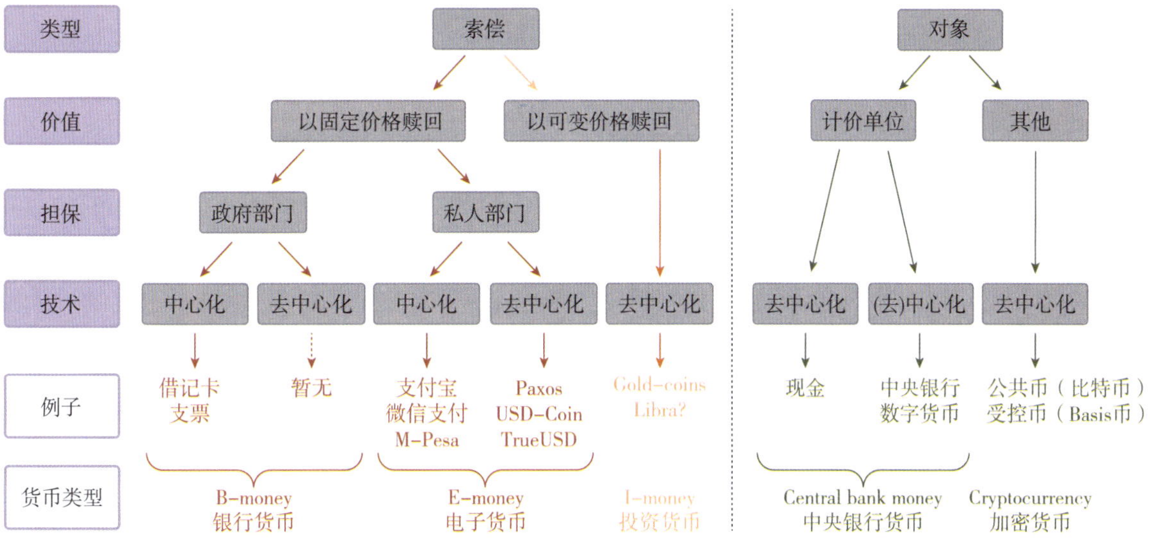

图7–1　货币之树

（资料来源：IMF（2019））

IMF（国际货币基金组织）从类型（type）、价值（value）、保障（backstop）和技术（technology）四个维度出发将市场上存在的货币进行了重新划分。

支付的第一个属性是类型，分为索偿（claim）和对象（object）。索偿即基于账户发行货币，并转让现有金融工具价值。以借记卡为例，在使用借记卡消费时，刷卡这个指令会将某一人的银行资产转移给另一个人，基于索偿的支付简化了交易，但需要复杂的基础设施做支撑。对象则对应点对点，基于通证发行货币，只要交易双方认可金融工具，就可以直接完成交易。两者的区别在于在交易过程中是否会涉及账户信息的交换。

价值是支付的第二个属性，分为以固定价格赎回、以可变价格赎回、计价单位和其他。以固定价格赎回是指以预先设定好的价格进行索偿，比如 10 元面值的票据可以兑换成 10 元人民币。可变价格赎回是指能够以可变的价格兑换成货币。在对象分类上所面临的问题是，这种支付手段的面额是国内的法定计价单位还是私人部门自己的计价单位——通证（token）。

支付的第三个属性是担保。担保可以分为政府部门担保、私人部门担保和“私人部门 + 储备金”担保。不同的担保类型会影响用户对不同货币的信任度，以及监管机构的反应。

最后一项是技术，支付结算是中心化的还是去中心化（分布式）的。中心化处理是用中央服务器进行统一的结算处理。去中心化结算，也可以称为分布式结算，是通过分布式账本技术（DLT）或者区块链技术，在多个账本之间进行的结算处理，这种处理方式可以在少数可信任的（许可式，Permissioned）网络中进行，也可以在公共的（非许可式 ,Permissionless）网络中进行。

我们对 IMF 的货币树（Money Tree）进行了调整，如图 7–2 所示。

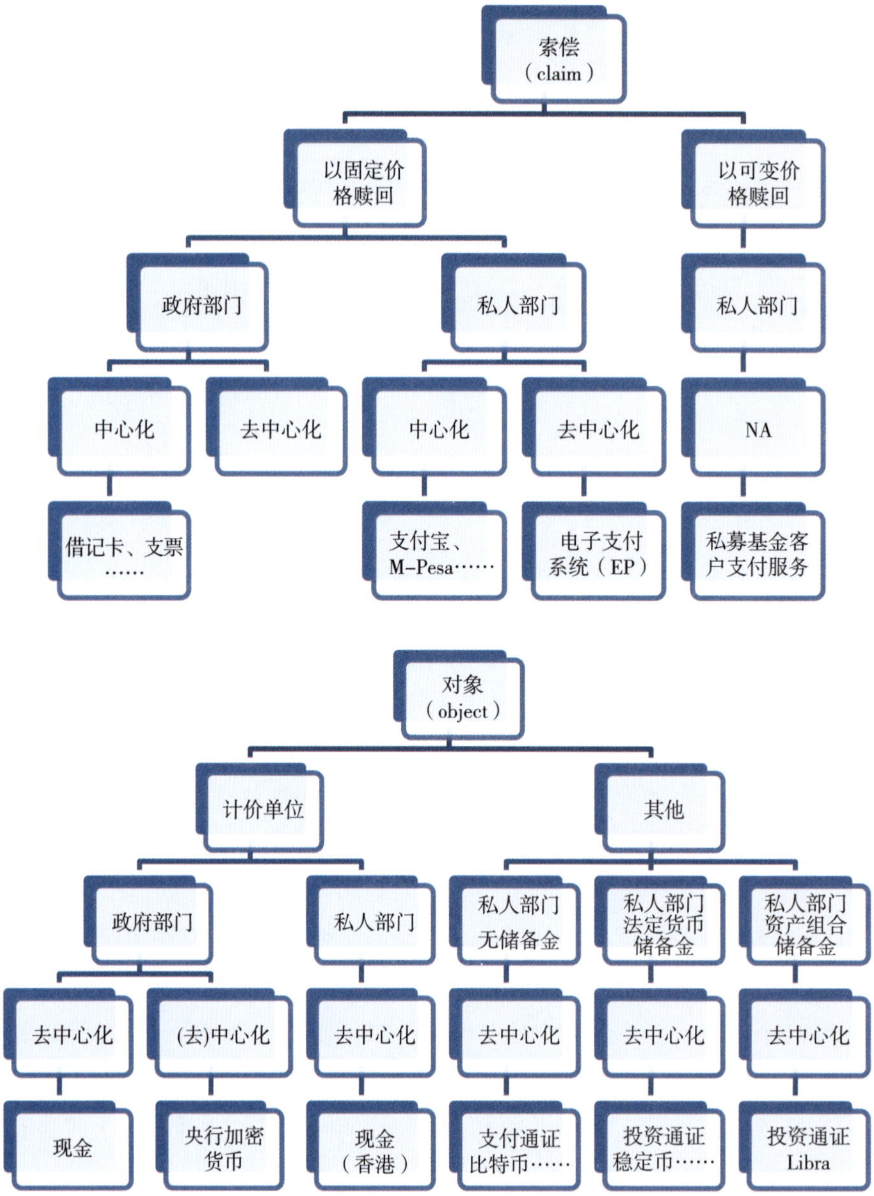

图7-2　基于索偿/对象的数字货币

（资料来源：第一财经研究院）

在以索偿为基础的支付方式中，全球使用最广泛的是B货币，即借记卡、支票等支付方式，这类支付大多是将资金从一个银行账户转移到另一个银行账户，可以跨行，也可以跨国。这种支付方式的本质是用户在将资金存入银行后会获得这部分资金的索偿权，并可以在进行支付时，以固定价格赎回，进而完成交易。资金的转移通常是利用中心化的技术来实现的。该支付方式与其他基于索偿的支付方式最大的区别在于，其赎回时可以得到政府的担保。银行因此会受到政府严格的政策监管，在有效的监管下，政府不允许银行承担过多的风险，必须保证充足的流动性。如果银行遇到了系统性风险，那么中央银行也可以通过隔夜贷款等手段保证其流动性。

支付宝、微信支付等支付手段（E货币）作为支付领域的新参与者，在其备付金没有100%存入中央银行之前，其与借记卡等支付方式的区别在于它们赎回过程的担保不是由政府提供的，而是通过审慎的管理和对可赎回资产的法律保护来提供的。其交易是通过中心化服务器完成的。

在以对象为基础的支付方式中，现金是人们最熟悉的支付方式。它是以当地的计价单位计价，由中央银行发行，在交易各方之间以去中心化的分散的方式结算，具有物理形式的一种支付方式。

随着技术的发展，现金的数字版本即为零售版的中央银行加密货币（CBCC），CBCC同样以当地的计价单位计价，由中央银行发行。CBCC与现金的区别在于以下几点：不具有物理实体；使用的技术可以是分布式或集中式；不一定具有现金的匿名性；可能自动产生利息。需要指出的是，虽然CBCC是数字形式的货币，但它同样会保证客户的数据权利不受第三方侵害。

实际上，现金的发行并非都是中心化的；例如，香港通过外包发行货币。香港金管局通过货币局制度（Currency Board）对发钞过程中的若干技术环节都有严格要求，对发钞行也有严格规定。香港长期以汇丰银行和渣打银行作为发钞行。1997年香港回归后，中国银行也加入发钞行。按规定，发钞行有100%的备付证明书，每发7.8港元，就要有1美元抵押。

去中心化账簿技术的出现，带来了全新的基于对象的支付方式，即加密货币。它们以自己的记账单位计价，由非银行机构发行，通常发行在无许可的区块链中，由于区块链技术本身是去中心化的，所有的加密货币均以去中心化的方式进行结算。

加密货币又可以根据其是否有担保以及以何种资产进行担保来分类。没有储备金进行担保的加密货币，是全新创造的，包括以比特币、以太币为代表的公共币。这种加密货币并不符合传统金融工具的定义，也被称为支付（交易）通证。加密货币在上市以后，其币值会剧烈波动。

而设立储备金进行担保的加密货币则通常符合证券的定义，被称为投资通证，也被称为证券（资产）通证。这种加密货币以法定货币或者资产组合作为储备金以保证其币值的稳定，以便能够更好地作为价值存储的手段，从而实现其支付功能，我们将其定义为I加密货币。在我们的货币树中，我们将投资通证/证券通证与Libra分别对待，后者的特征是以100%储备金作为抵押。

为了实现币值的稳定，除了与法定货币锚定这一种手段外，发行商还会通过算法，在币值过高时增发货币以降低币值，在币值过低时销毁加密货币以提升币值。目前加密货币市场上已经存在的诸如Paxos、USDT的稳定币，会保持与法币1∶1的固定兑换汇率，但由于其用于稳定价值的系统较为简单，所以其稳定性并不总是可靠的。更进一步的是，稳定币是可交易资产，这也加剧了其币值的波动。而Libra的币值是基于100%由一篮子货币组成的储备金，在设计中就具有了币值相对稳定的可能性。

第二节 数字货币全球监管实践与监管逆差

2015年以来，加密货币市场快速增长，加密货币的形式呈现多样化趋势，多数加密货币都是基于以区块链为代表的去中心化账簿技术。加密货币虽然是新兴的，但其提供的多数金融服务可以直接从现有成熟的监管框架中寻找监管起点，例如，交易平台、金融服务与相关产品（包括衍生品与ETF等）、资产管理、保管（custody）等活动在主流金融市场中已有成熟的监管经验。不过，加密货币也存在一些新的领域，它们是以往的金融监管框架无法覆盖或全部覆盖的，如加密货币发行、非保管钱包服务、点对点交易、挖矿、软件开发、区块链分析等。

表7–1 加密货币/资产的主要活动与现行监管框架的呼应

主要行为	行为分类
加密货币创造和分发	加密货币创造、分发和其他相关服务；衍生品：期货与掉期；承销（underwriting）服务
存储	保管钱包（custody wallet）服务；非保管钱包服务
交易	中心化的交易服务；点对点交易；去中心化的交易服务
支付	零售支付；跨境支付；账单支付；其他支付
挖矿	硬件制造；硬件分发；远程托管服务；Proprietary hashing；云挖矿；挖矿池
投资	资产管理；ETF；集体投资计划；投资咨询；投资经纪
其他	ICO评级；审计；会计与法务；合规（KYC、AML、CFT）；数据服务；软件开发；区块链分析

注：黑色部分为传统金融监管已覆盖；绿色部分为部分覆盖，即有与传统行业类似的部分但又存在创新；红色部分为加密货币领域特有的行为，传统金融监管中没有直接相似的活动。

资料来源：Global Crypto asset Regulatory Landscape Study。

对于加密货币的认识及使用的专有名词是一国监管的起点，这在目前的全球监管中仍存在差异。多数国家均表示私人加密货币不是法定货币，并向投资者进行风险提示。在监管实践中，各国对私人加密货币是否为金融工具意见不一，其性质往往需根据具体情形进行判定。例如，德国财政部认为加密货币是一种金融工具，欧洲银行业监管局和英国金融行为监管局则认为，加密货币本身不是银行存款或金融工具。美联储认为，无储备金的私人加密货币缺乏内在价值，没有安全资产支持，也不是任何机构的负债，难以简单地对其进行定性（李文红，2018）。种种分歧导致各国监管实践差异较大。

一些国家对加密货币采取严格的监管措施，禁止加密货币的所有活动，如阿尔及利亚、玻利维亚等。另一些国家虽然没有禁止公民投资加密货币，但通过禁止金融机构提供加密货币服务，从而间接增加了使用加密货币的限制，这些国家以中国为代表。而以欧美国家与日本为代表的一些国家则尝试将加密货币纳入现有监管框架中。

随后，我们将围绕对加密货币监管相对成熟的四个国家：英国、美国、瑞士与日本，梳理它们将加密货币纳入现有监管框架的实践。其中美日两国的监管比较严格，美国的监管措施更多涉及加密货币发行（ICO）和证券通证发行（STO），以及衍生品交易层面；日本则通过立法弥补加密货币交易环节的漏洞；瑞士在秉持严格监管的同时保持了开放的态度，主要法规也仅涉及交易层面；英国的监管则相对保守，目前主要集中在反洗钱领域。在很多法律文件中，美国运用了虚拟货币（virtual currency）的提法，在后文中，数字货币 / 虚拟货币 / 加密货币具有相同的指向，不做严格区分。

总体来看，4 个国家普遍根据自身监管实践对加密货币进行分类，据此依靠现有法律，逐步将加密货币纳入现有监管框架内。

表7–2 主要国家加密货币监管实践

国家	日本	瑞士	英国	美国
分类	● 早年认为加密货币不属于证券	● 加密货币被分为支付通证、效用通证和资产通证	● 加密货币被分为三类：交易型通证、证券型通证和效用通证	● 加密货币被分为证券或是商品
发行	● 未来《金融工具和交易法》的拟修正案将适用于ICO。ICO或将受到类似的股票发行规定的约束，如信息披露	● 目前没有明确的法律来限制ICO，但瑞士金融市场监管局（FINMA）发布了关于ICO监管处理的指导方针，同时会向投资者公布涉及发行虚假加密货币的公司名单	● 考虑到ICO的复杂性，英国金融行为监管局（FCA）需要根据其属性决定ICO是否需要监管	● 在加密货币销售领域，如果州或联邦法律认为其是证券，则其发行收到现行证券法的监管

续表

国家	日本	瑞士	英国	美国
相关金融服务	● 《支付服务法》规定日本只允许在当地财政局注册的加密货币交易所运行，同时还需要获得相关授权和持有牌照。 ● 交易所需要有安全的系统来保存商业信息并接受审查	● 瑞士联邦委员会提议修订《金融市场基础设施法案》和《金融市场基础设施条例》，以便在合理的情况下可以批准金融基础设施的建立。 ● 瑞士联邦委员会就加密资产提出修改《瑞士集体投资计划法案》，以允许一种称为“有限合格投资基金”的新基金类别	● 对于加密资产的衍生品，2019年8月开始，FCA将对非加密货币价差合约进行限制，在9月还将对非加密货币价差合约期权进行交易限制。 ● 证券型通证属于特定投资品，属于FCA的管辖范围	● 在加密货币销售领域，如果州或联邦法律认为其是证券，则其销售、交易流通环节会受到现行证券法的监管 ● 商品期货交易委员会（CFTC）2015年认定虚拟货币已经具备了《商品交易法》中商品的特点。 ● 《虚拟货币业务统一监管法》明确规定从事虚拟货币业务活动须获得执照，提交必要的担保和证明并进行信息披露
托管钱包	● 内阁提交的待修改的《支付服务法》要求加密货币交易所管理客户的加密资产时，除了运营所必须的部分之外，需要提供冷钱包(不联网的数字钱包)等可靠存储服务。 ● 交易所还需要持有与客户资产相等的保证加密资产，并与其他加密资产分开存储	● 瑞士加密货币的托管服务明确由第三方托管钱包的运营商提供。如果通证在功能上与货币相当,钱包运营商可以在没有银行授权的情况下提供此类服务，前提是需要银行担保。 ● 如果涉及销售资产类通证，《金融服务法》就能够对其进行约束，要求满足必要的反洗钱与了解你的客户的相关需求	● 英国政府将会制定严于欧盟的反洗钱条例来约束托管钱包可能会产生的有助于匿名存储和传输加密资产产生的问题	● 《虚拟货币业务统一监管法》规定从事虚拟货币业务活动须获得执照并进行信息披露
反洗钱	● 《防止转移犯罪所得法》规定虚拟货币交易所应符合反洗钱条例的要求	● 《反洗钱法》适用于瑞士所有的金融中介机构，包括加密货币及交易所	● 英国政府正在研究如何根据欧盟第五次反洗钱指令将加密货币纳入反洗钱框架。 ● 英国政府还表示将采取更广泛的反洗钱条例，并制定严于欧盟反洗钱指令的法律	● 如果加密货币被认为是进行汇款或者其他方式的货币服务业务，则需要遵守《银行保密法》，同时还要遵守反洗钱的规定。 ● 《虚拟货币业务统一监管法》规定从事虚拟货币业务活动须获得执照并符合反洗钱条例
网络安全	NA	NA	NA	● 《虚拟货币业务统一监管法》规定经营主体需要参与美国网络安全计划
税收	● 《所得税法》规定加密货币销售所赚取的利润原则上被视为杂项收入，而不是资本收益	● 加密货币所有者需要被征收财产税。 ● 收到加密货币作为工资、福利、额外收入或挖矿所得，则为应纳税收入的一部分。 ● 专业交易的利润应纳资本利得税	● 加密资产的税务处理取决于它们的使用方式而非依据通证的定义。 ● 英国税务海关总署尚未发布有关企业加密货币征税的信息或指导	● 美国国税局(IRS)对比特币等加密货币作为财产进行了征税，根据美国国税局的规定，对加密货币需要保持详细记录，任何通过卖加密货币获得现金或者以加密货币购买商品、服务的行为都需要纳税

资料来源：第一财经研究院整理。

但从全球范围来看，由于加密货币种类众多，监管机构缺乏统一的认识，各国对加密货币的监管存在明显差异，也存在明显的监管空白和巨大的监管逆差（deficit），这在一定程度上给金融系统带来更多风险敞口。

在发行环节，各国达成共识较早，普遍认定ICO活动本质上是一种公开融资活动，多数国家将其界定为证券发行行为，目前对于首次发行的监管主要分两种模式。一类是全面禁止ICO活动，中韩两国于2017年9月全面禁止ICO活动；另一类则尝试将其纳入证券监管范畴。美国、瑞士、日本、中国香港以及新加坡等地的证券监管机构均表示，ICO本质上符合证券的法定特征，须纳入《证券法》实施监管。然而在具体的ICO监管中，更多依赖ICO的分类。例如在新西兰，会根据通证的分类应用不同的监管规则。具体的分类则包括债券、股权证券、管理投资产品或衍生品。美国证券交易委员会更是在2018年底明确表示，数字资产市场参与者在处理技术创新时必须坚持联邦证券法框架，同时在数字资产证券的发行、销售以及相关投资工具与交易方面给出了法律参考。

对于加密货币相关的金融服务，除中国明确禁止相关活动外，其他国家普遍认为应至少根据其业务属性纳入相应的监管框架，但由于对加密货币是否为金融工具意见不一，部分监管实践中存在一定的灰色地带。

以加密货币为基础资产的衍生品交易为例，美国商品期货交易委员会和英国金融行为监管局均表示其应该纳入现有监管框架，但在实际操作中仍有不少难点。以美国为例，美国证券交易委员会（SEC）具有被认定为证券的加密货币管辖权，但2018年底之前其监管少有覆盖到二级市场交易环节，包括比特币在内的许多无储备金加密货币仍然在法律层面未被认定为证券。虽然商品期货交易委员会（CFTC）认定比特币等加密货币为商品，从而具有了相关标的衍生品的管辖权，但却无法将这种管辖权延伸至现金市场（cash market）。这就导致加密货币的主要活动——交易和交易所游离于监管之外。

监管缺失造成加密货币交易中介成为监管空白，加密货币使用者的利益难以得到保护。最主要的问题来自交易所的交易机制，目前很少有平台公开订单类型或者订单匹配交易的机制，也没有建立交易前与交易后的价格披露机制，外界因此无法评估交易的质量、可靠度与时机的合适性。如果没有办法确认交易是否以最优价格被执行，投资者保护也就无从谈起，而在传统的金融资产交易所，上述信息的披露都是必须的。

托管钱包（custody wallet）服务在金融交易中必不可少，传统金融系统中要求交易平台与资产托管功能分离，以此保障客户资产安全。但在加密货币交易中，这种做法却不普遍，交易所更倾向于将加密资产置于自己的“钱包”中，并在自己的账簿上记载所有客户的交易，而非在去中心化的公共账簿上记载（Ross Anderson，2018）。在公司账簿上记录交易使交易平台变得越来越像早期的银行，事实上部分交易所确实会挪用客户资金，此时缺少准备金监管成为交易所的致命弱点，一旦大量客户要求提取“钱包”中的加密货币，将可能发生挤兑风险。

部分交易所还开展了自营交易业务（proprietary trading），这更加剧了平台与投资人之间的利益冲突，因为自营交易可能优先于投资人的交易，使交易平台在交易中占据有利地位。除此之外，交易所还可以在自有账户间互相交易，虚构平台高流动性与交易量的假象，更有甚者用来操纵市场价格，这些都是为了误导投资人做出错误选择。得克萨斯大学奥斯汀分校的教授John Griffin的最新研究表明，加密货币Tether被用来操纵多个市场的加密资产价格。

由于加密货币的匿名性，监管者最早关注到它是因为其可以逃避现有反洗钱与反恐怖融资监管。但由于缺少国际共识以及国内必要的监管框架，加密货币成为非法支付的重灾区。在国际层面，早在2015年FATF（反洗钱金融行动特别工作组）就提议各国对其进行监管，防止其用于洗钱与恐怖主义融资，然而大多数国家都没能实现这一目标（Naoyuki Iwashita，2019）。而在各国国内，以美国为例，虽然金融犯罪执法网络（FinCEN）在 2013 年就表明加密货币的管理和交易必须注册并报告相关数据以确保合规。但由于缺乏必要的监管框架，相关法律在执行层面大打折扣，截至 2018 年 10 月，Coinmarket 上前 100 位的交易所中只有 13 家在 FinCEN 注册。

加密货币本身也备受网络攻击困扰，究其根本是由于加密资产交易平台不需要满足任何网络安全要求。加密货币因此成为网络黑客们青睐的产品。根据剑桥大学的估计，已知的加密资产资金失窃造成了约 15 亿美元的损失。

第三节　BigTech监管与金融稳定

传统金融监管的主要目标是确保个人和机构的偿债能力以及金融系统的稳定性，也会涉及消费者保护的领域。但科技巨头进入金融市场使得传统政策响应面临更多挑战。国际清算银行在 2019 年度经济报告中的“金融市场中的大型科技企业：机遇与风险”章节中对此进行了详细解读。

该报告指出，数据分析（data analytics）、网络外部性（network externalities）和相互交织的活动（Interwoven activities）这三者构成了科技巨头商业模式的关键特征。

从网络外部性来看，用户作为平台的一方（如电商平台上的销售者）参与的益处随着另一方的用户数量（如购买者）的增加而增加。网络外部性为用户产生了更多用户和更多的价值。与此同时，更多用户带来了更多的数据。对数据的分析既能增强现有服务的质量又能吸引更多用户。这一“相互交织”的过程彼此促进，彼此增强。

虽然相较于科技服务，金融服务在科技巨头的业务中的体量不大，但考虑到科技巨头的用户基数，未来其在金融领域的影响不容小觑。在网络外部性的相互加强下，拥有海量数据的科技巨头天然具有极强的垄断优势。

必须肯定的是，科技巨头的进入将减少信息成本和交易成本，带来更高的效率，促进金融包容性发展。但我们也要注意到潜在的风险与成本。

一是市场力量。一旦建立了专属生态系统，潜在的竞争对手几乎没有建立竞争平台的空间。占主导地位的平台可以通过提高进入壁垒来巩固自身的地位。它们可以利用其市场力量和网络外部性来增加用户转换成本或逐出潜在的竞争对手。

平台现在常常作为金融服务提供商的重要销售基础设施。但同时，科技巨头还会与这些提供商开展竞争。科技巨头可以优先选择自家产品，并让金融机构以更昂贵的方式通过平台来接触潜在用户，进而获得更高利润。其他反竞争行为还包括“产品捆绑销售”和交叉补贴活动。考虑到科技巨头的商业模式，这些做法可能会让它们达到更大的规模。

二是数据垄断。科技巨头拥有近乎零成本搜集数据的能力。这使人们担忧新时代的“数据垄断”，即一旦在数据方面的垄断地位开始形成，科技巨头可以通过价格歧视来榨取租金收益。例如，科技巨头会使用它们的数据来评估借款人的潜在信用，还可以确定借款人愿意为贷款支付的最高利率或客户为保险支付的最高保费。价格歧视不仅具有分配效应（在不改变生产和消费总量的情况下，以客户为代价提高科技巨头的利润），还可能产生不利的经济影响，损害消费者利益，甚至是社会整体福利（如对个人数据的不当使用可能导致高风险群体被排除在保险市场之外）。

打破这种局面有两个方向的思路。其一，在确保隐私保护的同时，推动数据分享。目前，科技企业事实上拥有众多数据，而消费者并不能（简单地）授权它们的竞争对手接入这些数据。应当要求这些科技公司将数据所有权还给消费者，从而让消费者可以决定谁可以分享及销售这些数据，以便于消费者可以自由地更换服务商，以及其他机构可以更好地提供服务。欧盟《通用数据保护条例》（GDPR）中的数据可携带性（right to data portability）规定在鼓励大型科技公司进入金融行业的同时将数据保护重点放在用户拥有数据产权上。参照图 7-3 的坐标，就是将政策向右边靠拢。

其二，限制大型科技公司对数据的使用，在某一项服务中仅使用必需的数据，从而保障用户隐私，并减低滥用可能。目前，欧盟、德国和英国正在更新竞争法案，在限制科技企业进入金融行业的同时，也限制它们大量使用用户数据，即政策向左边靠拢。

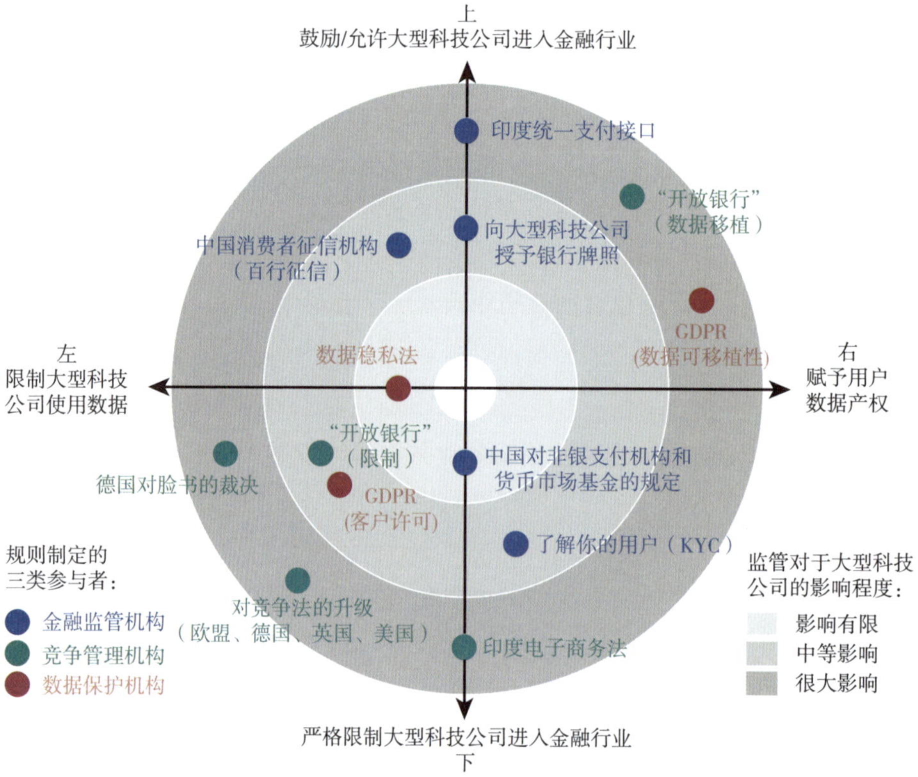

图7-3　大型科技公司进入金融业的监管罗盘

（资料来源：BIS）

同时，对数据的采集范围也要进行限定。首先，并非所有类型的数据都与金融服务有关。例如，为了评估借款者的信誉，贷款者可能不需要知道前者的社交习惯或旅行计划。其次，并非所有类型的服务提供商都应该有权访问用户的金融数据。因此，开放银行有选择地限制了可以传输的数据范围（如金融交易数据），以及可以共享这些数据的机构类型（如得到认证的存款接受机构）。同样，GDPR 要求企业在使用消费者个人数据前要得到消费者的同意（客户许可）。这两种限制均被视为科技巨头进入金融业的障碍。

如果从金融稳定的角度出发，目前的监管框架对大型科技公司金融业务提供了一定的监管指引，一个基本原则是“相同行为，相同监管”（same activity，same regulation），消除监管套利的空间。从事同样的业务时，大型科技公司应该与传统金融机构遵守同样的资本和流动性要求，都需要遵守“知道你的客户”（KYC）原则以及反洗钱及反恐怖融资等规定。同时，拥有庞大资产规模共同基金的科技型企业也可以考虑被列入系统性重要金融机构，以应对其可能为金融体系带来的风险。

而在竞争和效率方面，情况就更复杂，其前提是理解金融业需要什么样的竞争，以及大型科技企业进入金融领域会对市场竞争带来什么影响。

一种思路是在严格牌照管理的前提下，支持科技公司进入金融领域，通过降低一些细分市场的准入门槛来支持技术创新，例如图 7–3 中印度推出的“统一付款接口”（UPI），允许手机支付提供者接入银行同业支付市场，或者给大型科技公司发放银行牌照。

另一种思路则是，虽然大型科技公司进入金融领域将增强金融的包容性，但考虑到大型科技公司的“DNA”循环，这种进入可能并不会增强市场竞争性，而是带来更强的市场控制力。特别是当传统金融机构业务越来越依赖大型科技公司构建的平台时，这种局面会更恶化。传统的竞争 / 反垄断政策聚焦于单一市场并采用公司规模、定价和市场集中度等指标，这种模式已经不适用于大型科技公司进入金融市场的场景。因此，会限制大型科技公司进入金融业。

第四节　加密货币的共性监管

加密货币是目前发展最迅速的领域之一，科技巨头的加入让该领域因薄弱监管而产生的“监管逆差”更为明显。根据目前暴露的问题，监管者应主要从两个方面着手应对。首先，针对加密货币发展中暴露的市场乱象，应该着手加强加密货币市场的管理，将其纳入监管框架内，妥善保护消费者的利益。其次，面对科技巨头进入金融领域应保持审慎态度，通过立法或行政法规防止科技巨头滥用数据与市场支配地位，以此保护消费者的数据隐私，通过一定的市场准入维护金融稳定，也使社会福利不受损害。

具体来看，由于无储备金加密货币，如比特币，是全新创造的加密货币。传统监管框架并未涉及这一领域，因此需要通过立法来弥补监管空白。在这一点上，美国的《虚拟货币业务统一监管法》的出台提供了完善的法律框架参考。该法案明确规定了从事虚拟货币发行、兑换、存储与交易等活动的市场准入与监管标准。从事相关活动须获得执照，且监管部门将对申请机构的业务内容、人员资质、经验等进行审查。在颁发执照前，从事虚拟货币业务活动的申请体，需提交必要的担保和证明。

该法案还对虚拟货币业务经营主体的收费表、产品服务保障、收费标准、法律责任限定、交易信息等信息披露环节做出明确要求。同时还规定其必须参与美国网络安全、反欺诈与反洗钱、反恐怖融资等计划。

具有储备金的加密货币在监管实践中由于通常符合证券的定义而被纳入证券法规监管，借助成熟的证券法规监管此类加密货币可进行首次发行、交易、衍生品等金融活动。例如，SEC 于 2018 年 11 月发布了《数字资产证券发行与交易声明》，强调数字资产市场参与者在处理技术创新时必须坚持联邦证券法框架，同时在数字资产证券的发行、销售以及相关投资工具与交易方面给出了法律参考。

而在证券类加密货币的交易环节，美国要求其经纪交易商必须具有 SEC 的许可，并成为美国金融业监管局（FINRA）的会员。同时，只能在 SEC 批准的持牌交易所或者替代交易系统（ATC）上交易。如果这些法案得到严格执行，证券类加密货币的交易乱象将得到根治。

另外，加密货币托管钱包领域同样需要监管，其中日本《支付服务法》要求最为严格。该法案要求交易所管理客户加密资产时必须提供离线钱包，要保持与客户资产等额的加密资产保证，同时客户资产必须同自有资产分离保管。以此来确保消费者的利益不被侵害。其他主要国家则多是提出了必要的信息披露与担保要求。

此外，由于加密货币的匿名性，监管者最早关注到它是因为其可以逃避现有反洗钱与反恐怖融资监管。在这一领域各个国家均有相关法案涉及，以美国为例，进行汇款或其他联邦法律规定的货币服务业务时需要遵守《银行保密法》，以满足反洗钱监管。2018 年美国众议院通过了《FinCEN 2018 改进法案》，将虚拟货币纳入执法网络。该法案要求对加密货币交易进行记录、提交报告，并由 FinCEN 进行收集和分析，为执法机构的稽查提供支持。

第八章　外部金融风险

■ 陈卫东

结合构建全球金融风险地图，本章分析了中国金融稳定面临的主要外部挑战：全球货币政策调整、国际贸易摩擦、英国脱欧和欧洲经济下行、新兴市场债务和地缘政治冲突、国际油价波动等主要风险。

第一节　全球金融风险概览

一、全球金融风险测算框架

全球金融风险地图可以清晰地展示过去几年全球金融风险组成因素的变化情况。本章利用 7 个一级指标和 27 个二级指标构建了全球金融风险指数。其中，一级指标主要包括全球货币和流动性风险、全球宏观经济风险、发达市场风险、新兴市场风险、宏观杠杆风险、避险情绪变化和资产价格波动风险七个方面。基于数据可获得性和指标相关性，每个一级指标下选取若干个二级指标以衡量相关领域的风险变化情况（见表 8–1）。取一级指标下各二级指标的算术平均值为一级指标值，然后取一级指标的算术平均值作为全球金融风险指数。

与《中国金融风险与稳定报告（2018）》发布的全球金融风险测算框架相比，本章在以下方面做出改进：第一，在风险赋值方面，加大对异常波动和极端风险的识别。与 2018 年的方法类似，本文以各指标的“均值 – 标准差”、均值、“均值 + 标准差”三个数据为分界点，根据各指标的经济含义，将其划分为四个区间，分别对应高风险、中高风险、中低风险和低风险，并相应赋值 4、3、2、1。但不同的是，如果该指标在高风险区间内数值波动超过“均值 ±2× 标准差”（以指标的实际经济含义为准），则将该指标的风险赋值大幅提高至 6，并将其定义为超高风险区间，以突出异常波动的风险权重。2018 年美国贸易政策不确定性指数风险赋值达到 6，是全球金融风险的重要来源。

第二，在一级指标选取上，增添了发达市场风险。具体来看，包括美国 GDP 增速、英国政策不确定性指数、发达经济体 GDP 增速 3 个二级指标。最近两年，受中美经贸摩擦、英国脱欧等因素影响，发达经济体整体增速放缓，市场风险加剧。本章在一级指标中增添发达市场风险能够更加全面地反映全球金融风险的变动情况。

第三，在全球货币和流动性指标方面，将全球外汇储备规模和全球流动性规模指标改为变化幅度指标。以外汇储备为例，规模指标呈线性递增变化，用均值和标准差划分区间为风险赋值的方法容易高估初始年份的风险值。

第四，根据实际风险变化情况，有选择地增删部分二级指标。考虑到全球物价变化基本稳定，而全球直接投资受贸易保护主义影响明显，因此，在宏观经济指标方面，去掉了全球物价指数二级指标，增加了全球直接投资规模二级指标。在避险情绪变化指标方面，增加了美国贸易政策不确定性指数二级指标，重点分析美国贸易保护主义对全球金融波动的影响。在资产价格波动方面，增加了美国穆迪 Aaa 企业信用利差二级指标，以衡量全球债市风险变化。

总体来看，由于风险赋值为 6 的指标较少，全球金融风险指数和一级风险指标一般均处于 1~4 区间，如果数值处于 1~2 区间则为低风险，处于 2~3 区间的为中风险，处于 3~4 区间的为高风险，大于 4 的为超高风险。

表8-1　全球金融风险指数一级、二级指标的构成和权重

一级指标	一级指标权重	二级指标	二级指标权重	与全球金融风险指数的关系	数据来源
全球货币和流动性风险	1/7	G4加权平均政策利率（%）	1/4	正相关	作者计算
		全球外汇储备变化（%）	1/4	负相关	IMF
		全球流动性变化（%）	1/4	负相关	BIS
		G4中央银行资产负债表变化（%）	1/4	负相关	Wind
全球宏观经济风险	1/7	全球GDP增速（%）	1/4	负相关	IMF
		全球贸易监测指数	1/4	负相关	CPB
		全球工业生产指数	1/4	负相关	CPB
		全球直接投资规模	1/4	负相关	UNCTAD
发达市场风险	1/7	美国GDP增速	1/3	负相关	IMF
		英国政策不确定性指数	1/3	正相关	Economic Policy Uncertainty网站
		发达经济体GDP增速	1/3	负相关	IMF
新兴市场风险	1/7	经济硬指标增速（%）	1/6	负相关	IIF
		金融市场发展情况（%）	1/6	负相关	IIF
		商业发展情况（%）	1/6	负相关	IIF
		借贷条件指数	1/6	负相关	IIF
		不良贷款指数	1/6	负相关	IIF
		美元外债占比（%）	1/6	正相关	IIF
宏观杠杆风险	1/7	全球杠杆贷款占GDP的比重（%）	1/3	正相关	IIF
		全球债务占GDP的比重（%）	1/3	正相关	IIF
		私人非金融部门信贷占GDP的比重（%）	1/3	正相关	BIS

续表

一级指标	一级指标权重	二级指标	二级指标权重	与全球金融风险指数的关系	数据来源
避险情绪变化	1/7	标准普尔500波动率指数	1/3	正相关	Wind
		美国贸易政策不确定性指数	1/3	正相关	Economic Policy Uncertainty网站
		新兴经济体跨境资本流动情况（百万美元）	1/3	负相关	IIF
资产价格波动风险	1/7	大宗商品价格指数年度波幅（%）	1/4	正相关	IMF
		美元指数年度波幅（%）	1/4	正相关	Wind
		道琼斯波动率指数（%）	1/4	正相关	Wind
		美国穆迪Aaa企业信用利差	1/4	正相关	Wind

资料来源：中国银行研究院。

二、全球金融风险的演变趋势

（一）全球金融风险整体变化情况

2018 年全球金融风险大幅跃升，由中风险区间进入高风险区间。2010 年至今，全球金融风险变化可以分为三个阶段：第一阶段是波动上升阶段，从 2010 年至 2015 年，全球金融风险由 2.1 升至 2.8，逐渐从中风险区间下部升至上部；第二阶段是下降阶段，从 2016 年开始全球金融风险连续两年下降，2017 年降至 2.3；第三阶段是风险跃升阶段，受贸易保护主义和美联储过快加息影响，2018 年全球金融风险快速攀升，风险指数跃至 3.2，为近十年最高点，处于高风险区间。

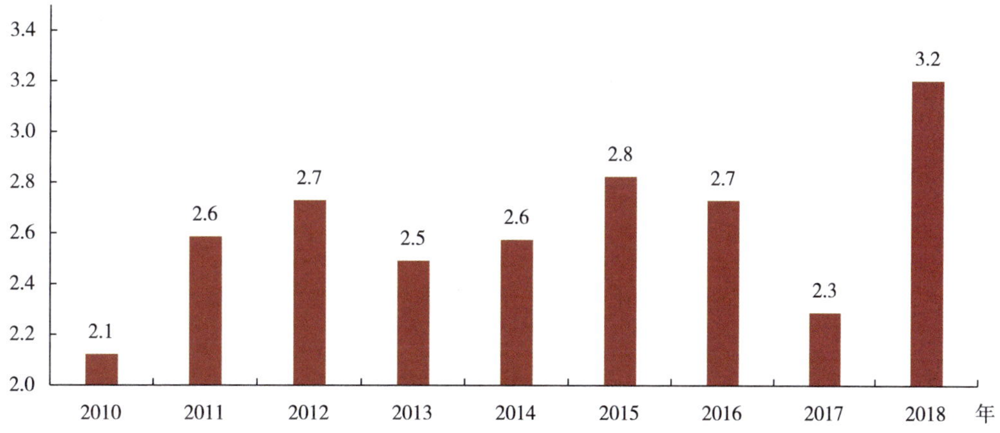

图8-1 全球金融风险指数变动情况

（资料来源：中国银行研究院）

细分结构来看（见表 8-2），2018 年全球金融风险指数上升主要是由于避险情绪恶化、资产价格大幅波动、货币和流动性收缩、新兴市场金融风险抬升和宏观经济增长压力加大，风险指数分别增加 2.0、1.7、1.5、1.3 和 1.0，上述五个因素对 2018 年全球金融风险指数上升的贡献度分别为 31.7%、27%、23.8%、20.6% 和 15.9%。宏观杠杆风险保持不变，但风险结构发生变化，私人非金融部门信贷占 GDP 的比重由 2017 年的 158.6% 降至 151.3%，风险指数由 6 降至 3，但杠杆贷款占 GDP 的比重大幅攀升，风险指数由 3 升至 6。

表8-2　全球金融风险热图变化趋势

年份	2010年	2011年	2012年	2013年	2014年	2015年	2016年	2017年	2018年
全球货币和流动性风险	2	1.5	2.5	2.5	2.8	3.3	2	2.3	3.8
全球宏观经济风险	2.8	2.8	3	2.8	2.5	2.3	1.8	1.5	2.5
发达市场风险	2.3	3.3	3.3	3.3	2.7	2.3	4.7	3	2.3
新兴市场风险	1.2	3	2.3	2.5	3	3.8	2.7	1.7	3
宏观杠杆风险	2	1.3	2	2.3	2	2.7	3	4	4
避险情绪变化	2.3	2.7	2.7	2	2.3	2.7	3	2.3	4.3
资产价格波动风险	2.3	3.5	3.3	2	2.8	2.8	2	1.3	3
全球金融风险	2.1	2.6	2.7	2.5	2.6	2.8	2.7	2.3	3.2

注：绿色、浅黄色、粉色和红色分别代表低风险、中风险、高风险和超高风险；各指标数值为计算后的风险指数，非原始数据。

资料来源：中国银行研究院。

（二）细分领域的全球金融风险变化情况

第一，全球货币市场从“量价齐紧”局面转为“量价齐松”，货币和流动性风险有所下降。2018年全球货币和流动性风险指数大幅提升，由2017年的2.3升至3.8，从中风险区间升至高风险区间。进一步观察二级指标发现，2018年全球货币市场价格指标和数量指标同步趋于紧缩，带动全球流动性风险上升。从价格指标看，2018年美联储4次提升联邦基金利率目标区间，目标利率较2017年底提升1个百分点，英国中央银行在2018年8月加息1次，美国、欧元区、日本和英国（G4）的GDP加权平均政策利率水平较2017年提高53个基点，由0.63%升至1.16%。与此同时，数量指标呈现收缩态势，全球外汇储备规模和全球流动性规模略有下降，2018年同比增速分别为–0.18%和–0.04%，主要中央银行加总的资产负债表规模虽然仍在扩张，但增速明显回落，由2017年的9.8%降至5.9%。价格指标和数量指标同步收紧，使得全球流动性风险提升。

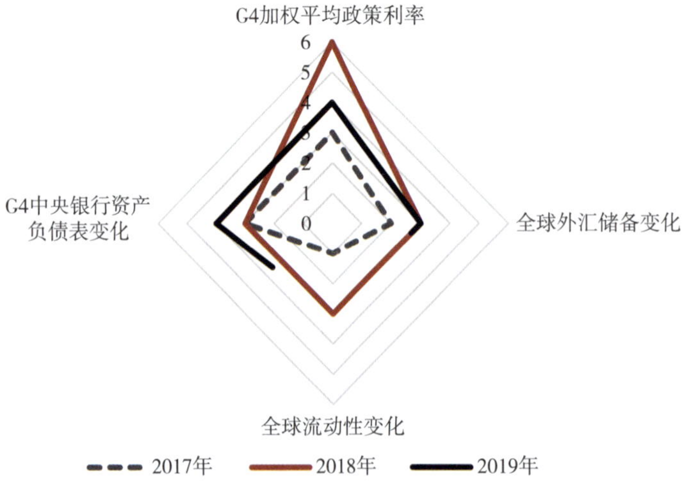

注：上述指标数值为风险指数赋值，非原始数据，下同。

图8-2　2017—2019年全球货币和流动性风险二级指标变动情况

（资料来源：中国银行研究院）

2019 年全球流动性风险有所降低，全球再次进入降息周期。从价格指标看，贸易保护主义和全球经济放缓增加了各国对国内经济下行的担忧，2019 年有超过 30 家中央银行正式降息，美联储也在 7 月正式启动降息政策，全球货币政策转向，截至 2019 年 10 月底，G4 加权平均政策利率水平降至 0.77%。虽然全球价格指标逐渐由收缩转为宽松，但从 2019 年上半年数据看，全球数量指标的收缩态势仍在持续，但情况有所缓解。2019 年上半年 G4 合计的中央银行资产负债表增速进一步回落至 2.3%，但全球外汇储备规模连续三个季度小幅回升。考虑到美联储在 2019 年 10 月 11 日宣布，重启短期国债购买计划，继续进行隔夜和定期回购操作，操作规模高达 5400 亿美元；而欧洲中央银行在时隔三年之后，再次启动"定向长期再融资操作"（Targeted Longer-Term Refinancing Operations，TLTRO-III），该项目实施的计划时间为 2019 年 9 月至 2021 年 3 月，2019 年第三季度后全球流动性收缩局面逐渐逆转。因此，综合价格指标和数量指标，2019 年全球流动性风险指数小幅下降，由 3.8 降至 3.5。

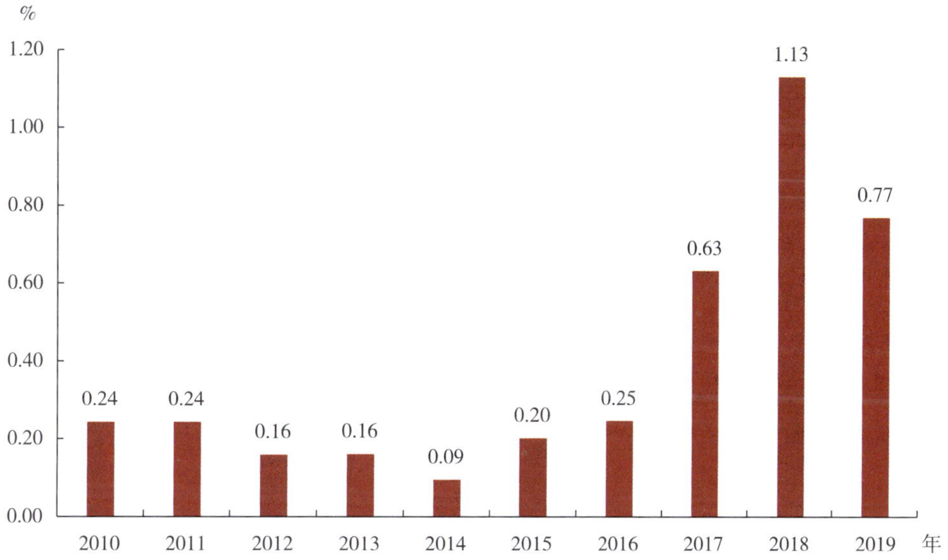

图8-3　G4加权平均政策利率水平

（资料来源：中国银行研究院）

第二，贸易摩擦升级和经济政策不确定性增加带动全球宏观经济风险继续抬升。2018 年，全球宏观经济风险由上一年的 1.5 升至 2.5，进入中风险区间，主要归因于全球范围内贸易摩擦的升级和经济政策不确定性增加。2018 年，全球经济增速为 3.1%，较 2017 年下降 0.1 个百分点；全球贸易监测指数降至 100.5，较 2017 年有较大回落，几乎降至 2010 年的水平；全球直接投资规模大幅回落，降幅达到 13%，连续三年下降。

2019 年全球经济维持下行趋势。2019 年上半年的数据显示，贸易增速继续低于趋势水平，第二季度 WTO 全球贸易景气指数为 96.3，与第一季度持平，维持 2010 年 3 月以来最低；6 月摩根大通全球综合 PMI 指数为 51.2，是近三年来最低；主要经济体增长放缓超出预期，OECD 综合领先指标已连续 16 个月放缓，降至国际金融危机以来最低水平；美国、德国、日本、英国等 G7 国家的制造业活动减速，美国多个制造业指数回落，经济增长放缓。2019 年全球经济增速仅为 2.8%，较上年下降 0.7 个百分点。

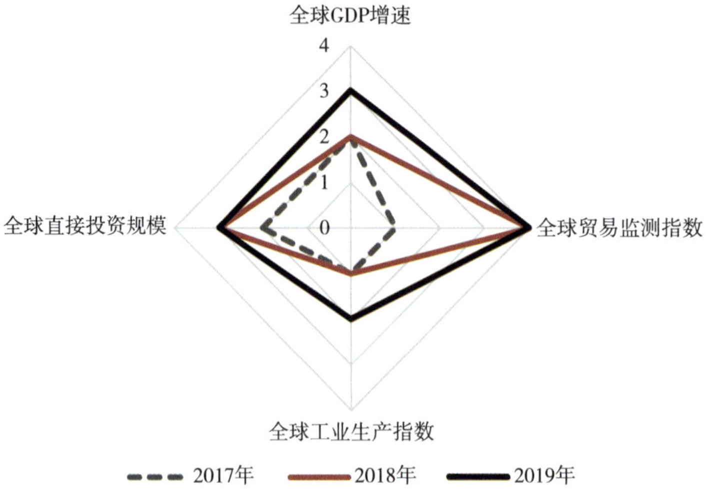

图8-4　2017—2019年全球宏观经济风险二级指标变动情况

（资料来源：中国银行研究院）

第三，发达市场风险呈“V”形走势，在明显下降后大幅抬升。2018 年，发达市场风险由 2017 年的高风险区间（3）下降至中风险区间（2.3），主要归因于美国经济增长提速和英国政策不确定性下降。2018 年，美国经济增速达到 2.9%，为近十年来最高。英国经济受脱欧影响的余温略有消退，使得投资者对英国经济不确定性态度有所改善。然而进入 2019 年后，中美经贸摩擦持续、英国硬脱欧风险加大、日韩等区域性贸易摩擦加剧等不利因素，使得发达经济体经济增长前景恶化。2019 年发达经济体整体增速由上一年的 2.2% 降至 1.7%，发达经济体市场风险由 2018 年的中风险区间跃升至 2019 年的高风险区间，风险指数达到 3.3 的较高水平。

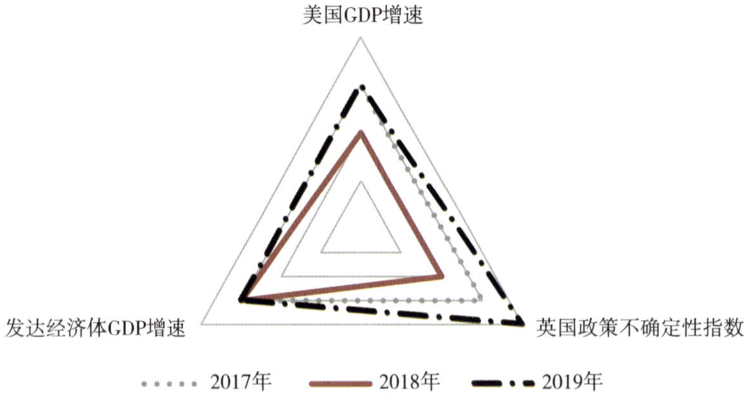

图8-5　2017—2019年发达市场风险二级指标变动情况

（资料来源：中国银行研究院）

第四，新兴市场金融风险在大幅抬升后小幅回落。2018 年，美联储货币政策正常化节奏加快，美元指数“超预期”上涨，美国 10 年期国债收益率短期飙升，致使新兴市场金融动荡加剧。阿根廷率先爆发危机，土耳其紧随其后，巴西、印度尼西亚、南非、委内瑞拉等新兴经济体无一幸免，股票汇率债券市场大幅波动，金融脆弱性显著升高。进入 2019 年后，随着美欧等主要中央银行进行货币政策调整，跨境资本重新回流新兴经济体，各国货币汇率走势逐渐平稳，资本市场回暖，面临的金融压力有所缓解。此外，部分新兴经济体的中央银行采取了降息举措，在一定程度上提振了本国经济。IIF 数据显示，2019 年上半年新兴经济体经济硬指标增速为 3.5%，高于 2018 年底的 3.1%。从债务风险来看，借贷条件指数和不良贷款指数分别为 51.6 和 48.4，较 2018 年底分别提高 3.5 和 0.7，借贷环境和信贷资产质量有所改善。从营商环境来看，新兴经济体金融市场发展指数为 4%，高于 2018 年底 2.7% 的水平；不过商业发展指数低于 2018 年底的水平，降至 2.8%，处于 2010 年以来最低水平。综合有利因素和不利因素，2019 年新兴市场金融风险小幅回落。

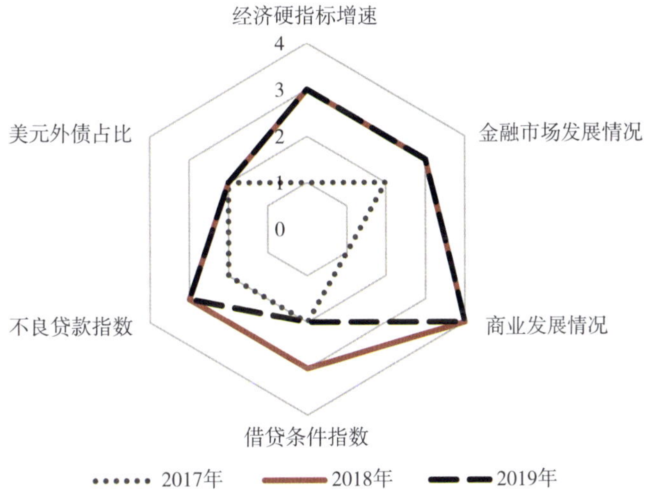

图8-6 2017—2019年新兴市场风险二级指标变动情况

（资料来源：中国银行研究院）

第五，全球宏观杠杆风险继续保持在高风险区间。截至 2018 年底，全球债务占 GDP 的比重已高达 317.8%，较 2010 年提高 16.4 个百分点，主要是由政府债务和非金融企业债务上升带动所致，分别贡献了 74.3% 和 55.8% 的增量。私人非金融部门信贷占 GDP 的比重达到 236.8% 的历史高位，远高于国际金融危机前 5 年 206% 的平均水平。其中，风险较高的全球杠杆贷款（Leverage Loan）占 GDP 的比重在 2018 年

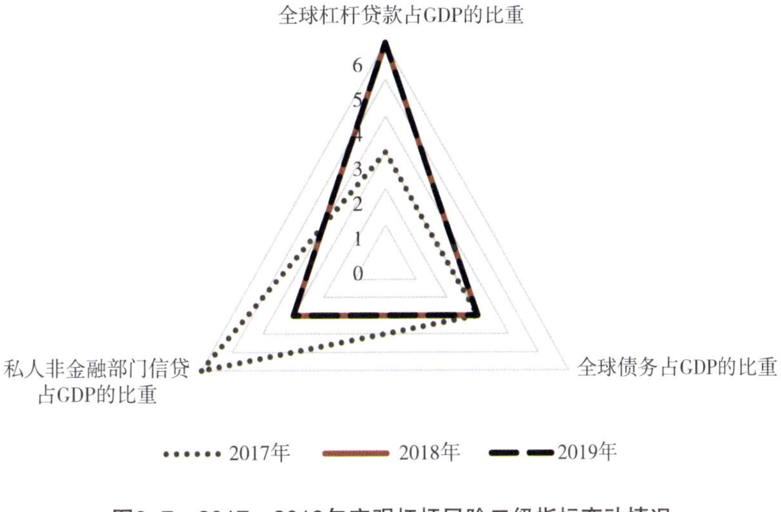

图8-7 2017—2019年宏观杠杆风险二级指标变动情况

（资料来源：中国银行研究院）

急剧攀升至3.8%，较2017年提高1.7个百分点，连续三年上涨，为2008年以来最高。随着全球货币政策再度转向宽松，全球利率中枢下移，全球杠杆贷款占GDP的比重继续上涨，处于超高风险区间。综合来看，2019年全球宏观杠杆风险指数保持在4的较高水平。

第六，全球市场投资者避险情绪继续升温。2018年，受美联储过快加息、新兴经济体金融动荡和美国贸易保护主义影响，全球避险情绪大幅升温，风险指数从2017年的2.3大幅升至4.3，升幅接近1倍。其中，美国贸易政策不确定性指数从2017年的142.7上升至2018年的153.2，全球贸易保护主义和去全球化政策风险达到国际金融危机以来的最高点。受此影响，标准普尔500波动率（VIX）指数大幅攀升，从2017年底的历史低点11升至25.4，市场投资者避险情绪急剧恶化。与此同时，伴随着美联储货币政策正常化节奏的推进，2018年新兴经济体金融市场大幅波动，股票汇率债券市场价格下挫，新兴经济体跨境资本再度由净流入转为净流出，净流出规模为485.8亿美元，印证了全球避险情绪的变化。

进入2019年，尽管全球货币政策逐渐转向，但中美经贸摩擦持续升级，区域性贸易摩擦纷争不断，英国硬脱欧风险增加，全球避险情绪持续升温，风险指数继续抬升至超高风险区间，达到十年以来最高水平4.7。截至2019年10月，美国贸易政策不确定性指数跳升至829.8，标准普尔500波动率指数年内最高达到24.6；同时，美国及世界主要经济体下行压力凸显，全球避险情绪升温。

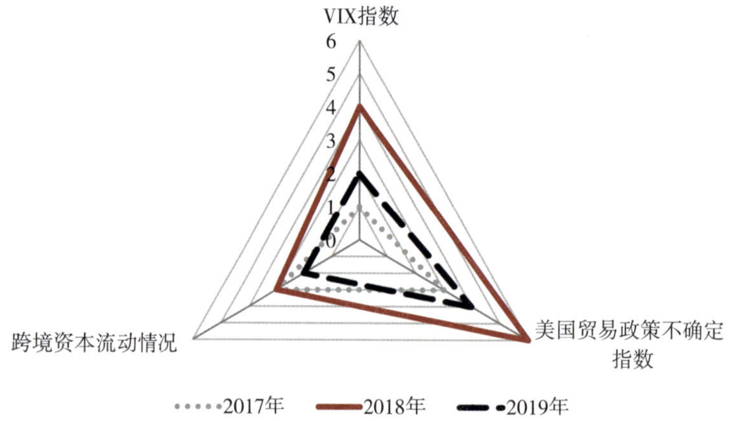

图8-8　2017—2019年避险情绪变化二级指标变动情况

（资料来源：中国银行研究院）

第七，全球利率中枢下行降低了资产价格波动风险。2018年，受美股及美元指数大幅波动影响，全球资产价格波动风险加大，风险指数由2017年的1.3升至3，处于高风险区间。进入2019年，由于全球经济增速放缓，全球货币政策逐渐转向宽松，多国中央银行采取降息举措，全球利率中枢下行趋势明显。美国穆迪Aaa企业信用利差小幅下调，债市继续处于低风险区间。与此同时，受利率中枢下移影响，全球股市获得一定支撑，股市波动率下降。美元指数虽然保持相对强势，但增幅收窄，随着美联储继续降息，美元逐渐回落，非美货币汇率压力缓解。总体来看，2019年全球资产价格波动风险由2018年的高风险区间降至中风险区间。

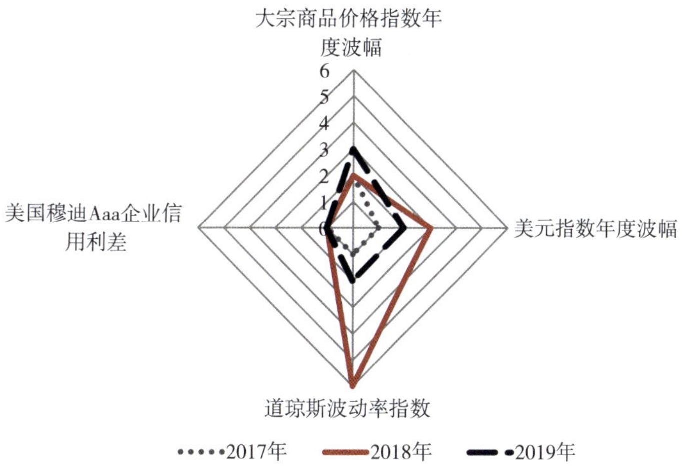

图8-9　2017—2019年资产价格波动风险二级指标变动情况

（资料来源：中国银行研究院）

综合考虑上述7个一级指标，2019年宏观经济风险和发达市场风险上升，全球避险情绪进一步升温，全球货币和流动性风险、新兴市场风险和资产价格波动风险有所下降，宏观杠杆风险保持在高位，7个一级指标中有3个恶化，带动全球金融风险指数小幅上升。经过加权平均测算，2019年全球金融风险指数为3.3，较2018年提高0.1，依然处于高风险区间。

第二节　全球货币政策调整风险

2018年，全球经济延续复苏态势，驱动主要中央银行的货币政策正常化进程。美联储持续推进加息和缩表，欧洲中央银行退出QE，一些新兴经济体的中央银行也跟随加息操作。全球货币政策正常化，带来了显著的外溢效应，全球利率中枢抬升，流动性格局逆转，新兴经济体金融脆弱性加剧。2019年，随着各国经济下行风险增大，主要中央银行货币政策正常化节奏放缓甚至再度转向，在黯淡的基本面上谨慎作为、如履薄冰，全球经济金融不确定性进一步上升。

一、全球主要中央银行货币政策调整

货币政策周期通常与经济周期反向变动。2008年国际金融危机以来，为应对经济衰退，主要发达经济体的中央银行普遍采取了极低利率+量化宽松的非常规货币政策操作。2017—2018年，随着全球经济呈现复苏势头，主要国家的中央银行计划或启动货币政策正常化，退出量化宽松、加息、缩表，三者依次或协调推进。

全球经济继续保持扩张态势，驱动主要中央银行货币政策正常化。尽管2018年下半年增长动能减弱，政策不确定性加剧，2018年全球经济基本延续了上一年增长趋势，实际GDP增速为3.6%，达七年来次高位（图8-10）。相较于前期，全球形势好转，通缩风险消减，就业表现改善，金融脆弱性有所下降，为全球货币政策正常化提供了条件。特别地，数年非常规货币政策在刺激经济的同时，也带来了高昂的成本，掩盖了结构性矛盾，造成全球流动性泛滥与资产价格扭曲。因此，在经济总体扩张、下行压

力日益显现的转折窗口，世界主要中央银行及时退出非常规操作、推动货币政策正常化，不仅符合经济企稳的趋势要求，也可以为下一次衰退积累缓冲空间。

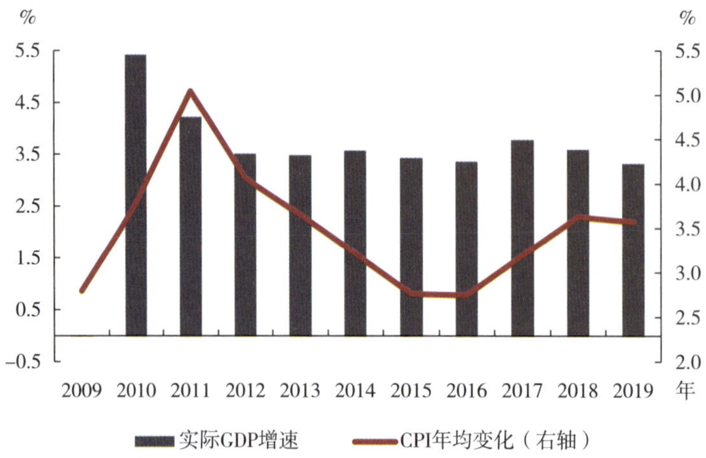

图8-10　全球实际GDP增速与通胀水平变化

（资料来源：IMF，中国银行研究院）

美联储同步推进加息与缩表。2018 年，在税改、房地产等一系列因素推动下，美国经济强劲复苏，居民消费、工业生产等指标不断改善，通胀维持在 2% 的目标水平，失业率持续处于国际金融危机以来低位。美联储分别于 2018 年 3 月、6 月、9 月、12 月加息 25 个基点，全年 4 次累计加息 100 个基点；同时，美联储自 2017 年 10 月以来持续缩减资产负债表，截至 2018 年末，累计缩表规模超过 4000 亿美元，美元流动性供给显著萎缩。

欧洲中央银行逐步退出 QE。尽管增长动能减弱，2018 年欧元区整体保持温和增长，就业表现改善，带动居民消费增长，企业盈利与投资增加。在货币政策上，欧元区以稳为主，多次下调购债规模，至 2018 年末结束购债，但通过资产再投资计划和关于政策利率的"增强版前瞻性指引"，保持充分的货币宽松力度。对于加息节奏，考虑到核心通胀走势以及欧洲政治经济风险上升，欧洲中央银行保持谨慎而渐进的态度。

加拿大、英国、日本等发达国家启动或计划货币政策正常化。加拿大的经济金融周期与美国高度关联，其中央银行分别于 2018 年 1 月、7 月、10 月 3 次加息 25 个基点。随着脱欧效应发酵，英国通胀高企，2018 年 8 月英国中央银行发布利率决议，加息 25 个基点至 0.75%。2018 年，日本经济重拾涨势，资本支出上升，国内需求增长。尽管日本中央银行仍然维持宽松货币政策，但在利率决议中提出将对长期国债"实施有弹性购买"，暗示允许长期利率临时性上浮，为后续货币政策正常化埋下了伏笔。

诸多新兴经济体开启加息进程。随着美联储货币政策收紧，全球进入货币紧缩周期，新兴市场多国货币大幅贬值，不得不进行政策联动操作。韩国中央银行与美国加息保持步调一致，缩小两国利差，于 2018 年 11 月加息 0.25 个基点；俄罗斯中央银行在 2018 年第一季度降息后，分别于 9 月和 12 月再度加息 0.25 个基点；印度、印度尼西亚、马来西亚、菲律宾、泰国、墨西哥、南非等国均在 2018 年跟进了加息行动（见表 8-3）。

表8-3　2018年主要新兴经济体中央银行加息情况

国家	1月	2月	3月	4月	5月	6月	7月	8月	9月	10月	11月	12月
韩国											+0.25	
俄罗斯		−0.25	−0.25						+0.25			+0.25
印度						+0.25		+0.25				
印度尼西亚					+0.5	+0.25		+0.25	+0.25		+0.25	
马来西亚	+0.25											
菲律宾					+0.25	+0.25		+0.5	+0.5		+0.25	
泰国												+0.25
墨西哥		+0.25				+0.25					+0.25	+0.25
南非			−0.25								+0.25	

资料来源：中国银行研究院。

二、全球货币政策调整的外溢风险

2018年，全球货币政策调整，利率中枢抬升，流动性供给逆转，对全球经济金融稳定带来一定的负面效应。

第一，全球利率中枢抬升。随着全球主要中央银行逐步进入紧缩周期，全球利率中枢显著上移。从价格指标看，以GDP份额对美国联邦基金目标利率、欧元区隔夜存款利率、日本政策目标利率和英国基准利率进行加权平均，2016年末全球主要中央银行加权平均政策利率仅为0.20%，2018年末升至1.03%，涨幅超过4倍（见图8-11）。随着利率中枢上移，长期利率水平快速抬升。截至2018年末，美国10年期国债收益率、欧元区10年期公债收益率以及英国10年期国债收益率分别较2016年末增长了9.80%、22.51%和4.07%（见图8-12）。

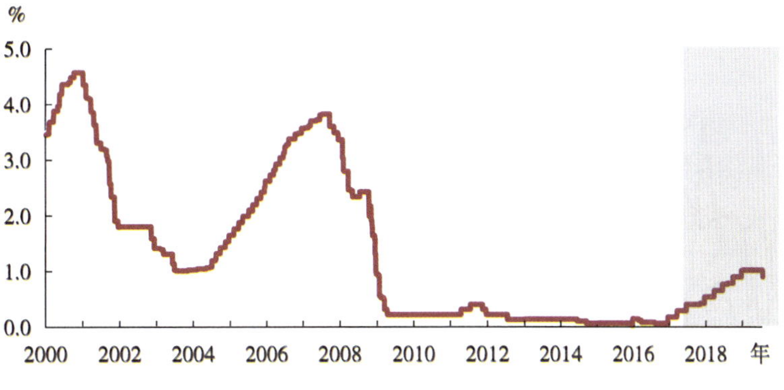

图8-11　全球主要中央银行加权平均政策利率变动

（资料来源：IMF，各家中央银行，中国银行研究院）

图8–12　美国、欧元区、英国10年期国债收益率

（资料来源：美联储，欧洲中央银行，英国中央银行，中国银行研究院）

特别地，全球利率水平抬升与沉重的债务负担相交织，对实体经济形成负反馈效应。根据 IIF 和 BIS，2018 年第一季度全球债务规模与非金融企业部门杠杆率均创历史最高水平，分别为 247 万亿元和 97.1%。随着主要中央银行货币政策由分化转为同向，全球利率水平上升，债务延期与再融资成本增加，对各国企业投资与银行信贷产生严重冲击。许多企业面临破产重组风险，债务违约激增，从而进一步抑制创新研发以及居民就业表现，为长期增长前景蒙上一层阴影。同时，全球主权政府债务率达历史最高水平，美国联邦政府债务不断攀升，意大利、希腊等南欧国家至今尚未走出债务困境。全球利率走高，将进一步制约政府财政支出，加剧债务风险，挤压应对经济放缓的财政政策空间，进而对实体经济稳定增长产生负面影响。

第二，全球流动性供给逆转。根据 BIS 编制的流动性指标（对境外非银行部门贷款 + 非居民发行债券余额），美元、欧元流动性供给显著放缓（见图 8–13）。截至 2018 年末，美元流动性供给规模达 11.53 万亿美元，连续四个季度增速下滑。2017 年第一季度至 2018 年第四季度，美元国际贷款增速从 2.15% 下

图8–13　欧美流动性供给变化

（资料来源：BIS，美联储，欧洲中央银行，中国银行研究院）

降至 0.57%，美元国际债券发行增速也从 2.78% 回落至 0.17%。同时，全球货币政策方向趋同，欧元流动性闸门随之收紧。2018 年，欧元流动性规模为 3.22 万亿欧元，增速一度触及 5.41% 的较低水平。欧美中央银行总资产规模于 2018 年见顶回落，出现国际金融危机以来的首次总量缩减，全球流动性格局出现逆转。

全球流动性骤冷，加剧风险偏好转变与金融市场震荡。随着利率水平升高，流动性供给逆转，金融资产价格震荡调整。特别是全球股市在实体经济长期低迷中呈现泡沫式繁荣，面临流动性抽离的严重冲击，形势不容乐观。2018 年，全球股市波动较大，主要股票指数普遍下跌（见图 8-14）。其中，欧洲股市跌幅最为显著，德国 DAX 指数全年下跌 18.3%；美股先跌后涨，标准普尔 500 指数年底收跌 6.2%。全球货币政策过快紧缩，或将挤压资产价格泡沫，在经济疲弱、投资收益下降的背景下，加剧市场集体抛售，形成价格暴跌与流动性枯竭的恶性循环。

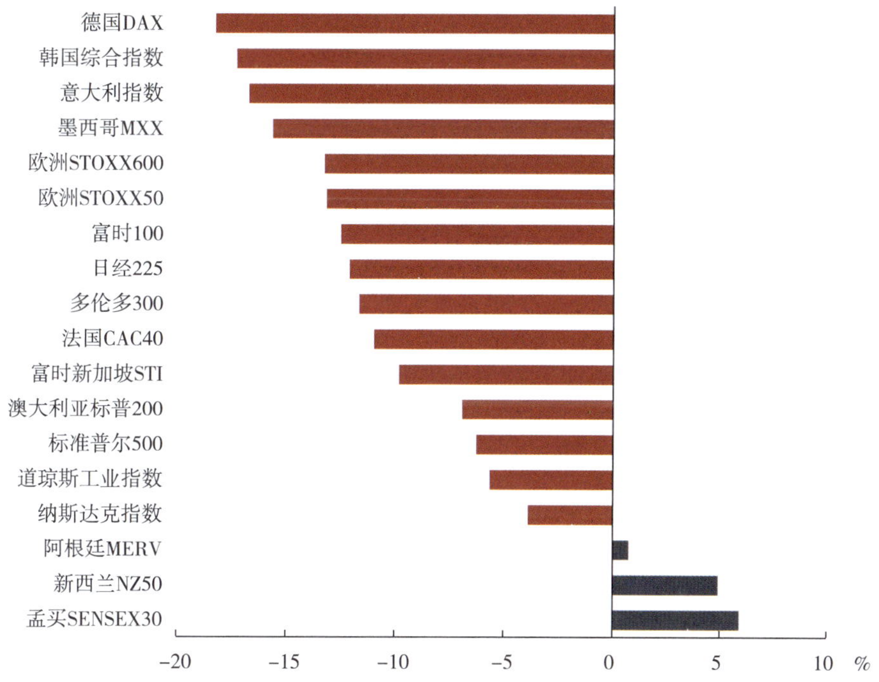

图8-14 2018年海外主要股市涨跌幅情况

（资料来源：Wind，中国银行研究院）

第三，新兴市场脆弱性加剧。在全球货币政策正常化进程下，新兴经济体在汇率、资本流动和债务等渠道受到冲击，导致经济增长随之波动。IIF 追踪的主要新兴经济体经济增长指标显示，新兴经济体的经济周期性波动与美元流动性增速基本表现为同频共振（见图 8-15）。每当美元流动性增速下滑时，新兴经济体都会经历痛苦的经济增长减速周期。2018 年，全球美元流动性增速从 6.4% 下滑至 2.8%，美元走强，新兴经济体货币贬值、资本外流、债务负担沉重，主要新兴经济体整体经济增速从 6% 以上的水平回落至 4% 左右。

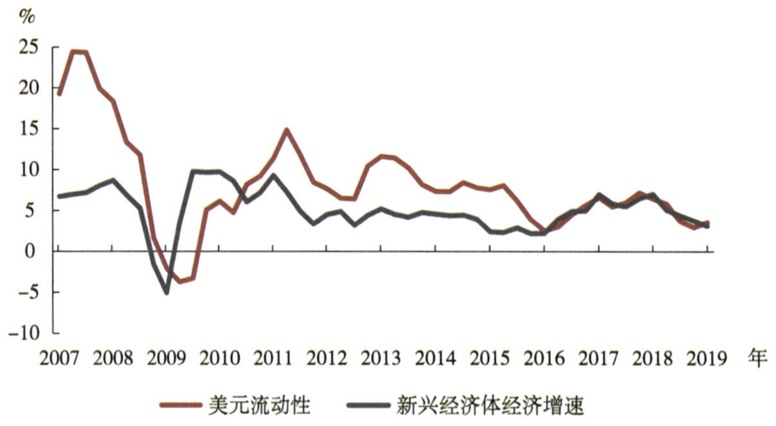

图8-15　美元流动性与主要新兴经济体经济增速变化

（资料来源：BIS，IIF，中国银行研究院）

全球金融状况收紧叠加地缘政治风险，对新兴市场造成较大冲击。一些新兴经济体面临经济基本面脆弱、政策框架不完善、国内政治风险较高等现实问题。随着全球金融状况连续两年趋紧，保护主义上升，地缘政治冲突频发，中东、南美等地局势恶化。截至2018年末，全球经济政策不确定性指数达341.5，创历史最高水平（见图8-16）。以美国为代表的西方国家对多国进行经济金融制裁，在特殊时点上引发国际投资者避险情绪高涨，造成阿根廷、土耳其、俄罗斯等新兴市场剧烈震荡。

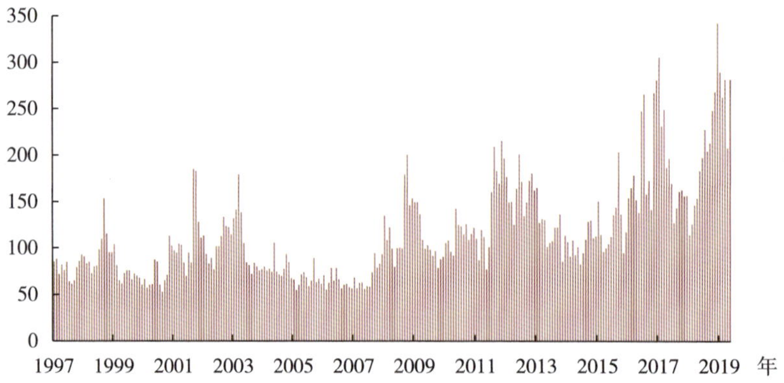

图8-16　全球经济政策不确定性指数（购买力折算GDP加权平均）

（资料来源：Wind，中国银行研究院）

三、2019年全球货币政策方向逆转

随着全球贸易放缓，经济基本面疲弱，债务负担上升，2019年主要中央银行货币政策收紧步伐有所放缓，部分经济体已经转向。2019年全球经济增速将回落至2.8%，较2018年降低0.7个百分点。中美贸易和技术紧张局势加剧，英国脱欧不确定性长期持续，全球经济活动势头疲弱，核心通胀与最终需求增长低迷。金融市场涨势中止，企业信用利差扩大，股市出现抛售，投资者普遍情绪忧虑。特别是2019年全球债务负担依然严峻，发达经济体非金融部门杠杆水平已从2008年的200%攀升到250%左右，而新兴经济体约有2万亿美元债券和贷款集中到期。如果货币政策持续收紧，将冲击全球经济增长，加剧

发达经济体和新兴经济体的负担。2019 年，多家中央银行货币政策立场向鸽派转变，政策利率路径趋于下行。

美国经济增长前景变化促使美联储相应调整货币政策。在维持了长达 9 年的扩张后，美国正处于经济复苏晚期。受减税红利消退、货币政策不断紧缩、关税影响显现、资本市场剧烈波动、收益率曲线收窄并且部分倒挂、政府停摆等因素影响，经济增长的可持续性面临较大挑战。2019 年第一、第二季度美国 GDP 环比增长折年率分别为 3.1% 和 2.0%，保持了较高的增长惯性，但总体来看增长动能减弱，下行风险突出。随着前期货币政策收紧，高利率环境对企业投资和财政可持续性的影响日益显现。美国国债高达 22 万亿美元，美债收益率趋平，扭曲了市场定价体系，削弱了金融部门对实体经济的支撑作用。2019 年 6 月初以来，美联储官员陆续开始暗示降息的可能性，指出通胀低于目标水平是美联储应该降息的理由。美联储 7 月、9 月和 10 月议息会议分别降息 25 个基点，货币政策开启宽松通道。作为全球影响力最大的中央银行，美联储货币政策转向，将对全球流动性、金融市场产生重大影响。

政治经济风险交织，欧洲中央银行降息并重启 QE。欧元区经济增速回落至 1.3%，较上一年降低 0.5 个百分点。制约欧元区经济增长的因素未见明显改善，英国脱欧、欧美贸易摩擦、民粹主义崛起、石油价格波动等因素持续存在。2019 年 9 月 12 日，欧洲中央银行议息会议将存款便利利率从 –0.4% 下调至创纪录的 –0.5%，改变利率政策指引，宣布在 11 月 1 日重启 QE，规模为每月 200 亿欧元，对到期债券投资持续 2~3 年。欧美中央银行同步宽松，全球货币政策转向趋势进一步得到确认。此外，英国脱欧进程悬而未决，经济增长前景黯淡，诸多产业受到严重打击，在偏“滞胀”格局下英国中央银行按兵不动，但总体表态由鹰转鸽，未来或将采取降息操作。

日本通胀依然乏力，在一段时期内维持超宽松货币政策。在遭受了自然灾害的暂时性冲击后，2018 年日本经济增速达 0.8%，2019 年实现 0.3% 的温和增长。海外需求下降，企业投资增速放缓，消费税上调，对日本经济增长构成较大挑战。日本通胀始终不及预期，核心 CPI 同比增速远低于 2% 的目标。2019 年 9 月日本中央银行议席会议决定维持现行超宽松货币政策不变，短期利率维持 –0.1% 的水平，继续购买长期国债，使长期利率维持在零左右。在经济下行压力、日元升值、通胀走软以及美联储进一步降息举措下，日本中央银行维持超宽松基调不变，甚至不排除加大货币政策刺激力度的可能，包括削减长短期利率、扩大资产购买、收益率曲线控制和扩大基础货币供给等。

新兴经济体再次进入降息周期。全球经济增长前景黯淡、贸易局势紧张、英国脱欧、金融市场波动等引发的不确定性导致新兴经济体增长动能减弱。2019 年新兴经济体整体增速小幅回落，从 2018 年的 4.5% 降至 3.7%。同时，美联储开启降息通道，为新兴市场提供了一些喘息空间和政策条件。2019 年以来，印度、马来西亚、印度尼西亚、菲律宾等超过 30 个经济体先后宣布降息甚至多次降息，政策利率进一步放低，全球货币政策迎来一轮降息潮。

第三节 国际贸易摩擦风险

一、全球贸易摩擦演进

（一）中美经贸摩擦向纵深发展

中美经贸摩擦“一波三折”。2018年3月，美国对进口钢铝产品加征关税，打响对全球的贸易战。4月初，美方宣布对中方价值500亿美元输美商品加征25%的关税。之后，“中兴事件”爆发，标志着中美经贸摩擦进入科技领域。2018年9月，美方对2500亿美元中国输美商品加征关税，双方交锋升级。2018年11月底，两国元首在阿根廷G20峰会会面，形势峰回路转。然而，2019年5月5日，特朗普宣布从5月10日开始，将美国自中国进口的2000亿美元商品关税税率从10%提高到25%；同时表示将很快对剩余的3250亿美元商品加征25%的关税。随后，中国决定自6月1日起，对已实施加征关税的600亿美元清单美国进口商品，提高加征关税税率。6月29日，两国元首在日本大阪G20峰会期间会晤，双方表示愿意继续谈判，形势再度缓和。

但是，2019年7月30日中美第十二轮经贸高级别磋商未取得预期进展，经贸摩擦再度升级。8月1日，特朗普称将于9月1日起对3000亿美元中国输美商品加征10%的关税。8月6日，美国财政部宣布中国为“汇率操纵国”。8月23日，中方宣布反制，决定从12月15日起，对原产于美国的汽车及零部件恢复加征25%、5%的关税，从9月1日、12月15日起分两批对750亿美元自美国进口的商品加征10%、5%不等的关税。8月30日，美国宣布，自9月1日起，对1250亿美元中国输美商品加征关税税率从10%提高至15%。9月1日起，美方对中国1250亿美元商品加征15%关税生效，中国对760亿美元美国输中国商品加征5%~10%关税生效。

9月5日，双方谈判代表通话，同意在10月初进行第十三轮中美经贸高级别磋商，形势出现缓和。9月12日，特朗普宣布将原定于10月1日对2000亿美元中国输美商品加征关税税率由25%上调至30%的措施推迟至10月15日生效。10月10~11日，双方在华盛顿举行第十三轮中美经贸高级别磋商。美国表示，中美将达成第一阶段协议。

中美关系发生质变，经贸摩擦逐渐向科技、人文交流、国防等领域演变。特朗普上台以来，美国在《国家安全战略报告》中将中俄定义为竞争对手，美国对华战略从“接触”（engagement）向“规锁”（confinement）转变。在科技领域，自2019年5月中旬以来，美国商务部将华为、海康威视、大华、科大讯飞等中国高科技公司列入管制“实体清单”，限制购买美国技术的渠道。美国联邦快递公司将华为原本发往中国的包裹转运到美国。对此，中国宣布建立“不可靠实体清单”制度，惩罚损害中国企业正当权益的外国企业、组织或个人。在人文交流领域，美国政府开始要求美国签证申请人提供社交媒体账号。多位美国华人学者受到美国有关方面调查。在国防方面，美国加快实施针对中国的“印太战略”；在涉台问题上动作连连，不断向中国施压。美国众议院通过“台湾保证法”，重申美国对台湾的承诺；双方高调举行活动庆祝所谓“与台湾关系法”生效40周年等。

（二）美国与全球开战

美国在北美、亚洲、欧洲全线出击，贸易保护主义进一步向全球演化。北美方面，对墨西哥加征关税。2018 年，对墨西哥贸易逆差占美国贸易逆差的 9%。2019 年 5 月 30 日，特朗普表示，从 6 月 10 日起，对所有墨西哥输美产品征收 5% 的关税。在美方压力下，墨西哥同意在 45 天内大幅减少进入美国边境的移民人数，美国暂缓对墨西哥征税。亚洲方面，美国对印度终止普惠制待遇。2019 年 5 月 31 日，特朗普表示将在 6 月 5 日结束对印度的优惠贸易待遇，认为“印度未能确保向美国提供公平、合理的市场准入条件”。对于 2018 年美国根据《1974 年贸易法》第 201 条对太阳能电池板和洗衣机征收的关税，印度将不再豁免。作为反制，2019 年 6 月 16 日起，印度对包括杏仁、苹果、核桃在内的 28 种美国产品征收最高达 120% 的关税。此外，美国和日本正在进行自贸协定谈判，双方在农产品、汽车关税等问题上分歧较大。欧洲方面，特朗普威胁对价值 500 多亿美元的欧洲汽车征收关税，同时，在对英国进行外事访问时，宣称英美可以达成大规模的贸易协定，希望以此分化欧洲。美欧双方还在飞机产业补贴问题上争执不下，2019 年 7 月 2 日，美国贸易代表办公室（USTR）提议针对欧盟的飞机补贴问题征收 40 亿美元产品关税。欧盟则表示将对 350 亿欧元的美国商品征收报复性关税。10 月 2 日，世界贸易组织裁决，欧盟“违规”补贴空客公司。当日，美国宣布将根据世界贸易组织裁决，从 10 月 18 日起对约 75 亿美元欧盟输美商品加征 10%~25% 的关税。美国贸易保护主义扩大化，使得全球贸易局势更加严峻。

（三）国际经贸规则面临重塑

随着全球经济格局变化，国际经贸规则面临客观与主观的变革诉求。全球化以及新技术发展，致使国际贸易形势发生新变化：一方面，数字产品贸易、服务贸易、产业内贸易在国际贸易中的份额与作用进一步提高；另一方面，互联网商务、数字化经济体、绿色经济等新领域出现，亟待修改、完善或重新制定经贸规则。

特朗普上任后，美国贸易政策紧急转向，国际经贸规则加快调整。从实施保护主义，放弃既有协定，到回归双边谈判，提出重估与修正现有多边框架，美国在全球范围掀起“贸易战”，意图通过更高标准的国际经贸新规则来巩固其主导地位。以美国为首的发达国家多次对 WTO 改革提出建议，在 WTO 透明度、成员特殊与差别待遇、产业补贴、国有企业、强制技术转让、数字贸易等方面达成共识；而以中国为代表的新兴经济体则希望 WTO 改革以发展为核心，尊重并照顾发展中成员的合理诉求，不改变特殊与差别待遇、贸易自由化等基本原则和总体方向，与发达国家的提议存在重大差异。总之，国际经贸规则调整涉及双方重大利益，将伴随长期而复杂的大国博弈。

二、贸易摩擦对世界经济产生冲击

（一）对全球经济的影响

美国挑起“贸易战”对全球经济产生较大冲击。除了短期冲击以外，贸易摩擦加剧全球经济增长前景的不确定性，将遏制企业信心和投资，对经济长期增长产生破坏性影响。2019 年第三季度，全球经济维持下行趋势。国际贸易局势持续紧张，贸易增速继续低于趋势水平。9 月摩根大通全球综合 PMI 指数为 51.2，较上月回落 0.1；制造业 PMI 回落至 49.7，连续 5 个月位于荣枯线下方。截至 2019 年 9 月，主要经济体增长放缓超出预期，美国 ISM 制造业生产指数回落，欧元区制造业 PMI 连续 8 个月处于荣枯线之下，经济放缓风险上升。

IMF 测算了贸易摩擦对于全球经济和贸易的影响。在中美对所有自对方进口产品互征 25% 的关税的情境下，短期内美国年度实际 GDP 增速的损失为 0.3~0.6 个百分点，长期看，高关税会降低资本回报率，对经济带来持续损害。对于中国，年度实际 GDP 增速的损失为 0.5~1.5 个百分点（见图 8–17）。对于中美以外的世界其他国家和地区，短期内经济可能受益，而在长期中实际 GDP 的增长幅度较小。分部门来看，全球制造业规模将会有所收缩，而墨西哥、韩国、马来西亚等国的制造业规模将会扩大；同时，中国服务业规模将会扩大，而美国农业规模会有所收缩。

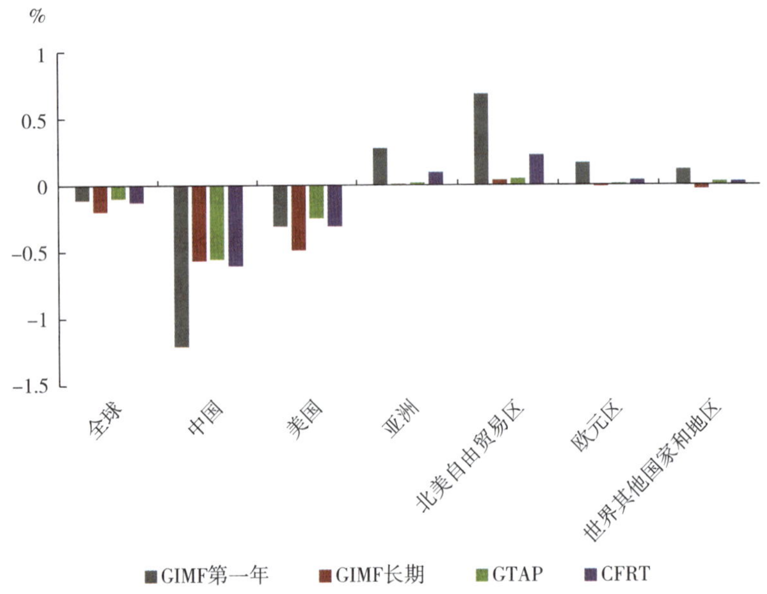

注：GIMF为IMF的全球货币财政综合模型（Global Integrated Monetary and Fiscal model）；CFRT为Caliendo等（2017）提供出的模型；GTAP为全球贸易分析模型（Global Trade Analysis Project）。

图8–17　基于不同模型模拟中美对所有产品互征25%的关税对全球经济的影响

（资料来源：IMF）

（二）对全球贸易的影响

随着大国摩擦加剧，贸易争端升级，全球贸易增长正在放缓。2019 年第一季度，全球贸易量环比下降 1.8%，多项先导指标接近或低于国际金融危机以来最低水平。第三季度 WTO 全球贸易景气指数为 95.7，较上季度下降 0.6，表明全球贸易增长连续四个季度低于趋势水平。IMF、世界银行、OECD、WTO 普遍下调 2019 年全球贸易增长预期。

贸易争端加剧对中美出口均带来显著的负面影响，世界其他地区短期受益，但中长期将损害全球贸易增长。根据 IMF 的测算，贸易争端将会使得中国的实际出口总量降低 3.5%~5.5%。对于美国，贸易争端将会使其出口总量降低 4%~6.2%（见图 8–18）。总体来看，贸易摩擦将会增加世界其他国家对美国的出口，同时这些国家将会增加从中国的中间品进口。受产业转移的自然规律和美国关税政策的影响，部分劳动需求量大、技术含量低的企业将从中国转移到中国周边的亚洲国家，比如越南、马来西亚等国。但从长期来看，贸易摩擦将不利于营造公平、自由、可信的贸易环境，世界各国对于其他国家的贸易反制措施将有损各国关系，最终将对各国贸易产生损害。

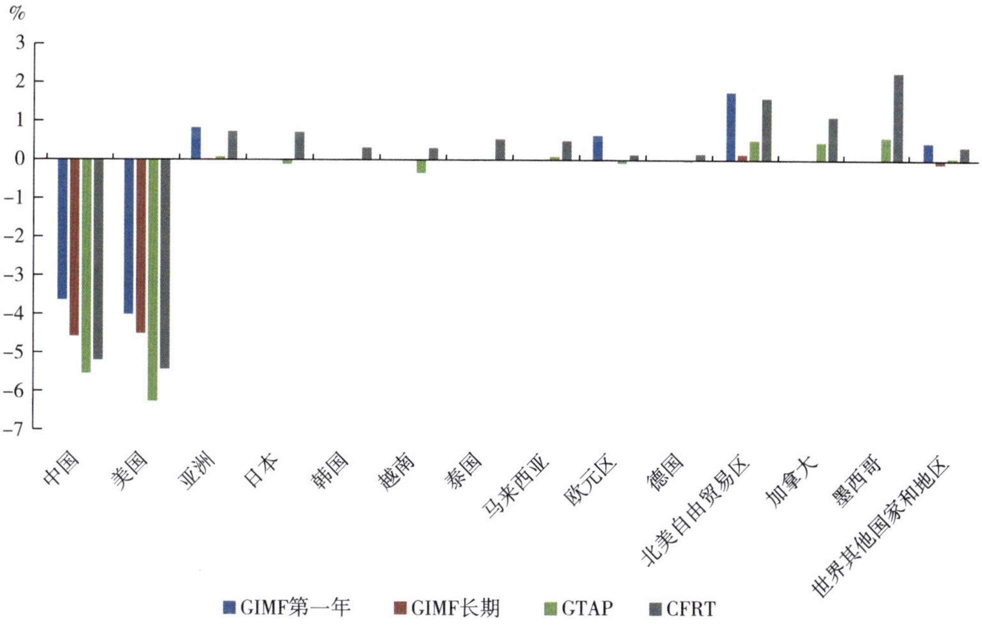

图8-18　基于不同模型模拟中美对所有产品互征25%的关税对全球实际出口的影响

（资料来源：IMF）

加征关税将从以下三个方面影响全球价值链。第一，直接影响有关进口产品。加征关税直接增加进口商品的成本，抑制国际贸易，或使得进口商转向进口其他未加征关税的替代产品。第二，通过中间产品间接影响全球价值链。对中间产品征税将增加最终产品的生产成本，阻碍国际贸易参与度的提高。第三，对第三方国家产生影响。对某国产品加征关税可能会使一国企业的国际竞争力下降，而该类企业竞争对手的竞争力则会上升，国际进口需求会转向竞争对手企业。因此，加征关税将不利于各国全球价值链参与度的提高。全球价值链的参与度与关税水平负相关（见图 8-19），1999 年之后，随着加入世界贸易组织的国家不断增多、各国关税变动不确定性下降，全球价值链的参与度不断上升。

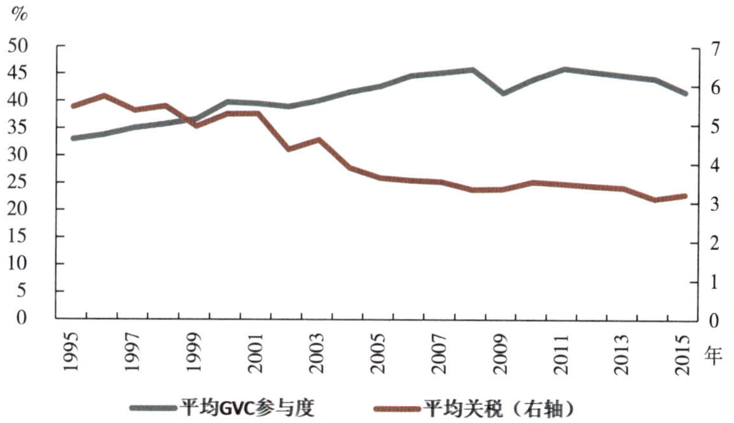

注：GVC即Global Value Chain，全球价值链。GVC参与度即前向与后向的全球价值链参与占总出口的比重，“前向价值链参与”表示因出口最终产品而获得的增加值，“后向价值链参与”表示因出口中间产品而获得的增加值。关税涵盖农业、采矿业和制造业。

图8-19　关税与全球价值链参与度

（资料来源：OECD，世界银行，IMF计算）

（三）对全球投资的影响

2018年以来，保护主义从贸易领域逐渐蔓延至投资领域，各经济体外商投资审查普遍趋紧，全球FDI前景面临不确定性。投资回报率下行，经贸紧张情绪升温，东道国外资监管政策调整，全球价值链分工放缓，加剧了FDI的低迷局面。展望未来，全球FDI增长势头下滑或将威胁经济复苏，审查泛化与规则碎片化风险上升。

全球直接投资审查出现泛化倾向。各国对于“国家安全”的定义不断扩容，从传统的国防军事领域扩大到能源、电信、航空、集成电路、人工智能、先进材料等关键技术，以及金融、数据运用和用户信息收集、新闻传媒等服务行业。同时，各国政府对外商投资审查的准入条件更加严苛，降低对某些领域外资并购进行审查的触发条件。美国对中资企业赴美投资频繁设置“路障”，并利用跨国公司分布优势，扮演“间接介入者”角色，贯彻特朗普执政理念。欧洲则强化了外资审查合作机制，强化各成员国双重投资干预体系，对可能影响国家安全或公共秩序的情景予以应对。此外，各国针对违反外商直接投资管控规定的情形设定了各异的处罚条款，如法国政府酝酿对相关投资额处以两倍或者投资者年度营收10%的罚款。规则碎片化风险在全球直接投资领域深度体现，成为长期资金流动的重大障碍。

三、贸易摩擦加剧全球及中国金融风险

在全球贸易摩擦加剧的背景下，全球经济增长前景黯淡，国际贸易增长放缓，外国直接投资下滑，企业盈利的不确定性上升，投资者风险偏好下降，金融市场波动加剧。未来，如果贸易摩擦得不到解决，金融市场调整将会加大对实体经济的冲击，形成负向反馈，进一步拖累全球经济增长。

全球股市在贸易摩擦的背景下波动明显加大。具体看，发达经济体股市表现为前期受贸易摩擦影响小、后期负面影响逐步显现的特点（见图8-20）。自2018年3月特朗普挑起全球贸易战至2018年9月，发达经济体股市未受太大冲击，总体仍然保持稳步上涨。部分原因是，发达经济体自身经济增长仍然稳健，但随着贸易摩擦不断加剧，全球经济增长预期下调，市场越来越意识到在全球化背景下任何一个国

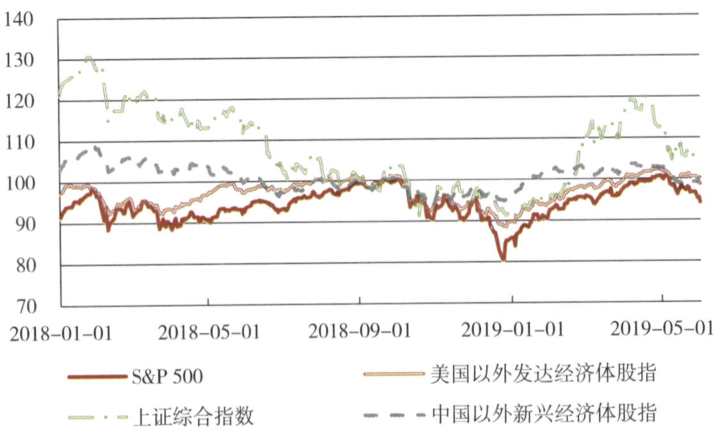

注：所有股指以2018年9月20日为基期（标准化为100）标准化；加总数据为各国股指变动取算数平均。

图8-20　2018年以来全球股市走势变化

（资料来源：BIS，中国银行研究院）

家都难以独善其身。企业盈利增长的预期下降，随后，美股及其他发达经济体股市出现明显回调，截至2018年12月下旬，标准普尔500指数一度下跌19%。2019年4月下旬以来，中美经贸谈判形势再度逆转，发达经济体股市迅速做出反应，出现明显回调。新兴经济体股市在贸易摩擦面前表现得更加敏感脆弱。

中国股市受到中美经贸摩擦的冲击尤为明显。过去十年，美国股市总体处于上涨通道。衡量美股价格水平的席勒市盈率处于历史高位，表明美股可能偏离经济基本面。2019年初，世界经济论坛将“主要国家资产泡沫”列为全球十大风险之一。尽管如此，从事件冲击的角度看，中国股市受到的冲击更为明显。对比来看，中国股市虽然处于低位，但对中美经贸摩擦的冲击更为敏感，每当有中美经贸摩擦的负面消息公布，中国股市大多出现下跌（见表8-4）。这在一定程度上反映出中国股票市场发展更不成熟，面对冲击的弹性低，抵抗力不足。当然，如果中美经贸摩擦长期得不到解决，对两国经济的实际影响发酵，加上美国自身经济周期规律作用下经济增长放缓，未来美股可能发生更大幅度的回调。

表8-4　中美经贸摩擦事件冲击与中美两国股市波动

事件	2018年3月8日，美国宣布对进口钢铝产品加征关税	2018年3月23日，商务部宣布拟对美国128项产品加征关税，作为反制措施，并于2018年4月2日生效	2018年4月4日，美国USTR发布“301清单”，宣布对来自中国的总计500亿美元产品加征25%的关税，中国宣布500亿美元反制清单	2018年4月16日，美国商务部宣布中兴通讯违反美国管制法规，禁止美国企业在未来7年内向中兴通讯销售商品和服务	2018年9月24日，美国对2000亿美元中国产品加征10%的关税	2018年12月1日，中美首脑在布宜诺斯艾利斯召开会谈	2019年5月5日，特朗普宣布5月10日起将2000亿美元中国产品关税提升至25%，并威胁对余下3000亿美元产品也加征25%的关税	2019年5月10日，美国对2000亿美元中国对美出口商品加征关税的税率由10%提高到25%	2019年7月9日，国务院副总理刘鹤应约与美方通话。同日，USTR宣布依照关税排除程序取消对之前110种中国商品加征的25%的关税
标准普尔500	0.45%	−2.10%	1.16%	0.81%	−0.35%	1.1%	−0.4%	0.37%	0.12%
上证综指	0.5%	−3.40%	−0.18%	−1.53%	−0.58%	2.57%	−5.58%	3.10%	−0.17%

注：表中数据为股指较前一交易日收盘价涨跌幅。

资料来源：Wind，中国银行研究院。

人民币汇率贬值压力加大（见图8-21）。一是中美经贸摩擦对人民币汇率走势冲击十分明显。2018年初至3月美国宣布加征关税前，人民币汇率一直为升值态势。中美经贸摩擦开始后，人民币对美元汇率快速贬值，至10月底最低贬至6.9870。10月底经贸摩擦“休战”后，人民币对美元汇率转为升值，一直到2019年5月初回到6.7左右。随后，中美经贸谈判再生波折，人民币对美元汇率再次贬至6.90左右。2019年8月初，人民币离岸、在岸汇率双双“破7”。截至2019年10月中旬，在岸人民币对美元即期汇率维持在7.1左右。二是外汇市场情绪对贸易摩擦较为敏感。起初，市场认为中国会采取汇率贬值的方法抵消关税影响，导致汇率贬值预期加剧。而后，市场认为经贸摩擦对中国经济会产生较大冲击，也导致汇率贬值预期抬头。事实上，央行官员多次“喊话”，中国不会用汇率贬值应对经贸摩擦，加征关税对中国经济的短期影响是十分有限的。三是央行加大逆周期调节力度。在汇率贬值压力加大的情况下，央行采用口头干预、启用逆周期调节因子、对商业银行远期售汇征收风险准备金等方式，有效缓解贬值压力，防止汇率过度波动。

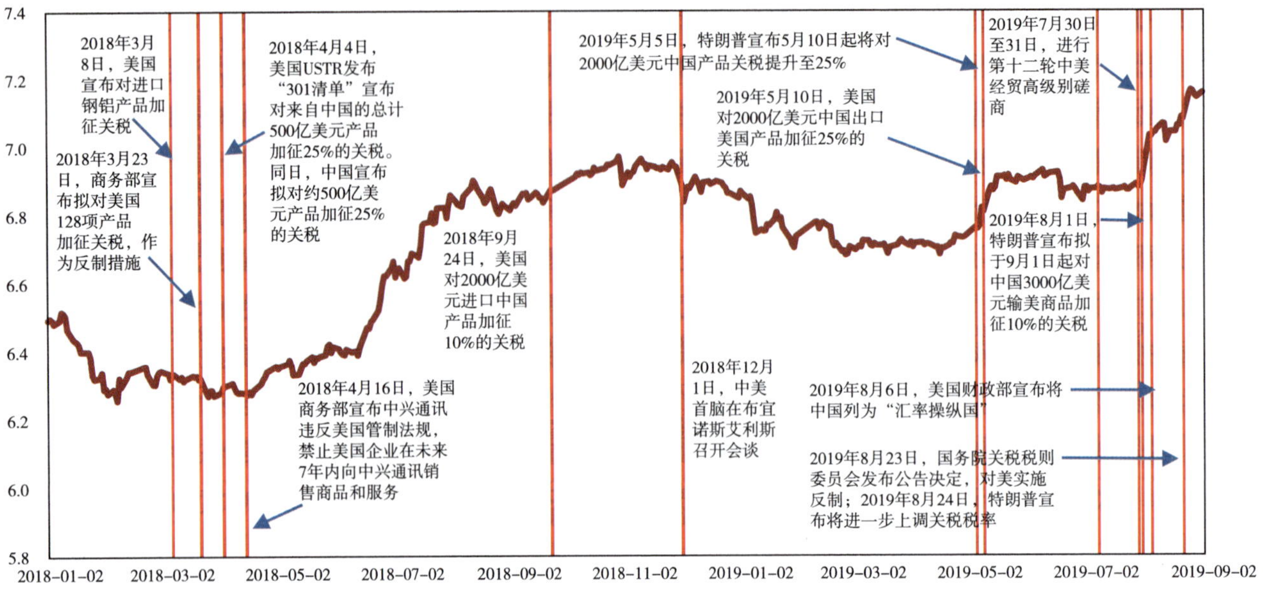

图8-21　中美经贸摩擦背景下人民币对美元汇率走势变化

（资料来源：Wind，中国银行研究院）

新兴市场跨境资本流动的波动风险增加。从整个新兴市场来看，2018 年下半年至 2019 年第一季度，新兴经济体呈现资本净流入的状态。而 2019 年 4 月底至 5 月，由于贸易冲突和发达市场动荡加剧，新兴市场货币特别是大宗商品出口国的货币汇率贬值，同时出现 2013 年以来最大规模的非居民股票资金流出，银行信贷和直接投资等均出现了净流出。6 月，随着美联储降息预期升温，新兴市场资本转为净流入（见图 8-22）。7 月以来，随着对全球经济放缓以及贸易摩擦升温的担忧上升，新兴经济体资本流入放缓，8 月，证券投资再次转为净流出。可以看出，新兴经济体跨境资本流动受外部环境变化的影响较大，容易发生大幅波动。从中国来看，证券投资中的股票投资在 2018 年下半年总体呈现净流入，月均流入 46 亿美元，而从 2019 年第二季度起，随着中美经贸摩擦加剧，股票投资转为月均净流出 21 亿美元。

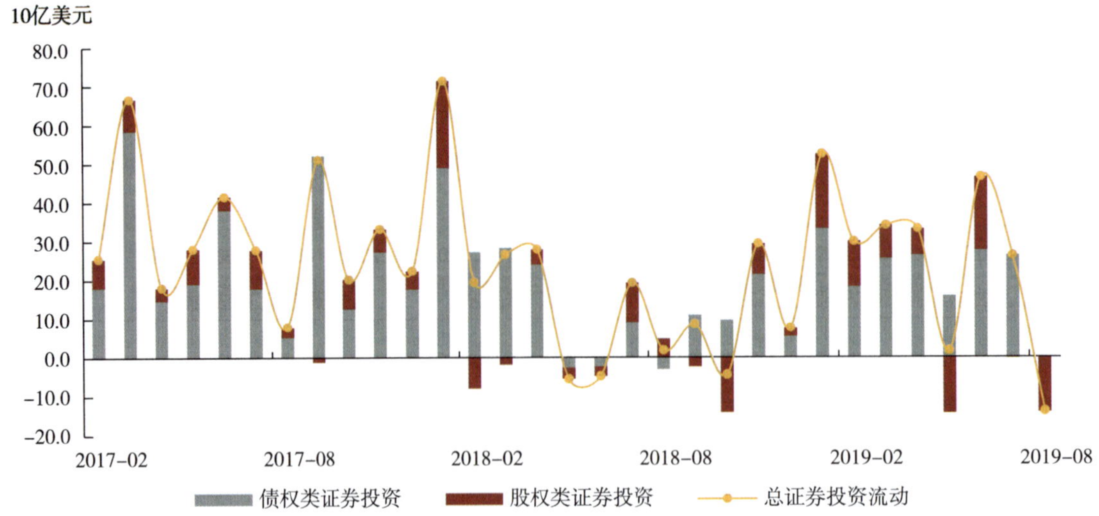

图8-22　新兴经济体跨境证券投资流动情况

（资料来源：IIF，中国银行研究院）

第四节　重点风险监测

一、股票、债券等资本市场风险

2018 年，全球股票市场经历了“滚动熊市”。新兴市场在前 10 个月出现股市大规模下跌，全年累计下跌 12.18%；发达市场中欧洲重要股指跌幅甚至超过亚洲重要股指，德国 DAX 指数下跌 16.49%，英国富时 100 指数下跌 11.83%，法国 CAC40 指数下跌 9.40%，“10 年牛市”的美股也在 2018 年的最后两个月回吐年内涨幅。然而，2019 年全球股市恢复增长。截至 2019 年 11 月 13 日，MSCI 新兴市场指数上涨 8.08%。美国三大股指不断创出新高，截至 2019 年 11 月 13 日，道琼斯工业平均指数、标准普尔 500 指数和纳斯达克综合指数分别较年初上涨 11.13%、22.84% 和 27.24%。欧洲股市 Stoxx Europe 600 指数上涨 20.83%，创自 1998 年以来的最佳六个月回报，欧洲主要股市的市盈率已超过 20 倍的风险值。2019 年 8 月开始美国三大股指处于高位震荡调整。截至 2019 年 11 月 14 日，道琼斯工业平均指数为 27735，标准普尔 500 指数为 3091.62，纳斯达克综合指数为 8482.10，高位风险仍然存在。

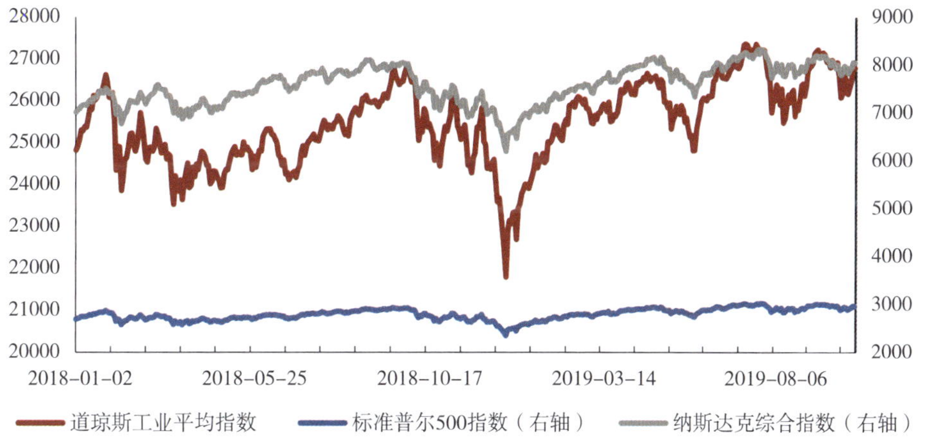

图8-23　美国三大股指走势

（资料来源：Wind，中国银行研究院）

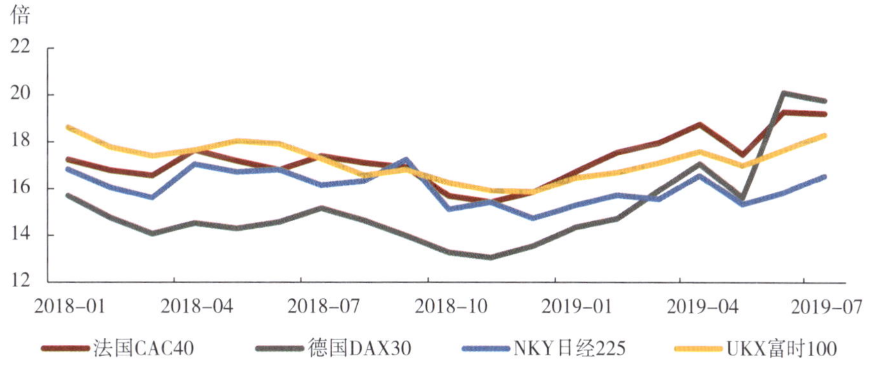

图8-24　主要国家股指移动平均10年市盈率

（资料来源：Bloomberg，中国银行研究院）

2018 年，在全球经济复苏缓慢的背景下，全球股市下行是必然之势。美债收益率持续倒挂、美国发起的全球贸易战不断升级，引发对美国经济衰退的担忧；欧洲方面，英国脱欧“一波三折”，贸易战对欧洲出口贸易的冲击，引发欧洲经济不景气，德国作为欧洲第一大经济体经济增长开始放缓；全球价值链遭到破坏，新兴市场国家经贸发展遭遇瓶颈，加上美元升值引发的资本大规模外流，股市下跌基本符合当时的经济基本面。然而，2019 年上半年全球主要股市的上涨是建立在美国经济下行压力加大、欧洲经济持续低迷、新兴经济体贸易缩减、地缘冲突不断加深的基础上的，表明全球股市增长已逐渐偏离经济基本面。美国股市风险偏好强劲，估值远高于历史水平。随着全球主要国家宽松货币政策所带来的流动性继续流入股市，股市泡沫将继续膨胀，一旦全球经济超预期下滑或突发因素引发避险情绪，很有可能发生非理性抛售和市场“踩踏事件”，刺破资产泡沫。

全球债市则是另一番景象。2018 年前 11 个月，在美联储连续加息的推动下，美国长短期国债收益率均有所上涨，10 年期国债收益率突破 3.2%，6 个月国债收益率上涨至 2.5%。而从 2018 年 11 月起，10 年期国债收益率急速下跌，截至 2019 年 11 月 14 日，10 年期国债收益率跌为 1.87%，较年初下跌 30.37%。美国长短期国债收益率曲线在 2019 年 3 月开始出现倒挂，情况多次加重。欧洲市场的国债则开始不断出现负利率的情况，截至 2019 年 11 月 14 日，10 年期德国国债和法国国债的收益率分别降至 -0.30% 和 -0.015%。据统计，目前全球已有超过 14 万亿美元的债券是负利率，欧洲（除英国外）主权债券已全面陷入负利率，占全球负利率资产的 43%。

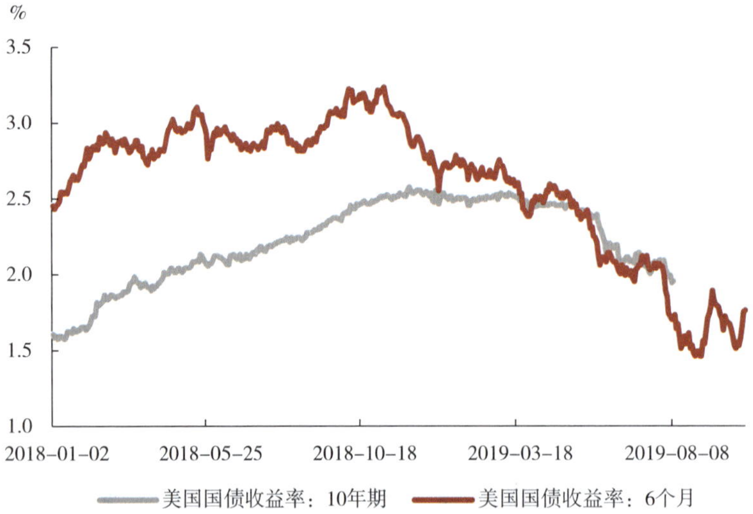

图8-25　美国国债收益率倒挂

（资料来源：Wind，中国银行研究院）

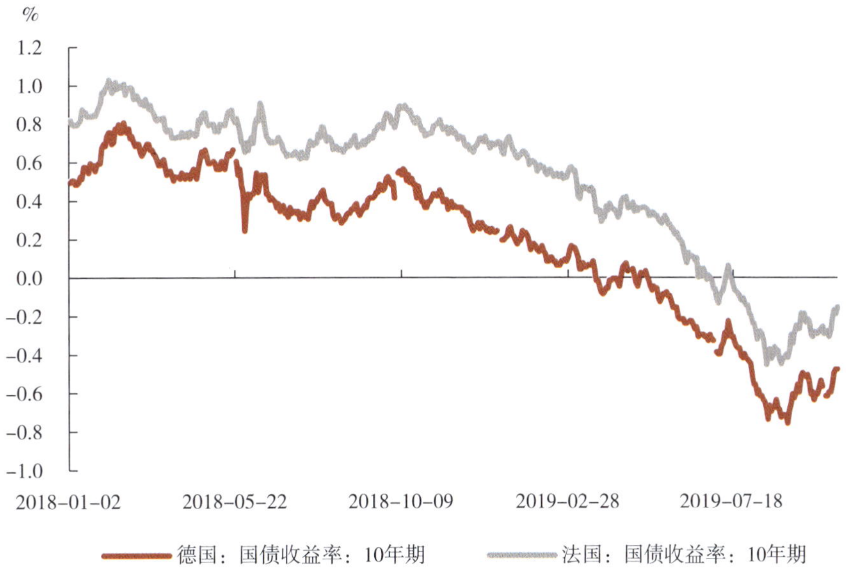

图8-26　德国和法国10年期国债收益率

（资料来源：Wind，中国银行研究院）

国债收益率曲线倒挂在全球范围内都被视作经济衰退的一个重要预警指标。在过去50年中，美国经济每一次衰退前都有类似的倒挂现象出现，其中包括上一次的次贷危机。欧洲负利率资产的增加，将降低金融机构盈利水平，提高它们的风险承担能力，从而给银行等金融机构带来进一步的信用风险压力。负利率环境下，银行体系盈利能力受到了较大冲击。寿险、养老金等期限错配较为严重的机构同样面临较大的经营压力。为应对盈利收窄带来的不利影响，金融机构将提升风险承担水平，加大高风险资产配置力度，而这些都会催生资产泡沫，对金融稳定产生负面影响。

二、英国脱欧及欧洲经济下行风险

（一）英国脱欧进程反复

自2016年6月英国全民公投决定退出欧盟以来，经过3年多的反复，脱欧僵局至今难以收场。2019年10月28日，欧洲理事会主席图斯克表示，欧盟27个成员国已同意英国将脱欧期限推迟到2020年1月31日的申请。2019年11月5日，英国议会宣布解散，12月将迎来议会选举。但最终能否按欧盟规定的期限脱欧和以何种方式脱欧，仍然悬而未决。

脱欧陷入僵局的焦点，主要集中在北爱尔兰地区与爱尔兰边界保障条款问题上。这其实是英国历史上存在的爱尔兰问题的延续。爱尔兰是欧盟成员国，目前北爱尔兰地区与爱尔兰之间的人员与货物往来均可自由流动。英国一旦脱离欧盟，北爱尔兰地区与爱尔兰之间的边界将从目前的英国与爱尔兰的两国边界变为欧盟与非欧盟区的边界，这关系到英国是否继续留在欧盟单一市场内。根据此前英国与欧盟达成的“脱欧协议”，如果在英国退出欧盟后的21个月过渡期内，英国和欧盟无法协商出一份关于北爱尔兰地区贸易的更好方案，在过渡期结束时将启动“备份安排”，以避免那里恢复“硬边界”，即重新设置实体海关和边防检查设施。这一“备份安排”没有设置期限，且英方无法单方面废止。英国反对派议员认为，这种安排可能在现实中将北爱尔兰地区留在欧盟单一关税区内，从而造成国家分裂。

表8-5 英国脱欧大事记

2016年6月23日	英国举行公投，52%的投票者选择脱欧
2016年7月13日	特雷莎·梅接替卡梅伦就任英国首相
2017年3月29日	脱欧程序正式启动
2018年11月25日	欧盟正式通过“脱欧协议”，即此前与英国达成的退出协议和“英欧未来关系宣言”两份政治文件
2018年12月12日	特雷莎·梅在保守党议员举行的不信任投票中过关，得以继续担任保守党领袖与首相职务
2019年1月15日	英国议会下院投票否决政府与欧盟达成的“脱欧协议”
2019年3月12日	英国议会下院再次否决“脱欧协议”
2019年3月13日	英国议会下院投票决定，反对英国在任何情况下无协议脱欧
2019年3月21日	欧盟同意将脱欧期限延长至6月30日
2019年3月29日	英国议会下院第三次否决“脱欧协议”
2019年4月10日	欧盟同意将脱欧期限延长至10月31日
2019年5月24日	特雷莎·梅宣布自己将于6月7日辞去保守党领袖一职
2019年6月7日	特雷莎·梅正式辞职，保守党宣布将在7月22日开始的一周内选出新党魁
2019年7月24日	鲍里斯·约翰逊赢得英国保守党党魁选举，将以英国新首相的身份入主唐宁街10号
2019年10月2日	英国首相约翰逊提交了脱欧新方案
2019年10月17日	欧盟委员会与英国政府就英国“脱欧”达成协议
2019年10月19日	英国议会下院投票通过迫使首相寻求再度推迟脱欧的关键修正案
2019年10月28日	欧盟27个成员国同意英国将脱欧期限推迟到2020年1月31日的申请
2019年11月5日	英国议会宣布解散，12月将迎来议会选举

资料来源：中国银行研究院。

（二）硬脱欧（无协议脱欧）可能产生的风险

随着英国首相约翰逊的强势上台，英国无协议脱欧的风险正在上升。研究显示，若发生无协议脱欧，未来最大的风险来自以下四个方面。

一是英欧贸易关系受到负面影响。一旦无协议脱欧，英国与欧盟之间的贸易关系将还原到世界贸易组织（WTO）基本条款。这意味着英国和欧盟国家之间在无贸易协定之前可能出现关税，英国和欧盟国家之间的海陆空边境将重新设置关口，英国出口的商品和服务可能无法进入欧盟统一市场。英国政府认为，若硬脱欧发生，会令英欧间的贸易总量平均减少37%，其中英国出口下降12%，进口下降18%。

二是北爱边界“壁垒”重现。已有一些北爱尔兰和爱尔兰的民族主义者表示，一旦恢复边界，很可能会引发新一轮暴力冲突，使得北爱尔兰和平进程遭受重挫。英国和爱尔兰政府迄今为止均表示不愿在北爱尔兰看到实际边界。

三是“脱欧”费用谁来埋单。支持无协议脱欧的人士认为，如果由于欧盟不合作而导致无协议脱欧，那么英国完全有理由不支付此前与欧盟协定的390亿英镑“分手费”。不过，反对人士指出，拒绝执行国际承诺将使英国信誉扫地，并可能造成英国与欧盟官司打到国际仲裁法庭，长期损害双边关系。

四是直接影响英欧公民的生活和福利。首先，双边来往旅行将恢复额外边境检查。其次，目前居住在英国的欧盟公民和居住在欧盟国家的英国人都可能需要重新申请正式永久居民身份。另外，从跨境医疗保险到手机漫游收费等都很可能受到影响。目前在欧盟内，各成员国公民均享受公费医疗和与国内收费水准平价的手机漫游服务。

（三）对英国乃至欧洲经济造成的冲击

自2016年脱欧公投以来，“脱欧”变“拖欧”，“留欧”还是“脱欧”“软脱”还是“硬脱”，众多争议前所未有地撕裂着英国社会和经济。2018年以来，脱欧的负面影响更加突出，英国面临着英镑贬值、通胀来临、投资撤离、经济放缓、人才流失、就业下滑等问题。2019年第三季度，英国经济同比增长1.0%，创下2010年第一季度以来的最慢同比增速。有经济学家称，相比于脱欧公投前，英国GDP事实上已经损耗了1%~2.5%，大部分的损耗是源自英镑贬值，而脱欧公投以来英镑已经贬值超过10%。此外，脱欧对英国银行、证券、基金等具体业务产生了难以估计的影响，随着外溢性的逐渐放大，必将形成巨大的连锁反应。一旦英国完成脱欧程序，不能够再搭上欧盟的“顺风车”享受极低的利率，评级机构可能下调其主权信用评级。

受英国脱欧不确定性影响，欧洲经济明显放缓，欧盟经济一体化倒退。德法轴心GDP增速显著下滑，2019年分别较2018年减少0.7个百分点和0.3个百分点；意大利政府预算恶化，改革进程停滞，经济增长较2018年降低0.6个百分点；爱尔兰、拉脱维亚、匈牙利、波兰、斯洛文尼亚等原先增长较快的成员国增速也较2018年降低超过1个百分点。欧洲经济动力减弱由外围向核心，再由核心向外围蔓延。除此之外，英国脱欧的风潮持续蔓延，“负面示范”效应不断发酵，使原本并不稳固的成员国关系面临更加严峻的挑战，甚至可能导致欧盟经济一体化倒退。在英国捅破了脱欧的“窗户纸”后，如今波兰的脱欧问题也摆到了台面上。目前，波兰政界反对“欧洲统一论”的呼声正日益高涨。

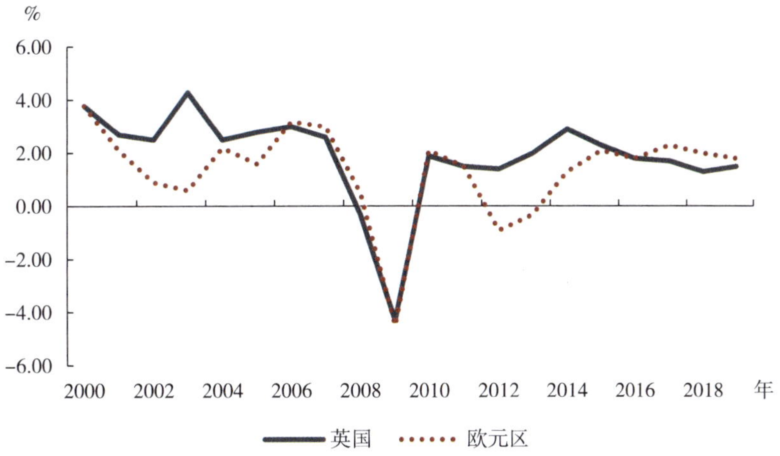

图8–27 英国和欧洲实际GDP增速变化

（资料来源：欧盟统计局，英国统计局，中国银行研究院）

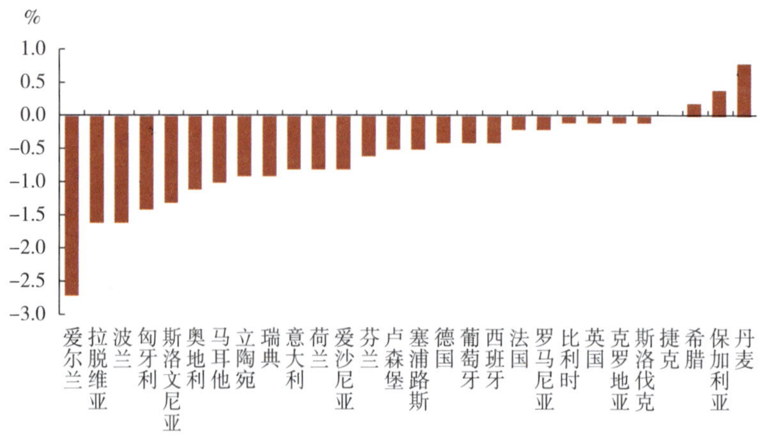

图8-28　欧盟成员国2019年预期增速较2018年变动

（资料来源：欧盟委员会，中国银行研究院）

三、新兴市场债务与政治风险

（一）新兴市场日益增长的债务风险

国际金融危机后，长达10年的宽松货币环境使得全球债务水平不断攀升。根据IIF的统计，截至2019年第一季度，全球债务水平已达到246万亿美元，占全球GDP的比重达到320%。全球主要经济体中央银行的总负债规模也由2007年的5万多亿美元扩充到2019年的21万多亿美元。新一轮降息会刺激经济主体继续增加借贷，使债务水平继续攀升，进一步增大债务违约风险。

与发达国家相比，新兴市场由于债务增长快、美元债务占比高、自身经济金融体系脆弱性高，防范债务风险的能力相对较弱。新兴市场债务水平在过去10多年内急剧扩张，2007年其债务规模为21.3万亿美元，到2019年第一季度已达69.1万亿美元，增长了2.2倍；同期，发达国家债务水平从147万亿美元增长至177万亿美元，增长了20%。同时，新兴市场私人部门债务增长较快，居民和企业偿债能力下降，风险正在聚集。阿根廷和土耳其等国的外债水平已超过国际警戒线。部分国家利息成本增大，10年来，巴西支付的利息成本从占GDP的5.1%上升至6.5%，埃及从3.6%上升至8.7%，黎巴嫩从10.5%上升至11.3%。而近三年新兴市场正面临偿债高峰期，根据IIF的数据，2019—2025年共有近10万亿美元的贷款和债券到期，其中2019—2021年到期的债务就超过了5万亿美元。在全球经济下行的大背景下，巨额的债务偿还压力、不断上升的利息成本、高位运行的美元指数，可能成为引爆新兴市场金融风险的重大隐患。

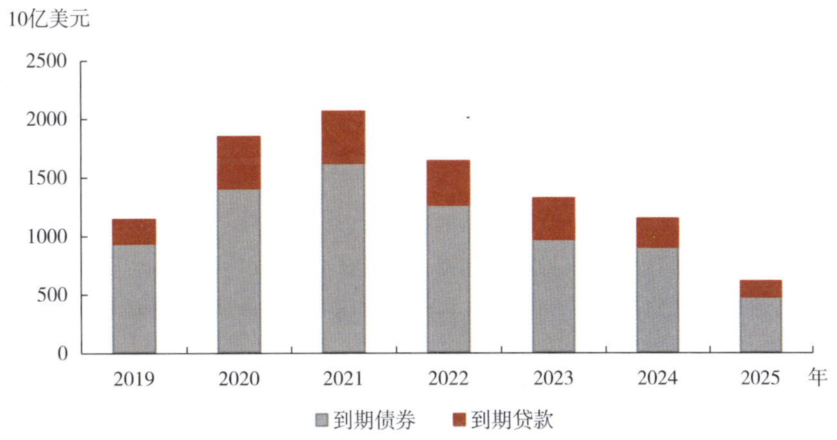

图8-29　新兴市场贷款和债券到期额度

（资料来源：IIF，中国银行研究院）

（二）地缘政治风险

2018 年以来，地缘政治因素成为影响国际金融市场波动的重要因素。多个国家举行总统大选，欧洲进行议会选举，土耳其、伊朗、委内瑞拉等国遭受美国制裁，牵动多方势力进行角力。在特殊时点，地缘政治的突发事件往往引发国际投资者的避险情绪，导致金融市场或大宗商品价格波动。

土耳其：自 2018 年 8 月 9 日起，受美土关系恶化、美国对土耳其实施制裁的影响，土耳其里拉汇率出现大幅波动，并引发欧元区和新兴市场的连锁反应。在土耳其政府的多方努力和土耳其金融监管机构的直接干预下，2018 年 8 月 20 日中午土耳其在岸金融市场因古尔邦节假期休假前，金融市场出现回稳迹象，里拉汇率收复大部分贬值损失。但到了 2019 年 3 月下旬，受土耳其地方选举临近、摩根大通发布卖空报告等多方面因素影响，土耳其里拉再度出现大幅贬值，导致银行业大量资本外逃和外汇储备下降，土耳其金融市场再度动荡。10 月 14 日，面对土耳其对叙利亚采取的军事行动，美国总统特朗普签署了制裁土耳其的行政命令，对土耳其国防部、能源部和内政部部长实施了制裁，土耳其风暴卷土重来，再度惊现股债汇三杀。

叙利亚：2011 年 3 月叙利亚战争爆发，迄今已超过 8 年。叙利亚战争既非内战，也非教派冲突，而主要是一场地缘政治争夺战。自 2011 年叙利亚战争爆发以来，地区内外势力纷纷卷入，并展开激烈的地缘政治博弈，导致叙利亚问题日趋复杂，不仅使其解决难度增大，还扩大了叙利亚战争的外溢效应，对地区和国际格局变化产生了重要影响。2019 年 10 月 9 日，土耳其对叙利亚东北部发起代号为“和平之泉”的军事行动，叙利亚继续在战火中挣扎。

伊朗：伊朗作为美国横行中东最大的绊脚石，一直是美国针对的目标。美国在 2018 年退出《伊核协议》，随后开始对伊朗采取一系列制裁。2019 年 5 月，美国又加大了对伊朗石油禁令的力度，禁止任何国家进口伊朗石油，另外美国还展开了对伊朗的军事打压活动。面对美国的重重军事行动，伊朗同样做出了反击，2019 年 5 月 8 日，伊朗对外宣称将减少履行《伊核协议》中的部分义务，这意味着若美国继续采取对伊朗的军事打压行动，伊朗随时有可能重启本国的核武器以应对来自美国的军事威胁。由于短期内尚未见到美伊冲突缓和的迹象，这将给国际油价和中东乃至亚洲安全造成巨大威胁。

委内瑞拉：2019 年 1 月 23 日，委内瑞拉反对党领袖、议会主席瓜伊多自行宣布就任该国“临时总统”。美国总统特朗普以及拉美多国领导人很快表示承认，美国官员还敦促委内瑞拉现任总统马杜罗和平转移权力。而马杜罗同一天宣布委内瑞拉与美国断绝外交关系，给美国人员 72 小时离开委内瑞拉。委内瑞拉此次政治危机直接起因于 2018 年 5 月的总统大选。2018 年 5 月，马杜罗以 67.8% 的得票率赢得总统选举。2018 年 12 月，瓜伊多被选为委内瑞拉国会议长。马杜罗通过削弱国会力量、给军方将领授予关键的经济职位以换取军方支持等方式加强政府权力，让瓜伊多等反对派力量进一步集合起来。委内瑞拉政治危机有更深层次的原因。委内瑞拉石油资源丰富，从 20 世纪 70 年代起，其石油探明储量就高居世界第一。依靠石油出口，委内瑞拉一度成为拉美最富有的国家。美国和委内瑞拉之间的关系直接影响国际油价波动和外国投资者在委利益，未来这种风险依然存在。

四、国际油价波动风险

2018 年至 2019 年上半年，国际油价上演了两次过山车表现。2018 年前三季度，受“OPEC+”产油国减产协议、地缘政治局势紧张及俄罗斯输油管道不通的影响，布伦特原油价格从年初的 66.57 美元 / 桶上涨至 10 月 3 日的 86.29 美元 / 桶，为四年来最高水平。第四季度，由于美国制裁伊朗效果不及预期，俄罗斯输油管道完全恢复，美国、沙特等主要产油国积极增产，全球供给过剩忧虑再现，布伦特原油价格在 12 月 18 日跌至 56.26 美元 / 桶，基本回吐年内所有涨幅。2019 年上半年，随着“OPEC+”再度延长减产协议，美国原油库存下降，布伦特原油价格开始一路上涨，在 5 月 16 日突破了 73 美元 / 桶的高位。而从 6 月开始，随着美国原油库存高企，以及美国对墨西哥加征关税，造成美墨能源和汽车贸易缩减等事件的影响，原油再度出现供给大于需求的局面，截至 2019 年 11 月 13 日，布伦特原油价格下跌至 62.37 美元 / 桶。

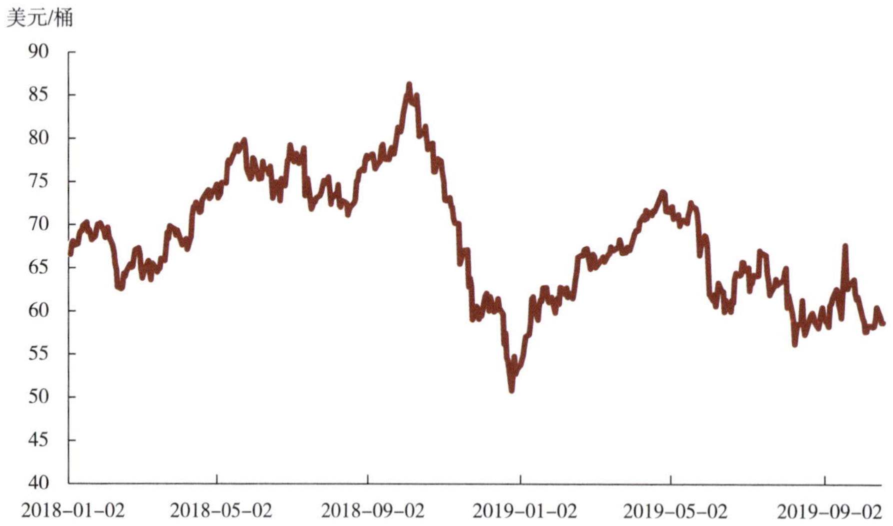

图8-30　布伦特原油价格走势

（资料来源：Bloomberg，中国银行研究院）

未来影响国际油价波动的主要风险点：一是人为主动控制产量的因素。商品属性是原油的基本属性，油价在中长期主要受供需基本面的驱动。2019 年以来，由于 OPEC 超额执行了 2018 年 12 月达成的原油减产协议，使得原油供需基本面从先前的宽松逐渐恢复平衡并出现小幅偏紧的状态，进而推动原油价格上涨。但这更大程度上是在人为主动控制产量的前提下实现的。实际上，由于美国原油产量快速增加，全球原油生产能力持续增长，在宏观经济基本面偏弱、原油需求增长预期下调的背景下，如果以上人为主动控制产量的因素不复存在，原油供需基本面势必将逐渐宽松，使得油价趋于下行。

二是美国对伊朗制裁的影响。这可能导致伊朗的实际原油出口大幅下跌，并可能引发地缘政治危机。根据彭博调查数据，目前伊朗的原油产量已经跌至 230 万桶 / 天，与 2012—2013 年受制裁时的产量基本持平。在美国加大制裁力度的情况下，未来伊朗原油产量存在进一步下跌的可能。与此同时，伊朗的强硬态度也使局势更加紧张。霍尔木兹海峡是沙特阿拉伯、伊拉克、卡塔尔、阿联酋等中东产油国的原油出口必经之路，全球约 1/3 的海运石油贸易依赖于此。一旦航道被封锁，国际原油供应将出现严重危机。

三是美国页岩油的生产情况。美国页岩油革命是造成 2014 年下半年以来国际油价暴跌的主要推动力。伴随着技术进步，美国的原油产量已经从 2013 年的 700 万桶 / 天提高至 2019 年 5 月的 1240 万桶 / 天，超过沙特阿拉伯和俄罗斯成为全球原油第一大生产国。目前全球原油生产格局是，OPEC 产量占全球 40% 以上（其中沙特阿拉伯产量约占 OPEC 的 40%）；美国、俄罗斯、沙特阿拉伯原油日产量都超过 1000 万桶。随着效率的不断提升，美国页岩油开采成本不断下降，一些地区的井口盈亏价格甚至已降至 30 美元 / 桶附近，低于大多数传统产油国的勘探开发平均成本。因此，后续美国页岩油的生产情况将成为影响国际油价的一个重要因素。

四是全球宏观经济表现。中美经贸摩擦、英国脱欧进程等对全球经济增长前景产生了影响。美国和中国分别为原油消费的第一、第二大国，二者需求占全球需求的 1/3 左右。随着全球经济增长减速，这将导致原油需求减弱。

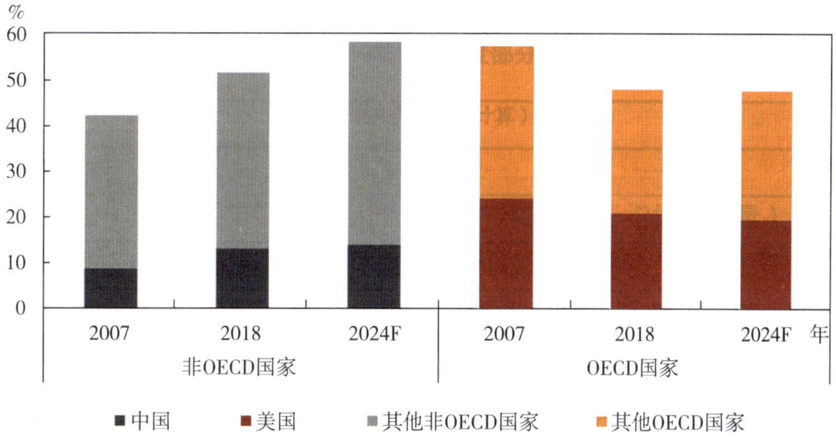

图8-31　全球原油需求格局

（资料来源：彭博，IEA，世界银行，中国银行研究院）

五是替代能源的使用。随着各国环境保护意识的逐渐提高（例如，各大绿党在欧洲议会的选举中得票率大幅增加），可以预期，全球对清洁能源的需求将日益增加。作为原油的另一主要产品，塑料等化工品的使用也将受到限制。这些都将对原油需求造成影响。从长期看，由于技术进步以及环境保护意识逐渐提高，新能源对传统化石能源的替代，将对原油价格施加长期向下的压力。